LES RELATIONS ENTRE LES SOCIÉTÉS DU SUD DE LA CÔTE D'IVOIRE ET LA FRANCE 1842-1909

EGUE JEAN-MICHEL LATTE

LES RELATIONS ENTRE LES SOCIÉTÉS DU SUD DE LA COTE D'IVOIRE ET LA FRANCE 1842-1909

Préface du Professeur Ousseynou Faye

Sénégal
L'Harmattan

Mise en page :
Ibou Diallo
Photo couverture :
Egue Jean-Michel Latte

L'Harmattan-Sénégal, 2020
10 VDN, Sicap Amitié 3, lotissement Cité Police, DAKAR
http://www.harmattansenegal.com
senharmattan@gmail.com
senlibrairie@gmail.com

ISBN : 978-2-343-21375-0
EAN : 9782343213750

Sommaire

Remerciements

Par ces quelques mots, nous tenons à exprimer toutes notre reconnaissance et notre gratitude, pour services rendus, à toutes les personnes qui, de près ou de loin, nous ont aidé et soutenu dans la réalisation de cet ouvrage.

Nous voudrions, en premier lieu, remercier le Professeur Ousseynou Faye pour sa disponibilité, ses encouragements et son implication dans la réalisation de ce travail. Merci d'avoir accepté de rédiger la préface. Nos remerciements s'adressent ensuite à Dr Mamadou Bamba pour son aide et son soutien technique dans la réalisation de cet ouvrage.

Nous exprimons également notre reconnaissance et gratitude au Professeur Simon-Pierre Ekanza qui nous a encouragé et insufflé le goût de l'écriture et surtout de la production historique. Merci pour votre soutien et pour votre aide.

Nous voudrions également remercier M. Abdoulaye Diallo de L'Harmattan-Sénégal pour avoir accepté d'éditer ce travail.

Last but not least, nous ne saurions clôturer la série des remerciements sans renouveler notre reconnaissance et gratitude à notre épouse Latte Marie-Laure et à notre famille pour leurs encouragements et pour leur soutien.

PREFACE

UN ORDRE ECONOMIQUE FRANÇAIS CONTESTE DURABLEMENT PAR LES SOCIETES LAGUNAIRES DE BASSE-COTE D'IVOIRE

Ousseynou Faye

Cette préface a une histoire. Celle-ci démarre en avril 2014, date de notre rencontre avec Égue Jean-Michel Latte. Elle a eu lieu à l'université Félix Houphouët-Boigny de Cocody-Abidjan. C'était à l'occasion d'une soutenance de thèse d'un doctorant du collègue Kouamé René Allou. En échangeant avec l'impétrant sur l'histoire des Koulango du nord-est de la Côte d'Ivoire, ethnonyme à partir duquel il est possible de gloser sur l'homophonie et l'homonymie, en prenant appui sur le groupe des Koulang de la Sénégambie du centre-ouest, nous ne pouvions pas imaginer que se mettaient en place, à partir de ce débat scientifique et de cette rencontre académique, les prémices d'une relation fondée sur l'estime, la solidarité, l'échange et le culte de l'objectivité – indispensable pour ne pas avoir de comptes à rendre à nos consciences respectives. L'intérêt que nous manifestons pour les sociétés ivoiriennes où s'observent de nombreuses manifestations culturelles disparues en Sénégambie, la nécessité de poursuivre la circulation et les échanges entre les universités du Sénégal et de la Côte d'Ivoire, le besoin de réfléchir ensemble et de façon périodique sur la gouvernance de nos institutions universitaires, l'attention prêtée aux débats historiographiques et aux préoccupations d'ordre épistémologique qui en découlent nourrissent depuis lors cette relation.

Aussi n'est-il pas surprenant qu'Égue Jean-Michel Latte nous fasse l'honneur de rédiger quelques mots de présentation de cet intéressant livre. Ouvrage qui montre à quel point ce maître de l'École d'histoire de Bouaké, pour reprendre l'expression de ses collègues, attache du prix non seulement à la production du savoir historien, mais aussi à sa diffusion par le biais de l'enseignement et de l'utilisation du relais constitué par l'édition. L'invitation qui nous a été faite de produire la préface de cette contribution scientifique se comprend à l'aune du partage qui est au cœur de l'activation de ces leviers. La référence aux appareils idéologiques qui les porte agit comme un double rappel : célébrer l'efficace du *logos* du *topoî* et entrer dans le vif du sujet de la préface.

La Basse-Côte d'Ivoire constitue un analyseur fort prisé par les chercheurs en sciences sociales. Leurs travaux portent sur divers objets et dévoilent une diversité de problématiques. Les plus en vue réfèrent à l'ethnogenèse, aux migrations, aux modèles politiques et aux conflits armés entre les formations sociales, éclatées en divers groupes. L'allochtonie et l'autochtonie qui actualisent les logiques d'appartenance, de distinction et de distanciation traversent les constructions narratives concernant les communautés territoriales constituées. Leurs modèles politiques et les patrimoines culturels légués à la postérité retiennent également l'attention des chercheurs. Il en est de même de la diffusion des religions étrangères (dont le protestantisme avec sa variante qu'est le méthodisme).

L'originalité du livre d'Égue Jean-Michel Latte réside dans le fait qu'il exprime une ambition fort louable : renouveler les savoirs sur ces sociétés en s'intéressant prioritairement à la sphère économique. Sans céder aux tentations de l'économétrie, Latte a compris à quel point l'économique agit comme un point de confluence de procès. En effet, l'histoire économique de la Basse-Côte d'Ivoire du XIXe siècle est un révélateur de dynamiques de changement et de changements déroulés dans divers domaines. Concernant la vie sociale, l'on retiendra deux exemples : l'importance prise au sein des élites économiques par les compradores et les reconversions ou ex-conversions professionnelles. Il importe de mettre ces figures évolutives sur le compte de tirailleurs sénégalais. Démobilisés, ils ont choisi de rester en Côte d'Ivoire et d'y exercer de nouveaux métiers. L'examen des relations de voisinage montre que les échanges de civilités, la circulation des femmes et les pactes d'entente n'ont pu étouffer l'expression des antagonismes (exemple : les relations entre populations côtières et leurs consœurs de l'hinterland à propos de la suppression des intermédiaires). Sous ce dernier rapport, il apparaît que l'intérêt demeure le moteur des relations sociales dans un contexte de néo-monétarisation. En bref, les jeux de société, évoqués ci-dessus, n'ont pu éviter la manifestation éruptive et épisodique de conflits armés qui étaient parfois induits par la prégnance de l'estime de soi. Au nombre des changements sociaux opérés, nous pouvons relever non seulement les innovations notées dans le mode de consommation à la faveur de l'achat de produits manufacturés provenant d'Europe continentale (France) et/ou insulaire (Grande-Bretagne), mais aussi l'accumulation de fortunes non négligeables. Ce procès, qui est l'œuvre de ce que l'on pourrait bien dénommer la bourgeoisie compradore bassamoise, se déroule concomitamment à l'évolution des techniques et des outils de travail utilisés par ces derniers. Cette dernière inflexion s'observe chez les pêcheurs. En effet, chez eux, le tissage de filets dormants qui se faisait à partir d'écorces d'arbres est relayé par l'utilisation des cordes importées.

La géographie de la basse Côte d'Ivoire, reconstituée dans les travaux d'histoire produits avant l'ouvrage de Latte, révèle l'existence de plusieurs formations biogéographiques. Retenons, entre autres éléments, sa zone à ria visible dans le secteur de Grand-Bassam. Celle-ci se signale par ses vasières qui abritent des mangroves, ses fonds marins riches en éléments nutritifs pour les espèces halieutiques (soles et otolithes par exemple) et utilisés comme sites de pose des filets dormants de pêcheurs (dont les Namakrou et les Fanti), ses vasières milieu lagunaires.

Mais la géographie historique, qui se veut écriture traversière des études consacrées aux lagunes ivoiriennes (dont l'Ébrié occidental constitue l'analyseur choisi par Latte), révèle que ces biotopes constituent des zones de rencontre de flux migratoires. Les auteurs de ces dynamiques démographiques ont transformé ces sites de peuplement en une vaste aire caractérisée par la diversité ethnique (Ébrié, Odioukrou, Abouré, Nzéma, Fanti, etc.) et par l'édification de pouvoirs politiques engagés dans des disputes de l'espace et de (re) production de rapports de pouvoir dictés par l'efficace de la préséance. Ces disputes de la terre se doublent de disputes de l'eau dans la mesure où les milieux fluviaux et la plate-forme océanique constituée par l'Atlantique correspondent à d'importants d'enjeux que sont le contrôle des richesses halieutiques, la mise à profit exclusive de la navigabilité des voies d'eau utilisées pour développer l'activité marchande, entreprendre l'exploration de l'hinterland, sécuriser aussi bien le transport que l'achat et la vente de marchandises.

Latte expose ces points qui concourent à dessiner une sorte d'hydropolitique portée par le pouvoir politico-militaire du second arrondissement de la « Colonie du Sénégal et dépendances ». C'est le lieu de convoquer, ici, le jeu d'échelle comme figure méthodologique dans le but d'éclairer davantage l'étude du micro proposée par l'auteur de ce livre. Ce que l'on pourrait appeler empire[1] ou zone d'influence française en Afrique a fait l'objet d'un maillage politico-administratif. Technique qui a déterminé l'implantation de cantonnements militaires, les profils des corps et les types de moyens de l'armée de terre à mettre à contribution, les imaginations stratégico-tactiques en matière de guerre à transposer sur le champ du réel. En Afrique subsaharienne, la France a dessiné une vaste aire censée constituer le ressort territorial de son pouvoir commercial et politique. Baptisée « Colonie du Sénégal et dépendances », elle s'étendait en gros de la Mauritanie actuelle au Gabon. Pour réussir le contrôle des territorialités, prendre en charge de façon idoine la défense des intérêts des acteurs de la présence française (dont les commerçants et les mai-

[1] Il est possible de le faire en convoquant les catégories d'analyse et les analyse produits par les auteurs du champ des relations internationales qui se sont spécialisés dans les études impériales.

sons commerciales), réduire les distances à parcourir en cas d'intervention dans un « domaine » relativement vaste, deux entités administratives, dénommées arrondissements, ont été créées. Le premier arrondissement avait Saint-Louis[2] comme siège du pouvoir politico-militaire. Il s'étendait de l'actuel territoire mauritanien à la petite agglomération de Ndande. Quant au second arrondissement, son ressort territorial, qui prenait forme après ce point de frontière ténue, se terminait au Gabon. Le siège du pouvoir politico-militaire se trouvait à Gorée. Cette organisation duale est porteuse de figures intéressantes à retenir. Ayant influé sur l'histoire de la présence française, elles ont pour noms :

- injonction à la construction d'un territoire discontinu qui s'explique par le fait que la Grande-Bretagne et le Portugal possédaient des domaines d'influence et ont dessiné des points de présence dans le vaste espace géographique configuré par les Français ;
- mise en place d'un régime d'administration militaire qui signifie l'attribution du bénéfice de l'exercice des pouvoirs politiques à des officiers ;
- (pré) positionnement de l'infanterie de marine dont les marsouins européens sont secondés, à partir de 1857, de *« subaltern soldiers »* appelés « tirailleurs sénégalais » ;
- coïncidence entre construction d'une armée coloniale et d'une force expéditionnaire ;
- pari sur l'efficace de l'expédition punitive pour dissimuler la rapine entreprise en vue de ravitailler la troupe, sécuriser et imposer au besoin le commerce français ;
- option pour la conduite de la politique de la canonnière afin de réussir à la fois ces objectifs, sortir gagnant de la rivalité entre les puissances présentes en Afrique côtière (dont le Portugal et la Grande-Bretagne), conserver les gains territoriaux ;
- choix du grignotage territorial comme moyen de renforcement de l'emprise exercée, de la coercition, grâce à l'emploi du canon de guerre, et de la tromperie dans les relations diplomatiques avec les pouvoirs politiques constitués.

Sous ce dernier rapport, l'on voit bien qu'il est possible d'assimiler à des élites déviantes les autorités politico-militaires françaises qui étaient établies à Gorée et envoyaient périodiquement des bâtiments de guerre pour adresser des menaces de guerre aux populations côtières et mener en Basse-Côte d'Ivoire (comme ailleurs) des opérations dites « punitives ». Révélatrices d'une riposte disproportionnée, celles-ci ont donné lieu à des vols commis au détriment des vaincus, à des pillages de grande ampleur et à des destructions massives de biens (comme les patrimoines

---

[2] Cette ville a très tôt expérimenté le dédoublement fonctionnel en accueillant le gouverneur de la « Colonie du Sénégal et dépendances ». Capitale du territoire du Sénégal et de l'AOF entre 1895 et 1902, elle reste, jusqu'en 1958, capitale du Sénégal et de la Mauritanie.

immobiliers et mobiliers). Ces gestes, auxquelles s'ajoutent les différentes fraudes commerciales (marchandises avariées, tromperie sur la nature du produit vendu, hausse des prix) dont se sont rendus coupables les commerçants français, qui s'apparentent assurément à des crimes de guerre. Ils méritent d'être ré-analysés afin d'éclairer davantage les transgressions des décideurs français de la pré-conquête coloniale.

Latte rend compte de comportements transgressifs imputés à des officiers chargés de conduire en Basse-Côte d'Ivoire des « opérations punitives ». Il a parfaitement bien compris que ces dernières s'intègrent dans un projet d'intérêt majeur pour la France : imposer son modèle d'économie marchande au moyen de la menace de guerre, de la guerre ou de la tromperie sur la marchandise vendue ou achetée. Avec ce livre, se dégage aussi ce fait qui veut que l'économie marchande soit un puissant accélérateur de changements. Elle a donné, ici et durant tout le XIXe siècle, à une diversification des activités économiques[3], à un élargissement du bassin des emplois et à un renouvellement des visages d'actifs. Les plus familiers d'entre eux ont été les commerçants, employés, planteurs, passeurs de barre, bateliers, transporteurs, artisans (maçons, menuisiers, boulangers) ayant été auparavant des tirailleurs sénégalais. Ces nouvelles catégories d'artisans étaient visibles dans les villes-garnisons du sud, notamment à Grand-Bassam[4] qui accueillit en 1889 un poste de douane.

Latte dépeint, dans son livre, le capitalisme marchand sous les traits d'un mode de production enclin à « routiniser » la transgression et à faire de la coercition le biais à utiliser pour faire triompher son projet d'hégémonie. On a là autant d'ingrédients réutilisés pendant l'occupation coloniale. Durant toute la période qui précède la conquête territoriale, les Français ont subi en Côte d'Ivoire lagunaire une série de revers et vécu énormément de déboires. Ce qui fait qu'il leur a fallu s'engager dans une pareille aventure pour pouvoir imposer leur domination économique. Plusieurs facteurs expliquent la récurrence de leur échec dans la tentative d'imposition leur ordre économique aux populations côtières de la basse Côte d'Ivoire. La compétition économique engagée par les commerçants anglais, dont la présence et les offres marchandes sont relativement bien appréciées, a pendant longtemps été préjudiciable à leurs homologues français. Latte dessine bien le tableau des relations entre Anglais et habitants des milieux lagunaires. La diffusion de la langue anglaise et l'établissement d'un rapport diglossique dans le monde des affaires construit par ces acteurs attestent de la profondeur de l'ancrage d'opérateurs britanniques ne présentant point par rapport à leurs rivaux le profil d'*outsiders*. Les multiples

---

[3] L'atteste l'apparition de l'économie de plantation. Elle démarre à Assinie en 1880. Le caoutchouc a été l'une des principales productions de rente recherchées par les Européens. Son expansion accompagne la perte de prestige de l'huile de palme.

[4] Les autres lieux de cantonnement militaire du XIXe siècle étaient Bingerville, Dabou, Grand Lahou.

formes de tromperie des commerçants français ont également abouti à leur assimilation à une élite cupide. S'éloigner d'elle, refuser l'injonction à la collaboration avec elle, s'offusquer de l'appui militaire qui lui a été offert pour tenter d'imposer sa volonté de puissance, riposter par les armes à la menace de guerre et à la guerre, renforcer les capacités de résilience au sortir d'affrontements armés ruineux, tels ont été quelques-unes des réponses apportées par les sociétés lagunaires au diktat des commerçants français et de leurs mentors de Gorée. Comme on le voit, ces réponses se déclinant invariablement en termes de facteurs explicatifs de la récurrence de l'insuccès en question. Celui-ci s'explique aussi par le fait les « forbans des affaires » françaises et/ou leurs congénères en armes avaient tendance à porter un regard dépréciatif sur tout qui se posait pour eux en termes d'extériorité culturelle. Ce regard vertical, selon la belle expression de Julia Kristevà, a donné lieu à la production et à la diffusion d'actes de langage non ciselés et irrévérencieux. Latte souligne, à juste titre, le caractère contre-productif de ces deux procès lorsqu'il pointe la mésestime affichée envers les populations lagunaires par les « forbans des affaires » et leurs goujats en armes. Le mépris culturel ainsi mis ainsi en scène, que l'on peut valablement imputer à l'idéologie « cannibale » des Lumières, va fonctionner comme un invariant. Il est observable aussi bien pendant les différentes séquences d'insuccès commercial, décrites avec minutie par Latte, que durant les phases de conquête, de pacification et de surexploitation réductibles, en Basse-Côte d'Ivoire et ailleurs, au temps du procès colonial.

En bref, l'un des principaux mérites du livre de Latte réside dans le fait qu'il montre que la violence et la transgression ont fonctionné en guise de volants régulateurs des rapports entretenus par les forces marchandes françaises et leurs auxiliaires en armes avec les populations côtières de la basse Côte d'Ivoire. En pointillé, y est énoncé ce qui fait figure de matrice de tels écarts : le retard économique de la France. Est-il besoin de rappeler que son entrée tardive dans la Révolution industrielle et la perte des marchés alsacien et lorrain, à partir des années 1870, en ont fait une puissance marchande de second rang, prête à imaginer et à expérimenter, sous les tropiques, les scénarii susceptibles de contribuer à l'accumulation rapide de gains commerciaux ?

Introduction

Carte n° 1 : Le sud de la Côte d'Ivoire

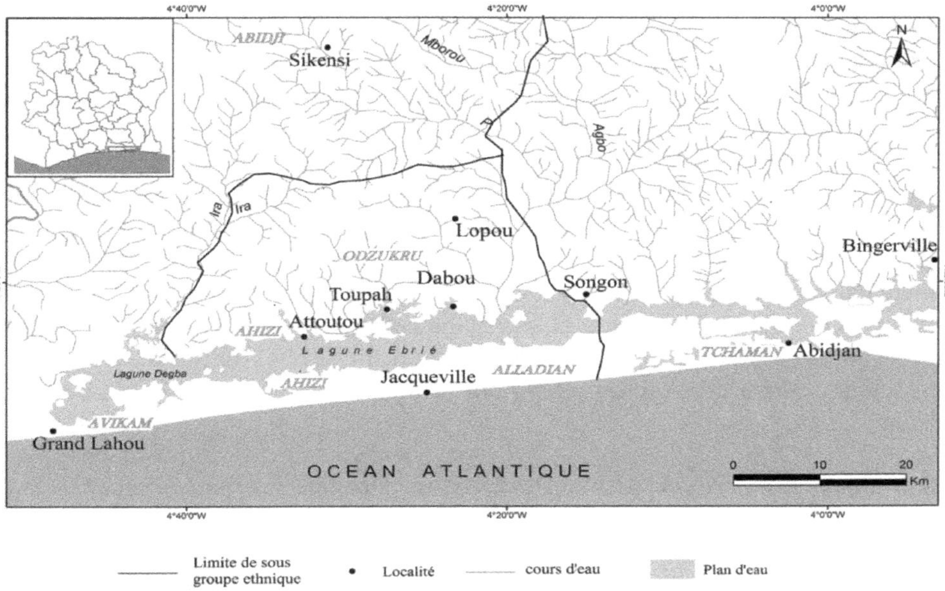

Le sud de la Côte d'Ivoire ou bassin occidental de la lagune Ébrié ou Ebrié occidental est subdivisé en deux sous-régions : la côte des Quaqua et le Haut-Ebrié. La côte des Quaqua longe l'océan Atlantique, c'est le domaine maritime, tandis que le Haut-Ebrié correspond aux rives septentrionales de la lagune Ébrié. Cette région de l'Ébrié occidental, qui abrite les lagunes Dégba et Ebrié et qui est assimilée à une véritable « mer intérieure », sert de voie de communication entre les différents peuples de la région, ce qui favorise entre eux des échanges commerciaux.

Le sud de la Côte d'Ivoire a été occupé entre les XVIe et XVIIIe siècles par des populations venues de l'ouest et de l'est, précisément des pays krou et akan. Le brassage qui s'est opéré entre les groupes d'immigrants et les fonds anciens[5] a donné naissance à plusieurs peuples, dont les Abidji, les Ahizi, les Alladian, les Avikam, les Odzukru et les Tchaman. Les Alladian et les Avikam, établis sur la Côte des Quaqua dès le XVIIe siècle, exercèrent plusieurs activités économiques comme la pêche maritime, la production du sel marin et le commerce avec les in-

[5] La région de l'Ebrié occidental, avant les groupes de migrants, fut occupée par les populations Adissi et Zéhiri.

terlopes européens. Les peuples établis sur le Haut-Ebrié et sur le pourtour de la lagune Ébrié s'adonnèrent à l'agriculture vivrière, à la pêche en lagune, à l'économie de cueillette avec la production de l'huile de palme, à la chasse et à l'artisanat. Entre les deux sous-régions s'est alors développée une interdépendance économique.

Cette interdépendance entre les peuples de l'Ébrié occidental s'observe également sur les plans politique, social et culturel. En effet, ces sociétés, dans leur quasi-totalité, sont régies par le système des classes d'âge, qui instaure dans toutes les communautés politiques la démocratie consensuelle. Né dans la seconde moitié du XVIIIe siècle dans le pays tchaman, foyer de sa diffusion dans tous les autres pays du Bassin occidental de la lagune Ébrié[6], ce système politique institue une gestion collective du pouvoir. Tous les citoyens, répartis en classes d'âge, participent à l'exercice du pouvoir. À chaque classe est confiée une activité politique précise. Le mandat est institué pour éviter le monopole et la dictature[7]. Ainsi, à la fin du mandat, le pouvoir est rétrocédé à la classe d'âge cadette. Les sociétés de l'Ébrié occidental sont régies par le système du matriclan. En effet, les activités économiques constituent des sources de promotion pour les lignages qui les organisent et qui les dirigent.

Les peuples de l'Ébrié occidental avaient aussi presque les mêmes répertoires de danses et de chants. Polythéistes, ils adoraient les mêmes divinités. En effet, les divinités comme Zan Gbrégré, Mâdo et Tanu, introduites dans le pays alladian à la faveur des échanges commerciaux, furent diffusées dans le Haut-Ebrié, notamment dans les pays odzukru et tchaman.

Le bassin occidental de la lagune Ébrié a toujours été au rendez-vous des échanges commerciaux avec les navires européens et américains. En effet, ses habitants ont participé, au XVIIe siècle à la traite de l'ivoire et des peaux d'animaux et, au XVIIIe siècle, à celle des Noirs, avec comme Grand-Lahou, principal port négrier de la Côte d'Ivoire et Avagou et Addah sur le littoral alladian comme « ports négriers » secondaires. De ces points d'embarquement furent exportés vers les Amériques des milliers d'Africains[8]. Au départ, les esclaves provenaient du Haut-Ebrié. Ce commerce a accentué le dépeuplement de l'Ébrié occidental. Cependant, la suppression de la traite des Noirs, dans la première moitié du XIXe siècle, et l'instauration d'une nouvelle traite, la traite végétale avec l'huile de palme permit

---

[6] Les Avikam sont les seuls à ne pas être régis par le système des classes d'âge.

[7] Les villages, qui sont autonomes politiquement, appliquent la gérontocratie.

[8] E. J.-M. Latte, « Les échanges commerciaux dans le Bassin Occidental de la lagune Ebrié, 1831-1931 », 3 tomes, Abidjan, Université de Cocody, thèse de doctorat d'Etat d'Histoire, 2009, p. 86.

aux populations de l'Ébrié occidental de renouer de nouveau avec le commerce, source de l'ouverture et de bien-être pour les populations.

Sur le littoral ivoirien, le Haut-Ebrié fut le principal centre de production de l'huile de palme avec pour épicentre le pays odzukru. Le palmier à huile y pousse à l'état naturel dans les jachères. Les palmeraies étaient propriétés des lignages d'origine des primo-migrants. Les Odzukru ont acquis, au fil des siècles, les savoirs et les techniques portant sur la production de l'huile de palme. Des pays odzukru et tchaman furent exportés, en direction de la Côte des Quaqua, des milliers de tonnes d'huile de couleur « safran ». Les négociants de cette région entretenaient des relations commerciales avec les navires anglais en rade dans les eaux territoriales alladian et avikam. Les commerçants de ces deux pays, aguerris et rompus aux techniques du négoce depuis les XVIIe et XVIIIe siècles, jouaient le rôle d'intermédiaires entre les capitaines de navires de commerce européens et les producteurs africains.

Depuis les années 1830, l'huile de palme est devenue le principal produit d'exportation du golfe de Guinée. Elle a supplanté, en quelques années, l'or, l'ivoire et les esclaves. Achetée à des prix dérisoires, cette huile est revendue à des prix très élevés dans les ports européens, permettant ainsi aux commerçants de réaliser d'importants bénéfices[9]. La seule nation européenne qui s'intéressait alors à cette nouvelle traite a été l'Angleterre.

Mais, à partir de 1854, les Français présents dans la région de Grand-Bassam depuis 1842, pour le commerce de l'or, décident d'imiter les Anglais. Ce faisant, ils créent des comptoirs dans l'Ébrié occidental. Confrontés à la méfiance des producteurs et traitants africains, les Français se lancent dans la signature de nombreux traités, la construction d'un fort dans la baie de Dabou et l'envoi d'expéditions[10]. Pour faire face à la concurrence des Anglais, ils construisent un fort dans la baie de Dabou. En dépit de tous ces efforts fournis par ceux-là, le commerce de la région, jusqu'à la fin du XIXe siècle, est resté sous le contrôle des négociants alladian. Autrement dit, les commerçants français n'ont enregistré que des échecs cuisants dans l'Ébrié occidental.

Après avoir placé sous son joug la Côte d'Ivoire en mars 1893, la France décide de réorganiser les activités commerciales dans l'Ébrié occidental. Aussi crée-t-elle de nombreuses infrastructures et diversifie-t-elle les produits d'exportation avec l'introduction des cultures arbustives. Cependant, les populations conduites par les Alladian et les Odzukru s'opposent à tout contrôle par les Français de l'activité commerciale du bassin occidental de la lagune Ébrié.

---

[9] Fleuriot de LANGLE, *op. cit.*, p. 390.

[10] Archives nationales du Sénégal (ANS), 5G28, pièce 3.

Ce livre reconstitue les trajectoires du commerce déroulé sur l'espace lagunaire du Sud ivoirien par les Français et les acteurs locaux. Il examine les raisons qui ont conduit ceux-là à s'intéresser à cet espace d'échanges, restitue les rythmes et les inflexions des relations commerciales pratiquées dans le bassin occidental de la lagune Ébrié entre 1830 et 1909. En d'autres termes, l'accent est mis sur les succès et les échecs rencontrés par l'a France durant les premiers moments de son déploiement dans une des zones méridionales du territoire qui va porter le nom de Côte d'Ivoire.

PREMIÈRE PARTIE

LES FACTEURS DE LA PRÉSENCE FRANÇAISE DANS L'ÉBRIÉ OCCI-DENTAL

CHAPITRE I

LA PRÉSENCE FRANÇAISE DANS LE SUD-EST IVOIRIEN, 1842-1857

Les Français se sont installés, à la fin de la première moitié du XIXe siècle, dans le sud-est de la Côte d'Ivoire dans le but de s'adonner au commerce de l'or. Cette région, ils la connaissaient. En effet, depuis le XVIIe siècle, plusieurs tentatives d'établissement d'acteurs commerciaux français y ont été enregistrées. Établis dans le sud-est, ils entreprennent l'exploitation des richesses de l'Ébrié-ouest, ce qui les conduit à pénétrer dans le bassin de l'huile de palme. Produit qui fait l'objet, depuis la première moitié du XIXe siècle, d'un commerce que contrôlent les Anglais établis dans le Golfe de Guinée. Ils sont, depuis cette période, en contact commercial avec les populations de la Côte des Quaqua qui, depuis de longues années, jouent le rôle d'intermédiaires entre les interlopes européens et les habitants de l'intérieur. Les Français, face à la richesse en oléagineux de l'Ébrié occidental, décident de s'y établir et chercher à contrôler la production et le commerce de ce que l'on appelle l'huile couleur *safran*.

Les Français, au début des années 1840, reviennent de nouveau dans le Sud-est. Ils s'y établissent en occupant les deux centres commerciaux les plus importants : Grand-Bassam et Assinie.

L'établissement des Français à Grand-Bassam et Assinie

Des tentatives d'établissement avant 1842

La présence française dans le Sud-Est ou Côte d'Or remonte à 1842. Cet établissement est le résultat de plusieurs tentatives. Depuis le XVIIe siècle, des relations fréquentes ont été établies entre les marins français et les populations de la Côte d'Or, précisément celle du royaume d'Assoko. En effet, depuis 1665, les Français, par la compagnie de Guinée, ont tenté de faire le commerce de l'or dans le Sud-est. Mais le succès n'a pas été au rendez-vous. De 1687 à 1688, la frégate la « Tempête », commandée par le capitaine Ducasse, réussit à établir une liaison entre la France et le golfe de Guinée[11].

De nombreux voyages, alors effectués par les marins français dans le Sud-Est, ont eu pour résultat l'instauration de contacts entre commerçants français et producteurs africains. C'est ce que note sieur Tibierge dans son journal repris par Paul Roussier dans *Voyage à la Côte de Guinée 1687-1702*. On peut y lire ce qui suit : « Comme nous virions au Capestan pour mettre notre ancre haute et appareiller pour descendre plus bas. Il est venu sur les neuf heures des canots à bord, dont les nègres d'Assiny, ils nous ont dit qu'il ne fallait point partir d'où nous étions, à cause que c'est l'endroit où on descend à terre plus aisément »[12].

L'existence d'une certaine familiarité entre les marins français et les Essouma d'Assoko prouve que ces deux acteurs se fréquentent, se côtoient et se connaissent. Le rapprochement est manifeste à travers le traité conclu en 1692 par le roi d'Assoko[13] et le Chevalier Damace, qui défend les intérêts des Français établis depuis les années 1660, sur le littoral maritime du royaume d'Assoko. Ce traité autorise la France à bâtir des « *ports* » et à introduire des esclaves pour le travail de la mine. Mais ce rapprochement entre la France et l'Assoko s'est traduit du côté des Essouma par l'envoi en France de deux jeunes : Aniaba et Banga. Les Essouma, par un tel geste, entendent respecter scrupuleusement le pacte. Aniaba a été reçu à la Cour du roi Louis XIV. Paul Atger, parlant de ces deux jeunes Essouma,

[11] P. ATGER, La France en Côte d'Ivoire de 1843-1893 : cinquante ans d'hésitations politiques et commerciales, n° II, 1962, Dakar, p. 33.

[12] P. ROUSSIER, *op. cit.*, p. 51.

[13] P. ATGER, *op. cit.*, p. 34

les présentait comme des otages[14]. En vérité, ils ont été des ambassadeurs, c'est-à-dire les symboles vivants de la nouvelle alliance entre Essouma et Français[15].

Du côté français, le capitaine Ducasse, commandant de la frégate « Tempête », a laissé sur le littoral d'Assoko, précisément dans le village d'Assinie, six Français, dont deux prêtres de l'ordre des Dominicains, Gonsalves et Ceresier. Cela s'est passé en 1667. L'objectif des Français est d'associer au commerce l'évangélisation des populations lagunaires. Par la religion, il faut donc exporter la civilisation européenne. Ainsi, les prêtres missionnaires ont été les agents de sa diffusion hors d'Europe.

Le royaume côtier d'Assoko a été fondé, au milieu du XVIIe siècle, par les Efiè-Essouma venus au XVIIe siècle de l'actuel Ghana. Ils ont été installés le long de la côte maritime du Sud-Est par les Ehotilé établis à l'intérieur des terres sur le pourtour de la lagune Aby. Les Essouma soumettent par la suite les habitants de l'intérieur, ce qui leur a permis de fonder un puissant royaume. Leur roi le plus connu est Akafini qui a signé de nombreux traités avec les Français. La capitale de ce royaume, Assoko, est située à l'intérieur des terres. Ses habitants ont très tôt développé des relations commerciales avec les marchands européens. Mieux, ils se sont imposés comme les seuls intermédiaires et interlocuteurs entre ces derniers et les producteurs africains. Les activités commerciales de ce royaume, dirigées par le roi, sont animées par les *Brembi.* Recevant leurs charges du roi, ils résident dans la capitale du royaume et sont représentés par leurs agents appelés *sikafwê* sur la côte maritime. C'est particulièrement le cas pour Assinie, la ville marchande.

La présence française à Assinie est attestée par Tibierge. Il témoigne ainsi : « Nous avons appris par ces Noirs que Gassigny et Banga vivaient encore et M. Desorhange aussi, qu'un matelot qui est resté avec S. Deshorange est mort »[16]. Le R. P. Godefroy Loyer, repris par Roussier, confirme la présence des Français dans le royaume d'Assoko à travers ce récit : « Mais, le sieur de Gabaret ayant ordre de ne point sortir de cet endroit, nous y passâmes la nuit, exposés à une grosse pluie, qui tomba jusqu'au jour, en si grande abondance, que deux Français

---

[14] *Id.* p. 34.

[15] Au cours de son séjour en France, Aniaba a reçu une formation militaire dans l'armée française. Il a servi dans la cavalerie en Picardie avec le grade de capitaine d'infantérie et baptisé par Bossuet. p.35. Aniaba a regagné Assoko en 1701. Voir P. ATGER, *op. cit.*, Le voyage retour d'Aniaba est attesté par R. P. Godefroy Loyer dans *Relations de voyage du royaume d'Issigny* repris par Paul Roussier: « *Le 27, Monsieur le Chevalier Damace et Monsieur Aniaba descendirent à terre avec quelques gens de service* » (P. ROUSSIER, *op. cit.*, p. 156).

[16] P. Roussier, *op. cit.*, p. 151.

qui se trouvaient là, avec nous, et qui demeuraient en ce païs, depuis plusieurs années »[17].

Le royaume d'Assoko a dominé, au XVIIe siècle et dans la première moitié du XVIIIe siècle, les activités commerciales du Sud-Est. Cependant, dans la seconde moitié de ce siècle, il est conquis par Aka Essoin, le fondateur du royaume Sanwhi. Assoko devient alors une province du Sanwhi. Mais, il a continué, à travers Assinie qui est, comme on l'a déjà dit, son principal centre économique, à jouer le premier rôle commercial de la région.

Face à la présence des Anglais dans le sud-ouest de la Gold Coast, précisément dans la région d'Axim, les Français décident de renforcer et de consolider leur présence en Côte d'Or par la construction d'un fort en 1701. En effet, après plusieurs heures de négociations, le Chevalier Damace obtient, du roi d'Assoko, l'autorisation de bâtir un fort. C'est ce que note le R. P. Godefroy Loyer :

> « Le capitaine Akafini, roi d'Issyny arriva d'Assoko, lieu capitale du païs, suivis d'une grande quantité de Seigneurs du païs et d'esclaves. Il reçut Monsieur Damace avec tous les témoignages d'estime imaginables et le remercia de toutes les bontés que le roi avait eues depuis si longtemps pour Aniaba et en reconnaissance, il lui permit de bâtir un fort dans son pays, dans le lieu qui lui plairait davantage »18.

Le Chevalier Damace et sa suite ont choisi de bâtir le fort à l'embouchure d'une rivière[19]. Cet emplacement est stratégique. En effet, la rivière servant de voie de communication est utilisée par les peuples de l'intérieur pour faire descendre l'or et les autres produits sur le littoral. L'or vendu sur la côte du Sud-Est est de très bonne qualité. Ce métal précieux provient des pays de l'intérieur. L'or est échangé contre le sel marin et les marchandises européennes. Le fort baptisé « Fort St-Louis » a un effectif de 32 personnes, dont deux prêtres (les pères Godefroy Loyer et Villard) et 30 soldats.

Rappelons que les activités commerciales à Assoko relèvent du domaine régalien. En effet, le roi accorde l'autorisation aux personnes qui désirent se consacrer au négoce. Au nombre de 40 à 50, les commerçants essouma, appelés *brembi (seigneurs),* très riches et bien organisés, étaient très habiles. Entretenant des relations commerciales avec les pays de la boucle du Niger et du pays akan et longeant la rivière Tanoé qui sert de voie de communication avec le pays akan, ils se rendaient à Bégho. Selon Wondji, les commerçants essouma ont réalisé de grands bénéfices.

---

[17] *Id.*, p. 156.
[18] P. Roussier, *op. cit.*, p. 156.
[19] Ibid.

La richesse des *brembi* est composée d'or, d'esclaves, et de cotonnades. Ils habitent de grandes maisons et portent des habits luxueux. Les plus riches d'entre eux devenaient des capéchères, c'est-à-dire des notables du roi qui participaient au conseil royal en tant que *baboumets* (anciens)[20]. À ce titre, ils résidaient alors dans la capitale du royaume Assoko, ville située sur une île de la lagune Aby.

Pour bien mener les charges politiques et commerciales, les *brembi* se faisaient aider dans le domaine du négoce par des *watafouè*, qui sont des commerçants professionnels, agissant comme des agents, des facteurs pour le compte des *brembi*. Lesquels avaient reçu du roi le droit de commercer avec les négociants européens. Contrairement à ceux-ci, les *watafouè* résidaient à Assinie, l'un des ports du royaume et des principaux centres économiques du royaume d'Assoko. Selon Foté Memel, Assinie serait issue de la fusion de deux ports maritimes essouma : Bangayo et Tachueque[21]. Notons que dès sa fondation au XVIIe siècle, celle ville se spécialisa dans le commerce de l'or en provenance des régions de l'intérieur et, au XVIIIe siècle, dans celui des esclaves[22]. Mais la tentative d'installation en Côte d'Or des Français est un échec. Au début du XVIIIe siècle, précisément en 1703, ils sont contraints de se retirer du golfe de Guinée. Par voie de conséquence, ils abandonnant le Sud-Est. C'est en mars 1703 que les derniers Français quittent Assinie[23].

L'échec des Français à Assoko n'est pas lié à un problème de cohabitation entre Essouma et Français. Il tient à des raisons propres à la France. Nous notons deux facteurs majeurs qui sont d'ordre politique et économique. Sur le plan politique, depuis le XVIIIe siècle, la France affronte l'Angleterre dans des guerres coloniales. En Amérique, la France s'est alliée aux patriotes américains pour combattre les Anglais. Cela est attesté par Schnapper dans son ouvrage. *La politique et le commerce français dans le golfe de Guinée de 1838 à 1878*. Il déclare que « La France y entretenait et encourageait la traite des esclaves qui paraissait devoir prendre un nouvel essor à la suite des défaites infligées par les Français et les Américains aux Anglais ». La France est également confrontée à la Révolution. Comme le dit Schnapper, ses expéditions outre-mer ont été interrompues par les guerres de la Révolution et de l'empire. Sur le plan économique, la France connaît, au début du XVIIIe siècle, des problèmes de trésorerie. Les deniers du royaume ayant été utilisés pour l'organisation de grandes festivités à Versailles, la France n'avait plus les moyens de soutenir financièrement ses comptoirs du Golfe de Guinée. Les Français du « Fort Louis » d'Assinie ne recevaient plus de navires et n'étaient plus approvisionnés en marchandises européennes. Les commerçants et les religieux français,

---

[20] Sur les effectifs du fort, l'organisation du commerce, le patrimoine et la représentativité ds commerçants appelés *brembi*, lire C. WONDJI, *op. cit.*, pp. 133-134 et 184.

[21] F. H. MEMEL, *op. cit.*, p. 227.

[22] C. WONDJI, *op. cit.*, p. 133.

[23] *Idem.*, p. 134.

se sentant abandonnés, quittèrent le littoral maritime du Sud-Est. Le R. P. Godefroy Loyer indique que, n'ayant aucun secours d'Europe, c'est sur un navire négrier portugais qu'il embarqua pour la France[24].

Après mars 1703, les Français n'ont plus porté d'intérêt au golfe de Guinée. Seuls les Hollandais et les Anglais ont régulièrement fréquenté le littoral maritime de l'actuelle Côte d'Ivoire. Pendant la traite des Noirs, les Hollandais avaient fondé un comptoir à Grand-Lahou, puis l'avaient abandonné au lendemain de l'abolition de la traite des esclaves[25]. Quant aux Anglais, ils s'étaient spécialisés sur les côtes des Quaqua et Krou au commerce de l'ivoire, du bois de teinture et des esclaves.

Tout au long du XVIIIe siècle jusqu'en 1837, le gouvernement et les milieux d'affaires français se sont désintéressés du golfe de Guinée. Voici ce que note Paul Atger :

> « Depuis le XVIIIe siècle, suite aux guerres coloniales franco-anglaises et de la Révolution, les Français ne s'étaient plus intéressés aux rivages du golfe de Guinée. Seuls Les Hollandais et les Anglais les avaient fréquentés régulièrement. Les premiers avaient fondé un comptoir à Grand-Lahou, puis l'avaient abandonné lors de l'abolition de la traite des esclaves »[26].

Les seuls établissements français en Afrique étaient St Louis et Gorée au Sénégal. Dans cette région, les Français s'étaient établis, depuis le XVIIe siècle, pour y faire le commerce de la gomme et de l'arachide[27]. Depuis l'abolition de la traite des Noirs, au début du XIXe siècle, la France qui refuse le contrôle de ses navires par les marins anglais a installé à Gorée une station navale chargée de réprimer et d'arraisonner les navires négriers américains et européens qui continuent la traite des esclaves malgré son abolition. Les navires de guerre français sont chargés de surveiller la partie septentrionale de la côte occidentale d'Afrique. Le golfe de Guinée, quant à lui, est sous le contrôle de la marine anglaise.

Après la signature, en 1815 à Vienne, en Autriche, de la charte abolissant le commerce des Noirs, la France, à sa demande, a été associée à l'Angleterre pour la fouille des cales des navires reliant l'Europe, l'Afrique et l'Amérique. Cette demande a été faite, car les Français acceptent mal les fouilles et le contrôle de leurs navires par les Anglais, qui jouent, depuis l'effacement des Hollandais des océans, vers la fin du XVIIe siècle, le rôle de gendarme des mers. Aussi, face à l'insistance

---

24 P. ROUSSIER, *op. cit.*, p. 228.
25 P. ATGER, *op. cit.*, p. 35.
26 *Idem.*, p. 35.
27 SCHNAPPER, *op. cit..* p. 15.

de la France qui tient à affirmer sa souveraineté hors d'Europe[28], les deux puissances européennes se sont-elles partagées le territoire africain pour un meilleur contrôle des bateaux en provenance d'Afrique pour l'Amérique ou l'Europe. Le territoire de surveillance de la France est limité. Il s'étend sur le territoire compris entre Saint-Louis au nord, et la Gambie, au sud. Ce qui limite les dépenses financières de la marine française.

Les navires français s'aventuraient rarement au-delà de la Gambie de peur de subir la concurrence des autres puissances européennes. La France a des difficultés financières, ce qui ne lui permet pas de soutenir les expéditions lointaines. En outre, les commerçants français ont toujours recherché le monopole pour exercer en toute quiétude leurs activités. Il faut noter que les produits français sont loin de rallier le goût des Africains. La valeur des échanges commerciaux réside dans la qualité des produits.

Les Hollandais se sont investis en Afrique dans le commerce du gin et les Anglais dans celui du rhum et du tabac. En revanche, rien ne singularise la structure du commerce français au moment où les centres commerciaux du Golfe de Guinée sont pris d'assaut par les autres puissances commerciales européennes. Des Anglais et des Hollandais étaient déjà présents en Côte d'Or. Les premiers sont établis dans la région d'El Mina et les seconds en Appolonie[29]. Du cap de Palmes au cap d'Appolonie, aucune puissance n'est établie. Il n'y a que les Anglais qui commercent avec les populations, troquant les marchandises européennes contre l'ivoire, l'or et l'huile de palme[30].

La région du golfe de Guinée était très mal connue par les marins français. En effet, leurs navires marchands, contrairement aux bateaux hollandais, portugais et anglais qui sillonnaient périodiquement le golfe de Guinée, ne s'y rendaient que de façon exceptionnelle. Les différents rapports et les informations rapportées par les capitaines lors des expéditions commerciales dans le Golfe de Guinée étaient top-secret, confidentiels et gardés jalousement par les armateurs.

Sur le littoral situé au sud-est, c'est-à-dire du Cap Lahou au Cap Appolonie, les seuls Européens à manifester leur présence après l'abolition de la traite des Noirs étaient les Anglais. Ces derniers, depuis la fin du commerce des esclaves, avaient inauguré, dans leurs relations commerciales avec le golfe de Guinée, une nouvelle traite basée sur l'huile de palme et les palmistes. À partir de 1830, ils transformèrent leurs navires en factoreries flottantes. Ces navires pouvaient passer une année à acheter et à vendre. Paul Atger indique que, depuis le XVIe siècle, pour éviter le

---

28 SCHNAPPER, *op. cit.*, p. 35.

29 *Id.*, p. 15.

30 Ibid.

pillage des marchandises débarquées sur les plages maritimes par les populations côtières, les capitaines des voiliers ont pris l'habitude de transformer leurs navires en comptoirs flottants[31]. Cette pratique commerciale permet aussi aux commerçants européens d'éviter les pertes de marchandises occasionnées par le passage de la barre.

La preuve de la présence anglaise sur le littoral ivoirien est attestée par les déclinaisons de toponymes attribués à des localités de la côte des Quaqua et du Sud-Ouest. Ainsi, le village de Bodo-Ladja est baptisé Big-Jack, Emoquah Half-Jack, etc[32]. De nombreuses personnalités établies dans la zone allant de la côte du Cap des Palmes au Cap d'Appolonie portaient aussi des surnoms anglais. C'était le cas d'Attekeble, régent de Grand-Bassam, plus connu sous le sobriquet de Peter. Walker est le surnom donné à un de ses notables, du nom de Niamkey. La langue anglaise était parlée par les habitants des territoires côtiers et de l'hinterland. Le phénomène de l'emprunt linguistique fut relativement bien répandu. Ainsi, les Odzukru du Haut-Ébrié avaient introduit des mots anglais dans leur langue, le *modzukru*[33].

Le shilling, la monnaie anglaise, servit de moyen de paiement dans de nombreuses transactions commerciales[34]. Paul Atger soulignait que, parmi les monnaies européennes et américaines en circulation et en usage sur le littoral ivoirien, le shilling était le plus utilisé. Le yard, unité de mesure anglaise, était en usage sur la côte[35]. Tous ces éléments témoignent de la forte présence des Anglais sur la côte maritime. Tous les habitants de cette région étaient en relations commerciales avec les navires anglais qui pratiquaient le système des avances[36]. Les Anglais avaient établi de solides relations commerciales, depuis 1830, avec les peuples de la côte maritime. Bien que présents dans le sud-ouest de la Gold Coast, ils n'eurent jamais l'idée de s'installer sur le littoral ivoirien pourtant riche en or, en ivoire et surtout en huile de palme. Les rapports entre les populations côtières et les commerçants anglais se limitaient aux échanges commerciaux.

À la fin des années 1830, la France, qui a fait une incursion en Algérie, s'intéresse de façon particulière au golfe de Guinée[37]. Ainsi, elle organise une expédition en

---

[31] P. ATGER, « Les comptoirs fortifiés de la Côte d'Ivoire. 1843-1871 », *Revue Française d'Histoire d'Outre-mer*, 1960, p. 432.

[32] E. J.-M. LATTE, *op. cit.*, p. 235.

[33] *Idem.*, p. 198.

[34] SCHNAPPER, *op. cit.*,p. 16.

[35] P. ATGER, *op. cit.*, p. 438.

[36]Avec ce mode d'échange, les capitaines anglais cédaient leurs marchandises à des traitants africains. Les avances, consenties, avant le début de la saison commerciale, étaient remboursables.

[37] SCHNAPPER, *op. cit.*, p. 25.

ciblant sa frange méridionale. Pour ce faire, elle déploie en 1838 la *Malouine*, un des fleurons de sa flotte de guerre outremer. En raison du succès de cette opération, les Français se réinstallent dans le royaume d'Assoko, précisément dans deux lieux de commerce forts sollicités : Assinie et Grand-Bassam[38] à l'embouchure du fleuve Comoé[39].

L'installation des Français à Grand-Bassam et Assinie, 1842-1843

Les raisons d'un choix

Les choix de Grand-Bassam et d'Assinie sont stratégiques. Ces deux centres commerciaux sont situés sur les embouchures des fleuves Comoé et Tanoé[40]. Par ces fleuves qui servent de voie de communication, les produits de l'intérieur sont exportés sur la côte maritime. Fondé au début du XIXe siècle, Grand-Bassam, peuplé de plus de 2000 habitants, en 1840, est devenu une principauté de traitants et le principal débouché des marchandises en provenance de toutes les régions traversées par le fleuve Comoé, des lagunes Aghien et Potou. Ce point de contact entre les commerçants des régions de l'intérieur et ceux de la côte, polarise aussi les zones de peuplement des Tchaman orientaux, des N'gbato et des Abouré[41]. Grand-Bassam est un centre commercial de premier plan. Peuplé d'Abouré et d'Appoloniens (Essouma), ce centre a établi, dès sa fondation, des relations commerciales avec les interlopes européens et les caravanes du Nord, en particulier les Bambara qui descendent sur la côte maritime pour s'approvisionner en sel marin et en marchandises européennes. Ainsi, par sa position stratégique, le village de Grand-Bassam est prêt à jouer, au XIXe siècle, un rôle politique et économique sous la présence française.

Assinie, village de la côte maritime faisant partie du royaume Assoko et qui a été conquis au XVIIIe siècle par les Anyi-Sanwhi[42] est le premier centre commercial de la Côte d'Or. Principal débouché des cités marchandes du Soudan, il entretient des relations commerciales avec les régions aurifères du monde akan, Kong, Bondoukou, Bégho et autres. De ces régions, descendent l'or, l'ivoire, les cotonnades, les

---

[38] Rappelons que Grand-Bassam, créé vers 1811 par des colons essouma ou appoloniens, bénéficie des liaisons maritime, lagunaire et fluviale, devient le plus important centre commercial du Sud-Est.

[39] Précisons que ce fleuve, long de plus de 800 kilomètres, relie les régions situées à l'est à la côte maritime.

[40] ANCI, 1EE5, pièce 7.

[41] Les Abouré sont appelés Akapless dans des documents français et les *Compas* de ROUSSIER.

[42] E. J. -M. LATTE, *op. cit.*, p. 233.

esclaves et les pots. D'Assinie, sont exportés, en direction de l'intérieur, le sel marin et les marchandises de la manufacture européenne, en particulier les fusils, les alcools...

En s'établissant dans ces deux débouchés des caravanes du commerce nord-sud, les Français sont assurés de contrôler le commerce de l'or du Sud-Est de l'actuelle Côte d'Ivoire. Les Assiniens et les Bassamois, négociants depuis de longs siècles et habités par un esprit libéral, ont accepté que les Français s'installent dans leurs territoires pour y faire le commerce. Cette ouverture d'esprit témoigne de l'intelligence et de l'habileté des négociants africains de la Côte d'Or. Selon les traditions appoloniennes, la concurrence est le seul moyen de faire prospérer le commerce et d'accroître ainsi les ressources[43].

En dépit ce qui a été dit ci-dessus, Paul Atger affirme que l'objet de la construction des forts à Grand-Bassam et à Assinie n'est pas commercial, mais politique[44]. Il justifie cela par le fait que l'Angleterre détient des forts en Côte d'Or. Il n'est donc pas question pour la France de laisser l'Angleterre seule occuper le golfe de Guinée en général et la Côte d'Or en particulier[45]. Mais, sont combinées à cette première

---

[43] Enquêtes orales réalisées le 18 août 2005 à Grand-Bassam.

[44] P. ATGER, *op. cit.*, p. 34.

[45] Cette rivalité politique est à la base de la signature en 1844, d'un traité entre la France et des élites dirigeantes de l'hinterland. En effet, un an après la signature des traités avec le roi Attacla, souverain du royaume du Sanwhi et Attekeble, régent de Grand-Bassam, la France représentée par Bouët- Willaumez, commandant de la station navale de Gorée, signe le 22 avril 1844, un traité d'amitié avec le roi des Abouré, N'taye Aka. Ce traité a été conclu à Akapoukoh (voir ANCI, 1EE5, pièce 7 ; ATGER, *op. cit.*, p. 34 et LATTE, *op. cit.*, p. 233. Ce campement, fondé par le souverain des Abouré pour la préparation du sel, est situé à seize kilomètres de Bonoua. En somme, la France a signé ce traité avec un royaume de l'intérieur parce qu'elle ne peut pas accepter l'existence d'une « *enclave anglaise* » en Côte d'Or. En effet, les Abouré de Bonoua continuaient à entretenir, comme par le passé, des relations avec les Anglais et se considéraient comme leurs amis. Voici le contenu des articles de ce traité conclu à Akaville, le 22 avril 1844 :
Article premier : La souveraineté du territoire du roi Aka, situé entre le royaume d'Attacla et le territoire de Grand-Bassam, est concédée pleine et entière au roi des Français. Les Français auront donc seuls le droit d'y arborer leurs couleurs, le roi Aka se rangeant complètement sous la protection et la souveraineté de la France.
Article 2 : Le roi Aka cède en toute propriété aux Français les terrains qui leur conviendront pour bâtir telle fortification qui leur plaira.
Article 3 : Tous les navires des autres nations ne pourront venir traiter à l'ancre devant le village.
Article 4 : En cas de naufrage, le tiers des objets sauvés sera concédé aux sauveurs.
Article 5 : En échange des conditions stipulées, il sera concédé au roi AKA une coutume annuelle composée de
6 fusils, 6 barils de poudre, 6 pièces d'étoffe, 2 barriques d'eau de vie de 225 litres chacune.
Cette coutume sera payée tous les six mois.

cause des raisons commerciales et sécuritaires. Il s'agit d'instaurer les échanges directs avec les producteurs africains de l'intérieur ou de la côte maritime et de protéger les commerçants français.

Prélude à l'installation française

L'établissement des Français dans ces deux établissements, qui intervient à partir de 1842, a été précédé par la signature de traités d'amitié entre les autorités de ces localités et les représentants du gouvernement français. Cette installation consiste en l'édification de garnisons et la construction de trois fortifications sur trois points du littoral : Garraway, Assinie, Gabon. Pour réaliser ces fortifications, des terrains ont été obtenus au terme de pactes d'alliance conclus entre les chefs locaux et les représentants de la France dans le Golfe de Guinée. La signature de traités d'amitié et de paix entre Grand-Bassam[46] et la France d'une part, et entre le Sanwhi et la France d'autre part[47], a été l'œuvre de deux officiers de la marine française : les lieutenants de vaisseau A. Fleuriot de Langle et Philippe Kerhallet[48]. Ils ont exercé les fonctions de signataires d'instruments des relations internationales après avoir agi en éclaireurs à bord des navires, Malouine[49] et Alouette[50].

---

[46] La mission en direction de Grand-Bassam, dirigée par le lieutenant de vaisseau Philippe Kerhallet, quitte l'île de Gorée le 25 juillet 1843 à bord de l'*Alouette* et d'autres navires chargés de matériels. L'expédition arrive le 17 août 1843au large de Grand-Bassam.

[47] Aigiri, chef d'Assinie, agissant en représentant du roi Attacla, souverain du Sanwhi, a signé le traité en question. Ce document a été ratifié en juillet 1843 par Amon N'Douffou, neveu et successeur du roi Attacla. Précisons que le royaume Sanwhi, qui couvrait une superficie de près de 3500 km², fut au XIXe siècle l'un des plus puissants royaumes forestiers de la Côte d'Ivoire précoloniale. Ajoutons qu'au début du XVIIIe siècle, les Anyi-Balafé, venus de l'Aowin-Ebrosa dans le sud- ouest du Ghana actuel, sous la conduite d'Amanlanman Ano et d'Aka Essoin, firent la conquête du sud-est de l'actuelle Côte d'Ivoire.Ils occupèrent d'abord le pays agoua, ensuite en 1715 le royaume d'Assoko et enfin en 1752-1754 le pays éhotilé situé sur le pourtour de la lagune Aby.Entre les vainqueurs et les vaincus un accord de paix fut passé. Les Essouma du littoral maritime qui ne craignaient pas de s'aventurer en mer et de franchir la barre en pirogue monopolisèrent les relations commerciales avec les navires européens alors que les Ehotilé s'étaient réservés la pêche en lagune. Le monopole de l'exercice des fonctions politiques de la région était réservé au roi du Sanwhi établi à Krinjabo, la capitale du royaume.

[48] SCHNAPPER, *op. cit.*, p. 37.

[49] Le 23 mai 1843, la *Malouine* commandée par le lieutenant de vaisseau A. Fleuriot de Langle, accompagné du lieutenant Parent, directeur de Génie du Sénégal, quitte Gorée pour la Côte d'Or. C'est ce dernier qui a pour mission d'identifier et d'étudier les sites des forts à construire. Le 22 juin 1843, après un mois de navigation, l'équipage arrive au large des côtes du village d'Assinie en pleine saison pluvieuse. Au cours de cette période, la pluviométrie y atteint près de 1 000 mm d'eau. Mais, à cause du mauvais temps, comme des fortes tempêtes, A. Fleuriot de Langle et ses compagnons sont restés en rade jusqu'au 4 juillet 1843. Lire SCHNAPPER, *op. cit.*, p. 31.

Au terme de la signature des traités, l'on note que le royaume Sanwhi semble se placer sous la protection militaire de la France concessionnaire d'un terrain à Assinie, moyennant le versement à l'autorité locale, une coutume annuelle. Son montant est fixé par cette dernière. Pour Grand-Bassam, le texte signé par le régent Attekeble[51] consacre la protection de la France, qui ne prend officiellement possession de ce village que le 28 septembre 1843. Elle bénéficie de l'octroi d'un terrain pour y bâtir un fort[52] en échange de l'acquittement du versement d'une coutume annuelle en guise de dédommagement. Mais le montant de la coutume diffère d'une région à une autre. Elle dépend de deux conditions : d'abord l'autorité du chef local et ensuite l'importance économique et commerciale de la région. La coutume est versée en nature. La valeur monétaire varie entre 100 et 1 000 francs. Parmi les chefs africains, seul Amon N'Douffou, successeur d'Attacla, roi du Sanwhi, a bénéficié d'une coutume d'une valeur de 1000 francs. Pour les autres souverains, elle est inférieure à 1 000 francs[53].

En sus des coutumes, les Français ont offert des cadeaux à leurs interlocuteurs. Pour les cadeaux destinés à Attekeble, le régent de Grand-Bassam et à son adjoint Niamkey, Philippe Kerhallet s'est adressé à un navire anglais. En effet, les présents qu'il a apportés de Gorée sont rouillés et avariés. Cela témoigne de la mauvaise qualité des produits français. Cela indique également les difficultés futures des commerçants français. Cette situation qui constitue une inquiétude pour les autorités de la station navale de Gorée est attestée en ces termes :

> « Des cadeaux sont promis en échange. Ils sont effectivement apportés l'année suivante. Mais, lorsque l'équipage ouvre les caisses au large de Bassam, on s'aperçoit que les objets chargés en France à cette fin sont pour la plupart inutilisables. Les uns sont avariés, les autres sont de trop médiocre qualité pour être décemment offert. Les Français se précipitèrent alors vers les vaisseaux anglais les plus proches afin d'y acheter des marchandises de remplacement. C'est donc, avec des produits anglais que la France paie sa première installation à Grand-Bassam »[54].

Les deux traités conclus en 1843 en Côte d'Or ont été rédigés par des officiers de la marine française. Leurs contenus sont vagues. Cela est attesté par Paul Atger : « Les termes des traités conclus entre Fleuriot de Langle et Peter, entre Fleuriot de Langle et Attacla étaient très vagues »[55]. Les textes sont incompréhensibles pour les

---

[50] ANS, 5G32, pièce 12.
[51] Attekeble est le roi Peter des écrits des auteurs européens.
[52] ANS, 5G16, pièce 7.
[53] ANCI, 1EE14, pièce 12
[54] ANCI, Document (doc), G. 16, bobine 28.
[55] P. ATGER, *op. cit.*, p. 33.

autorités africaines qui pensaient avoir signé seulement avec la France des accords commerciaux et non des traités de protectorat. Les chefs du Sanwhi et de Grand-Bassam n'ont jamais eu l'idée d'abandonner une quelconque parcelle de leur autorité et souveraineté. Autrement dit, l'extrait du texte conclu en 1843 entre la France et le royaume de Sanwhi et selon lequel « Le roi de Krinjabo et les chefs du pays se rangent sous la souveraineté de la France à laquelle ils remettent la possession entière de tout leur territoire »[56] relève de la duperie. En Côte d'Or, la France ne contrôle que 2000 mètres carrés de terrain, soit 1000 mètres carrés à Assinie et 1000 autres mètres carrés à Grand-Bassam[57]. La souveraineté de la France ne s'étend donc pas sur toute la Côte d'Or, mais sur des portions de terre, pour ériger des blockhaus pour le commerce[58].

Les problèmes d'interprétation des traités ont été à la base des guerres entre les marins français stationnés en Côte d'Or et les Africains. Pour Paul Atger, les termes des accords de 1843 donnaient à la France le droit d'arborer le pavillon français et d'y exercer sa pleine souveraineté. Il fonde ce raisonnement sur l'idée de base selon laquelle les chefs africains avaient aliéné leur souveraineté extérieure. Soulignons-le, avec force, ces derniers gardaient l'entière souveraineté sur leur territoire et étaient libres de commercer avec qui ils voulaient. Cela est attesté par Pelletier qui indique que Peter continuait son commerce avec les Anglais[59]. Selon les Appoloniens de Grand-Bassam, ce n'est pas à partir d'un bout de papier que toute une souveraineté serait bradée[60]. Pour les gouvernants de Krinjabo et de Grand-Bassam, les concessions accordées aux Français ne signifient point une marque d'aliénation, mais plutôt l'application d'une vieille pratique, répandue au Sud-Est, et qui consistait à céder à quelqu'un, pour exploitation, une partie de ses terres. Ce dernier ne peut devenir propriétaire de cette portion de patrimoine foncier. Il est tout simplement appelé à jouir, pour une période donnée, de l'usufruit de la terre qui lui a été remise. Au terme du délai imparti, il restitue le bien foncier exploité[61]. Ce qui met un terme à la concession[62] et sauvegarde la coutume africaine qui veut que l'on n'aliène pas la terre qui est un bien appartenant aux vivants et aux morts. En définitive, les concessions ont été faites dans un cadre purement commercial. Il s'agit de diversifier les partenaires et de développer les échanges.

---

[56]ANCI, Doc. G. 16, Grand-Bassam, microfilm, bobine 28.

[57]*Idem.*, p. 35.

[58]E. J.- M. LATTE, *op. cit.*, p. 231.

[59] PELLETIER, *op. cit.*, p. 1182.

[60] ANCI, 1EE122 (1), pièce 11.

[61] Enquêtes orales réalisées le 17 août 2005 à Grand-Bassam.

[62] ANCI, 1EE14, pièce 7

Les Français, dont les marchandises étaient de qualité médiocre[63], ne pouvaient faire valoir aucun droit au monopole commercial. Dès la signature des traités de 1843, les Français allaient nourrir le rêve de créer dans le golfe de Guinée des colonies dans le seul but d'exploiter les immenses ressources végétales, minières et animalières de la région. La réalisation d'une pareille entreprise de domination territoriale devait permettre aux entreprises françaises d'exercer le monopole et d'éviter ainsi la concurrence[64] qui pousse les traitants africains à jeter leur dévolu sur les marchandises anglaises ou hollandaises.

En définitive, c'est donc dans un contexte de malentendu, entretenu volontairement par les Français et de rivalités commerciales que la France, à partir de 1843, s'installe de façon officielle dans les forts Nemours et Joinville.

Construction de blockhaus et tensions commerciales

Au XIXe siècle, le commerce français se décline en termes de cabotages et d'expéditions organisées en direction du sud. Depuis l'expédition de la Malouine dans le golfe de Guinée en 1838, la France éprouve un intérêt pour la Côte d'Or, riche en ressources végétales, minières et animalières. La France, qui connaît cette région où elle s'établit, pour la première fois, de 1692 à 1703[65], construit un fort à Assinie. C'est le fort Saint-Louis. L'ouvrage est utilisé pour servir à la fois de garnison et de comptoir. L'intérêt de la France pour l'Afrique s'explique aussi par le fait que les Français ont abandonné l'Amérique. Après avoir débarqué en Afrique du Nord[66], précisément à Alger, ils projettent de s'établir dans le golfe de Guinée.

Deux hommes obligent la France et ses milieux d'affaires à s'intéresser à l'Afrique. Il s'agit de Victor Calve, chirurgien de profession, et Bouët-Willaumez, officier de la marine, commandant de la canonnière-Brick, la *Malouine*[67]. Convaincus des énormes avantages que pourrait réaliser le commerce français dans le golfe de Guinée, ils ont attiré l'attention du gouvernement français et des chambres de commerce, surtout celle de Bordeaux, sur la nécessité pour la France de s'intéresser à l'Afrique noire et à ses produits tropicaux[68]. Dans leur rapport de fin de mission, Bouët-Willaumez et Broquant ont proposé les voies à suivre et les moyens à mobi-

---

[63] Cela a conduit le lieutenant de vaisseau Philippe Kerhallet a acheté auprès des commerçants anglais les cadeaux destinés à Peter, Régent de Grand-Bassam. Les produits vendus par les commerçants français étaient médiocres, avariés et inutilisables. Voir ANCI, 1EE14, pièce 12.

[64] ANCI, 1EE122 (1), pièce 8.

[65] P. ATGER, *op. cit.*, p. 35.

[66] SCHNAPPER, *op. cit.*, p. 16.

[67] Ibid

[68] *Id.*, p. 16.

liser pour stopper la progression en Côte d'Or des Anglais engagés à l'échelle planétaire avec les Français[69] et présents dans tous les points de commerce du golfe de Guinée. Dans ce dynamique pôle marchand, ils troquent les produits manufacturés européens contre l'huile de palme, l'or et l'ivoire[70]. Parmi ces propositions, il y a la création des fortifications sur le long du golfe de Guinée. La présence des forts à vocation, à la fois, politique et militaire, arrêterait la progression anglaise vers le sud-est de la Côte d'Ivoire riche en or[71]. Ces ouvrages devaient être transformés plus tard en comptoirs. Ce qui était censé faciliter l'abandon du cabotage.

L'expédition dans le Golfe de Guinée, qui a suivi ces propositions, a été concluante et positive. Le rapport Bouët-Broquant dans le golfe de Guinée a conclu sur la nécessité pour la France de s'établir dans cette région afin d'exploiter ses immenses richesses et d'empêcher que l'Angleterre ait une mainmise totale sur le Golfe de Guinée[72]. Pour y parvenir, la France devrait développer un commerce licite avec l'Afrique noire. Il faut alors s'investir pour combattre la traite négrière qui continue malgré l'abolition sur certains points de la côte. L'esclave continue d'être dans certaines régions du Golfe de Guinée, le principal produit d'échange commercial.

Dans son ensemble, le rapport sur l'expédition commerciale de la *Malouine*, en 1838, a trouvé un écho peu favorable auprès des milieux d'affaires français, qui jugent le rapport peu convaincant. Mais pour des raisons de nationalisme, d'honneur et de prestige, la France décide de s'établir dans le golfe de Guinée. Elle y érige des comptoirs fortifiés. Ainsi, quatre ans après le passage de la *Malouine*, le ministre de la Marine et des Colonies décide de mettre en place des garnisons et de construire des fortifications sur trois points du littoral : Garraway, Assinie et le Gabon[73]. Par ordonnance du 29 décembre 1842, le roi Louis-Philippe a accordé, pour la construction des forts sur les trois points, un crédit extraordinaire d'un montant de 150 000 francs[74].

La phase pratique de la réalisation des fortifications est confiée à Bouët-Willaumez alors commandant en chef de la station navale française basée à Gorée au Sénégal. Les forts Nemours de Grand-Bassam et Joinville d'Assinie ont été construits sur des sites à partir desquels il est plus facile de contrôler les activités des fleuves Comoé et Tanoé et de protéger le débarquement des marchandises européennes.

---

[69] Selon Bouët-Willaumez, la France par tous les moyens doit supplanter en Afrique noire l'Angleterre, surtout que les Anglais envisagent de créer de nouveaux comptoirs dans la région. *Idem.*, p.33.

[70] ANCI, 1EE14 (1), pièce 7.

[71] P. ATGER, *op. cit.*, p. 35.

[72] P. ATGER, *op. cit.*, p. 35.

[73] Idem.

[74] Ibid.

Les blockhaus de la Côte d'Or sont édifiés sur un cordon sablonneux qui sépare la lagune Ébrié et l'océan Atlantique. Pour la construction des forts, les travaux de terrassement ont été faits sur place. Le matériel en bois a été fourni par les arsenaux de Brest et de Toulon[75]. Chaque fortin comporte plusieurs bâtiments, les uns servant de dortoirs aux membres de la garnison et les autres, de factoreries et d'entrepôts pour les éventuels commerçants. Les blockhaus sont protégés par une grande palissade en bois. La sécurité des forts est assurée par des pièces d'artillerie[76].

Le 29 juillet 1843, le fort Joinville d'Assinie est inauguré. Quant au fort Nemours de Grand-Bassam, il a été bâti du 17 août au 28 septembre 1843. Construits à la hâte, ils n'ont rien de comparable avec ceux qu'avaient construits par les Portugais, les Hollandais, les Danois et les Anglais à El Mina et à Cape Coast. Cela est attesté par Paul Atger :

> « Les forts français n'eurent rien de comparable avec ceux qu'avaient construits les Hollandais, les Danois et les Anglais à El Mina, Christianborg ou Cape Coast. La courtine, épaisse et blanchie à la chaux, de ces derniers, leurs salles voûtées, leurs ponts-levis, leurs canons alignés par dizaines dans toutes les directions assuraient respect. Ils étaient luxueusement meublés et même les domestiques de leurs gouverneurs jouissaient dans les annexes solidement bâties d'un confort que ne connurent jamais les commandants particuliers français »[77].

Les blockhaus de la Côte d'Or sont placés sous la direction des commandants de poste sans expérience. Ces jeunes officiers, qui débutent leur service militaire[78], sont sous l'autorité du gouverneur du Sénégal établi à Saint-Louis, tandis que les comptoirs français du golfe de Guinée sont placés sous l'autorité directe du commandant de Gorée, tenu d'informer périodiquement par courrier son supérieur hiérarchique direct (le gouverneur du Sénégal) sur les activités et l'évolution des comptoirs. L'inexpérience des responsables des blockhaus de la Côte d'Or a été à l'origine de nombreux conflits entre les Français et les Africains. L'immixtion des commandants des blockhaus dans les affaires intérieures des cités marchandes n'est pas appréciée par les populations africaines. C'est le cas de Peter qui condamne en 1852 l'intervention de M. des Pallieres commandant du blockhaus de Grand-Bassam dans la vie politique de cette cité marchande[79].

---

[75] SCHNAPPER, *op. cit.*, p. 44.
[76] SCHNAPPER, *op. cit.*, p. 44.
[77] P. ATGER, *op. cit.*, p. 35.
[78] ANS, 5G23, pièce 7.
[79] PELLETIER, *op. cit.*, p. 1174.

À partir des blockhaus, les Français inaugurent en 1843, en Côte d'Or la franchise absolue. Ce régime à titre expérimental, qui est susceptible d'être modifié[80], accorde un avantage aux commerçants français. Il consiste en un appui matériel de l'administration pour leur installation et en une protection exercée par des officiers de la marine[81]. En termes plus explicites, les commerçants français bénéficient du soutien de leur gouvernement pour le débarquement des marchandises, qui sont exonérées d'impôts, de patentes et de taxes de douane.[82] » Ces dispositions ont permis la cohabitation en Côte d'Or de deux pratiques commerciales différentes : le commerce sur rade pratiqué depuis le cap des Palmes jusqu'au Cap d'Appolonie[83] et dominé par les Anglais (qui conservent le droit de jeter l'ancre devant les comptoirs français), et le commerce direct. Instauré par les Français, en 1843, il a lieu au sein des fortifications, ce qui élimine toute intervention des intermédiaires africains[84].

Les bateaux à faible courant d'eau de la marine française sont utilisés pour le transport des produits. Ces navires participent également à intimider les populations qui refusent toutes relations avec les Français et à imposer l'ordre et le calme. En effet, en 1843, Baudin, successeur de Bouët-Willaumez et commandant de la Division navale fait bloquer par la canonnière *Le Guet-N'dar*, l'entrée du village d'Abata dans le Haut-Ébrié[85]. En 1844, à la demande de Régis, négociant français établi à Grand-Bassam, le fort Nemours a été doté d'une canonnière baptisée Grand-Bassam pour surveiller les Tchaman du Haut-Ébrié et contraindre les Alladian de la côte des Quaqua à commercer avec les factoreries françaises[86].

À la suite de nouvelles dispositions juridiques et voire politiques, la Côte d'Or devient un terrain de vive compétition commerciale entre Anglais et Français. Les Anglais occupent la rade. Ils continuent d'appliquer le système des avances qui leur permet d'exercer une influence sur les traitants africains. Quant aux Français, dont le commerce français a été essentiellement tourné vers l'or[87] alors qu'au XIXe siècle, le grand produit d'exportation du golfe de Guinée était l'huile de palme[88], ils contrôlent la terre ferme. Cependant, leur influence se limite réellement à la Côte d'Or. En effet, les commerçants français ne réussissent pas à s'imposer et à contre-

---

80 P. ATGER, *op. cit.*, p. 35.
81 ANS, 5G14, pièce 7.
82 P. ATGER, *op. cit.*, p. 453.
83 ANS, 5G14, pièce 12.
84 Idem.
85 ANCI, 1EE122 (1), pièce 7.
86 P. ATGER, *op. cit.*, p.35.
87 Ils ne s'intéresent à l'huile de palme qu'en 1852, à la suite aux travaux de Rougerie sur le blanchissement de cette huile.
88 ANS, 5G23, pièce 3.

balancer la présence anglaise. La médiocrité de leurs marchandises est à l'origine de cette situation. Les Français, qui réalisent de faibles investissements[89], tiennent à engranger de gros bénéfices et sont devenus très exigeants dans leurs rapports avec les traitants et les consommateurs africains[90]. Or, ces derniers qui n'acceptent que des produits de qualité, de valeur, continuent à jeter leur dévolu sur les produits anglais qui sont de très bonne qualité[91]. Le respect par les Anglais des exigences des Africains, à travers l'offre de produits de qualité, a été un obstacle au développement du commerce français dans le Sud-Est[92]. En conséquence, l'influence anglaise s'est étendue jusqu'à l'intérieur du continent grâce au concours des traitants africains.

Après l'instauration des franchises absolues dans les comptoirs français, de nombreux commerçants français, relativement modestes, débarquent en Côte d'Or. Les premières maisons de commerce à s'installer en Côte d'Or ont été Victor Régis en 1844, Renard et L'Heureux, en 1856. Victor Régis s'est installé avec de faibles moyens tout en voulant « réaliser d'énormes bénéfices[93] ». Les frères Régis se dotent de deux factoreries mal équipées à Grand-Bassam et à Assinie et placées sous la direction de M. Donard, qui faisait la navette entre Grand-Bassam et Assinie. Régis ouvre, en 1854, une troisième factorerie à Dabou dans le Haut-Ébrié. Cette maison a finalement pu réaliser des bénéfices substantiels réinvestis en partie dans le transport de la maison d'œuvre africaine libre à destination des Antilles[94]. En 1857, les frères Régis se sont retirés de la Côte d'Or. Cette date marque la faillite de la première génération de maisons de commerce françaises[95]. Paul Atger explique cet échec par la récurrence des malversations des agents de commerce. En vérité, il y a plusieurs raisons à l'origine de la faillite en question. Parmi elles, notons le sous-équipement des factoreries et la médiocrité des produits français due à la faiblesse des investissements. Ce qui défavorise les commerçants français dans la concurrence qui les oppose à leurs homologues anglais[96]. Outre le fait que ces derniers tiennent compte des exigences des Africains et respectent ainsi leur goût, l'absence de l'offre de « *crédit* » et d'avantages pour les traitants et pour les producteurs africains, l'insignifiance relative des offres de prix d'achat de marchandises africaines faites par les animateurs des comptoirs français[97], le mépris affiché

[89] ANS, 5G26, pièce 5.
[90] ANS, 5G23, pièce 8.
[91] PELLETIER, *op. cit.*, p. 1179.
[92] ANCI, 1EE122 (1), pièce 5.
[93] ANS, 5G16, pièce 8.
[94] P. ATGER, *op. cit.*, p. 466.
[95] ANS, 5G16, pièce 8.
[96] ANS, 5G16, pièce 7
[97] Exemple, en 1854, les Français proposaient 40 à 45 manilles pour le *krou* d'huile de palme alors que, pour la même quantité, les Anglais offraient 60 manilles

par les Africains[98], l'immixtion dans les affaires intérieures de leurs États par les acteurs français coupables par ailleurs de nombreuses exactions[99], ajoutons comme élément explicatif de la primofaillite des structures commerciales françaises un double endettement. Le premier concerne des producteurs de l'hinterland vis-à-vis des traitants africains de la côte maritime, tandis que le second touche ces derniers dans leurs rapports avec les commerçants anglais. Cette dépendance condamne les Africains à se détourner souvent des comptoirs français[100]. L'échec des Français en Côte d'Or a été d'ordre à la fois économique, politique et idéologique. Cela indique que les Français connaissaient mal les activités et les populations du golfe de Guinée[101]. Notamment celles du Sud-Est, zone spécialisée dans la production et la commercialisation du sel, de l'huile de palme du pays tchaman contrôlée et supervisée par les traitants abouré et n'zéma de la région de Grand-Bassam[102] et, enfin, de l'or importé des pays abron, anyi n'dényè et morofwê, et du sel. Ces peuples côtiers jouent le rôle d'intermédiaires entre les navires de commerce européen et les producteurs africains qui ont ainsi rendu leur pays prospère et se sont enrichis. C'est dans le but de protéger leur négoce que Peter et tous les traitants de la région de Grand-Bassam se sont opposés à toute confiscation des activités commerciales de leur pays par les Français[103].

Après la construction des blockhaus peut-on réellement parler d'influence commerciale des Français en Côte d'Or ? Malgré les intimidations et la création des factoreries, celle-ci est nulle[104], car elle tient à se spécialiser dans le commerce de l'or au moment où, en sus de l'huile de palme, les marchandises cotées sont les parures[105]. L'on s'interroge sur l'opportunité de cette orientation d'autant plus que l'huile de palme, abondante dans tous les pays côtiers[106], était achetée à 250 ou 300 F sur le littoral maritime du Sud-Est et revendue en Europe entre 1100 et 1200 francs la tonne. Ce commerce de l'huile de palme, qui est rentable, dégage au moins 600 à 700 francs de bénéfice par tonne après la déduction des frais de transport et autres. Les Anglais, initiateurs du commerce de l'huile de palme dans le golfe de Guinée, réalisent avec ce produit d'énormes bénéfices[107].

---

[98] ANCI, 1EE122 (1), pièce 5.

[99] Tout cela a été la source de nombreux conflits. Voir ANS, 5G14, pièce 8.

[100] ANS, 5G22, pièce 11.

[101] ANS, 5G25, pièce 7.

[102] ANS, 5G16, pièce 11.

[103] ANS, 5G22, pièce 7.

[104] ANS, 5G25, pièce 8

[105] Il s'agit des colliers, chaînes, bracelets et bagues fabriqués par les orfèvres locaux.

[106] ANS, 5G26, pièce 7.

[107] *Id.*, pièce 12.

Le manque de vision commerciale des Français s'observe également avec l'institution du commerce direct au travers de la suppression du recours aux traitants africains dans les échanges commerciaux. Ce qui signifie le tarissement des sources de revenus et de la richesse de ces derniers qui résistent en refusant de faire des échanges avec les facteurs des maisons françaises de commerce établies dans la région et surtout avec Donard, facteur de la maison Régis. Leur opposition est ainsi attestée :

> « Notre établissement de Grand-Bassam est en bonnes relations avec les populations voisines. M. le Ministre, cependant le chef Peter n'arrive pas encore à de meilleurs sentiments à notre égard. Il ne pardonne pas à nos traitants de lui enlever le courtage qu'ils exerçaient sur le commerce du littoral et se venge en se montrant favorable aux échanges avec les navires anglais »[108].

L'opposition entre traitants africains et commerçants français constitue une des difficultés commerciales majeures de la France en Côte-d'Or[109]. En revanche, le commerce direct a rencontré à ses débuts l'enthousiasme et l'adhésion des producteurs de l'intérieur. Ces derniers sont convaincus que cela leur permet de s'affranchir de la domination des traitants de la côte et de réaliser ainsi, à leur tour, d'importants bénéfices, après la vente de leurs produits. Mais, cet enthousiasme est de courte durée. Il fait place à la déception du côté des Africains étant donné qu'entre les deux nouveaux partenaires, les échanges sont inégaux et que les produits français échangés contre l'huile de palme sont chers et de qualité médiocre. Exemples : les fusils français, vendus en Côte d'Or, sont rouillés, la poudre à canon avariée. Les Français, qui excellent dans la duperie – réprouvée par leurs vis-à-vis –, la fraude et le vol, ne vendent pas, contrairement aux Anglais, des pièces d'étoffe. Ces derniers vendent des *guinées* bleues, tissus très appréciés par les Africains.

Les Français n'ont pas réussi à éliminer les traitants africains qui sont en relations commerciales avec les négociants anglais et exerçaient une réelle influence sur les traitants africains et connaissaient les goûts des Africains. C'est justement dans le but de briser l'opposition des traitants de la Côte d'Or que les éléments des garnisons interviennent dans les activités commerciales.

---

[108] ANS, 5G23, pièce 8.
[109] ANS, 5G27, pièce 7.

L'intervention des militaires français dans le commerce du Sud-Est

Le commerce est une activité libérale surtout dans la région de Grand-Bassam. Le choix est laissé à tout individu qui aime le risque de s'adonner à cette activité. Mais certaines vertus sont exigées des prétendants au négoce. Ils doivent être intelligents, habiles, courageux et honnêtes[110]. La fraude ou le vol est proscrit. Le traitant qui se rend coupable de fraude ou de vol perd toute la confiance placée en lui. Il est alors banni de la corporation des traitants[111].

Des traités et missions d'exploration comme moyens d'intrusion

En 1843, des perturbations sont constatées dans l'exercice du commerce en Côte d'Or. On note, avec la conclusion des deux traités et la construction des forts Nemours et Joinville, une politisation des affaires commerciales. Cela est attesté par l'article 4 du traité conclu le 28 septembre à Grand-Bassam entre Attekeble, dit Peter, régent de Grand-Bassam et Charles-Philippe Kerhallet, lieutenant de vaisseau, commandant la canonnière *Brick l'Alouette* et agissant au nom d'Édouard Bouët capitaine de corvette, commandant la station navale des côtes occidentales d'Afrique[112]. Il reste bien entendu que la navigation et la fréquentation paisible de la rivière et de tous ses affluents sont assurées aux Français dorénavant, aussi bien que la traite libre de tous les produits du pays même, comme de ceux qui y sont importés de l'intérieur. Le roi et toute la population sous ses ordres s'engagent donc à se conduire avec bonne foi à l'égard des Français, à les faire respecter dans leur personne et dans leurs propriétés et marchandises ; et alors un présent annuel facultatif est fait au Roi par le Gouvernement ou par les traitants à titre de récompense.

Les traités de 1843 ont permis à la France de nourrir de nombreuses prétentions, dont l'exercice du monopole commercial. La construction de deux forts en Côte d'Or symbolise, outre l'occupation politique de la Côte d'Or par la France, le soutien sécuritaire que les militaires apportent aux commerçants français établis dans la région. Leurs commandants ont également pour mission d'explorer de nouveaux

---

[110] E. J.- M. LATTE, *op. cit.*, p. 238.

[111] *Id.* p. 237.

[112] ATTEKEBLE a épousé Atchiman VANGA, la reine-mère du futur roi Assamoi MOULO. A la mort du roi Attoba VANGA, il s'est vu confier par son épouse la régence et le titre de roi en attendant que le prince héritier ait l'âge requis pour accéder au trône.

espaces économiques. Leurs vapeurs sont aussi affrétés, à partir de 1850, pour franchir la barre[113] et assurer la collecte et le transport de l'huile de palme.

Des missions d'exploration leur permettent aussi d'appuyer le commerce français. Ainsi, est relié au comptoir de Grand-Bassam les zones productrices d'or comme Bettié, N'Dényé, Morofwê et l'Abron. Par ailleurs, la possibilité est désormais offerte aux agents des factoreries françaises de contourner les traitants africains et d'établir des contacts directs avec les producteurs. Parmi les principales missions d'explorations, l'on peut retenir celle effectuée en 1844 par Bouët-Willaumez. Il explore le fleuve Comoé appelé *Akba*[114] et navigable par les vapeurs jusqu'à 50 km au-dessus de l'embouchure. En 1850, une autre exploration a été entreprise. Elle est à l'actif du lieutenant Boullay, commandant du comptoir de Grand-Bassam. Il explore la partie occidentale de la lagune Ébrié. Cela a donné l'occasion de se rendre compte de la richesse en huile de palme de cette zone en huile de palme qui est sous le contrôle des traitants alladians impliqués dans le commerce avec les Anglais. Par cette exploration, les Français espèrent pouvoir prendre à revers les traitants alladian et les contraindre à commercer avec les factoreries françaises. Cet extrait de texte ne dit pas autre chose : « Le principal but de mon voyage étant de m'assurer suivant vos instructions si la direction des cours de l'Ébrié permettait de prendre à revers tous les villages Jack-Jack, peuplades excessivement commerçantes en huile de palme et de chercher la sortie de ce cours d'eau par Grand-Lahou[115] ». Ces déplacements sont mis à profit pour signer avec les autorités des villages visités des traités d'amitié[116], dont les objectifs sont à la fois politiques et économiques. Il s'agit par ces alliances d'empêcher toute occupation territoriale du Sud-Est par les Anglais et de permettre aux commerçants français de contrôler et de diriger toutes les activités commerciales de la région.

Blockhaus et blocus pour réussir l'intrusion

Après les traités, un blockhaus est construit en 1853 dans la baie de Dabou. Il s'agit du fort Nemours[117]. En bâtissant un fort dans le Haut-Ébrié, au cœur de la zone de production de l'huile de palme, les Français démontrent l'intérêt qu'ils portent cette l'huile végétale. Pour hisser leur commerce au même niveau que celui des Anglais, les Français essaient de contrôler les trafics commerciaux de la Côte d'Or et de l'Ébrié occidental. Malheureusement, pour eux, cette politique ne leur permet pas

---

113 PELLETIER, *op. cit.*, p. 1179.

114 ANCI, 1EE122 (1), pièce 11.

115 ANS, 5G23, pièce 5.

116 Ainsi, en octobre 1850, Boullay signe des traités d'amitié avec les responsables politiques de Tukpa et de Dibrim en pays odzukru. En 1852, Cournet conclut des traités avec les Alladian. Voir ANS, 5G32, pièce 8.

117 Idem.

de venir à bout des traitants africains ni de contrebalancer sur le littoral maritime la présence des navires anglais[118].

L'aide militaire au développement du commerce français en Côte d'Or s'est traduite aussi par les blocus opérés par les canonnières le *Serpent*, le *Diamant* et le *Grand-Bassam*. Ainsi, en 1849, Bouët-Willaumez décide le blocus du fleuve Comoé pour contraindre les Abouré à appliquer le libre passage au profit des chaloupes françaises, à reconnaître l'autorité de la France sur leur pays et à payer les amendes qui leur sont infligées.

En 1853, en guise de représailles contre les populations tchaman d'Abata qui empêchaient les chaloupes de la maison Régis de circuler sur la lagune Ébrié, les Français bloquèrent avec le *Guet N'Dar* l'entrée de ce village. Aucune activité commerciale ne put se dérouler durant la période du blocus. Abata fut condamné à payer une amende[119]. La révolte de la population d'Abata est liée au fait que les traités passés en 1850 et 1852 entre les lieutenants Boullay et Cournet et les autorités des villages de l'Ébrié occidental ne comportent pas le paiement d'une coutume annuelle. Chose que l'on retrouve, rappelons-le, dans les traités signés en 1843 et faisant des rois de Sanwhi et de Grand-Bassam les bénéficiaires du paiement de coutumes par la France[120]. En arraisonnant les chaloupes de la maison Régis, les Tchaman du village d'Abata exprimèrent leur opposition à ce manquement.

En 1856, un autre blocus a été entrepris. Les autorités françaises du comptoir de Grand-Bassam opèrent un blocus dans le débarcadère de Mopoyem, pour contraindre et obliger les Oboru qui occupent la partie occidentale de Lodzukru à arrêter toute transaction commerciale avec les traitants alladian et à vendre leur huile de palme aux factoreries françaises établies à Dabou, depuis 1853[121]. Mais ce blocus contre les Oboru a eu peu de succès. En effet, les Oboru le contournent pour écouler leurs produits dans les débarcadères de Tukpa et de Cosr où se rendaient les traitants alladian[122].

Les blocus français dans les régions de la lagune Ébrié et du fleuve Comoé ont été des opérations de démonstration de puissance et des formes d'expédition punitive contre les populations jugées réfractaires, c'est-à-dire remettant en cause la souveraineté de la France sur leurs pays respectifs. Le bilan des différents blocus est maigre. D'abord, ils n'ont pas réussi politiquement à imposer l'autorité de la France dans les régions de l'Ébrié. En effet, au lendemain de la levée du blocus par

118 ANS, 5G26, pièce 11
119 ANS, 5G27, pièce 7.
120 ANS, 5G22, pièce 8.
121 ANS, 5G25, pièce 5.
122 ANCI, 1EE122 (1), pièce 7.

Baudin, les Tchaman ont entrepris une attaque contre le fort Nemours de Grand-Bassam. Cela est attesté par Paul Atger : « Baudin, successeur de Bouët au commandement de la division navale vint bloquer le village et condamner à une amende. Le lendemain de son départ, le 25 août 1853, mille deux cents guerriers ébriés se lancèrent à l'assaut du poste français.[123] ». Ces démonstrations de force ont favorisé la paralysie du commerce de l'huile de palme et la ruine des intérêts des commerçants français dans l'Ébrié. Elles ont ainsi été condamnées par les frères Régis[124], auteurs d'une plainte contre Baudin au ministère de la Marine et des Colonies.

En somme, le commerce français est en difficulté. Il n'arrive pas à s'imposer ou à s'implanter ni dans l'Ébrié occidental ni dans la région du fleuve Comoé. La France refuse de reconnaître que la politique agressive des officiers du comptoir de Grand-Bassam et la mauvaise qualité de ses produits expliquent son échec commercial dans le Sud-Est ivoirien[125]. Au lieu de réexaminer leur approche des populations avec lesquelles elles ont des alliances et d'améliorer la qualité de leurs marchandises, les autorités françaises de Grand-Bassam se lancent dans une fuite en avant en décidant de s'acharner sur les traitants africains[126].

Résultat d'une intrusion : l'élimination provisoire des traitants africains

Les traités de 1843 conclus entre la France et les États du Sanwhi et de Grand-Bassam, dans leur article 4 (alinéa 1), indiquent que les Français sont les seuls Européens autorisés à faire du commerce en Côte d'Or. S'inspirant des dispositions de cet article, ceux-là inaugurent en Côte d'Or une nouvelle pratique commerciale consistant à inviter les producteurs à vendre directement leurs marchandises à la factorerie. Autrement dit, ils sont conviés à ne plus recourir aux intermédiaires. Toute une tradition commerciale est ainsi remise en cause. En effet, le commerce dans le golfe de Guinée s'effectue depuis longtemps selon des règles précises et en conformité avec des valeurs, dont la confiance, l'honnêteté et le respect mutuel. L'une des règles appliquées depuis les traites de l'ivoire, de l'or et des esclaves déroulées du XVIIe au début du XIXe siècle veut que l'on fasse appel aux traitants africains[127], qui sont les seuls à connaître les goûts des consommateurs africains et à avoir tissé des chaînes d'amitié. Grâce à ce système, le producteur africain est indirectement relié aux commerçants européens, les produits sont réservés et la

[123] P. ATGER, *op. cit.*, p. 432.
[124] Id.
[125] ANS, 5G27, pièce 5.
[126] ANS, 5G28, pièce 8.
[127] C. WONDJI, *op. cit.*, p. 134.

pratique des avances prospère entre les acteurs des échanges marchands. C'est à la faveur d'un tel ordre commercial qu'ont été bâties des fortunes et construits des revenus annuels élevés chez les peuples côtiers jouant à merveille le rôle d'intermédiaires[128]. Dans ces groupes sociaux, l'initiation à la pratique commerciale intervient dès le jeune âge auprès d'un aîné ayant prospéré dans le commerce atlantique. Attekeble alias Peter, chef du clan Assôkôpouè ou Oboum de Moosou, dès son jeune âge, s'est lancé dans le commerce. Entré en relations commerciales, au cours des années 1820, avec les régions de Bettié, d'Assinie et de Grand-Lahou[129], il est devenu l'un des plus grands commerçants du pays abouré[130]. De nombreuses personnes à Grand-Bassam et à Assinie ont suivi des trajectoires similaires. À partir du XVIIe siècle, aussi bien chez les Brembi du royaume d'Assoko auquel appartenait Assinie qu'ailleurs, le négoce est devenu une activité pratiquée de génération en génération. Il est au cœur du développement économique et social des sociétés côtières.

Les clauses des traités de 1843 n'ont pas été respectées par les traitants bassamois et assiniens qui se distinguent comme de dynamiques traitants africains de la Côte d'Or[131]. Plusieurs raisons expliquent cela. D'abord, la mauvaise qualité des produits français, vendus de surcroît à des prix exorbitants, ne permet pas de prospérer auprès des consommateurs africains habitués depuis les XVIIe et XVIIIe siècles, à acheter les produits anglais. S'y ajoute le fait que l'on court le risque d'être accusé de faire de la fraude en vendant les marchandises françaises qui sont souvent avariées. Ce faisant, s'installe la méfiance[132] vis-à-vis des Français qui proposent aux Africains de mauvais produits.et se produit la mévente ou le blocage du fonctionnement du commerce. Un autre facteur du non-respect des traités de 1843 réfère à la lecture divergente de leurs clauses[133]. L'opposition au recours à la force par les Français dans les relations avec les Africains, l'endettement des traitants du littoral à l'égard des commerçants anglais, et le respect par ces derniers des engagements pris auprès de ceux-là constituent d'autres obstacles à l'application des traités en question. En somme, les traitants africains continuèrent de commercer avec les navires anglais en rade dans les eaux territoriales.

Revenons à la politique de la canonnière appliquée en matière commerciale sur la Côte d'Or par les responsables français. Elle a consisté en des démonstrations de force, de puissance sur les cours d'eau : lagune Ébrié et fleuve Comoé. Ces voies navigables sont sillonnées en permanence par les canonnières « Serpent »,

---

[128] ANS, 5G27, pièce 6.

[129] J. A. ABLE, *op. cit.*, p. 51.

[130] *Id.*, p. 53.

[131] ANS, 5G28, pièce 3.

[132] E. J.- M. LATTE, *op. cit.*, p. 236.

[133] *Id.*, p. 238.

« Diamant », « Guet N'Dar » et « Grand-Bassam ». L'objectif de cette politique est d'intimider les peuples riverains et les contraindre à commercer exclusivement avec les factoreries françaises. La politique de la canonnière a également rimé avec les bombardements. Sont ainsi ciblés les villages accusés d'être entrés en révolte. Des amendes allant de 100 à 300 onces d'or leur sont infligées. Cette politique a été un véritable fiasco dans la mesure où l'insécurité et la destruction de biens consécutives aux conflits de basse intensité provoquent la paralysie des activités commerciales.

Face à cet échec, les Français décident que désormais ce sont les agents des factoreries qui vont rendre visite aux producteurs. Ainsi, grâce aux chaloupes à faible tirant d'eau, ils sillonnent la lagune Ébrié et le fleuve Comoé. Cette dernière mesure a été accueillie favorablement par les peuples de l'intérieur qui trouvent là une occasion de s'affranchir de la tutelle et de la domination des traitants de la côte maritime. En raison du succès ainsi rencontré, le ministre français de la Marine et des Colonies donne l'ordre au commandant de la Division navale de Gorée de favoriser l'établissement des factoreries françaises dans le golfe de Guinée[134]. À la faveur d'une telle décision, les commerçants français multiplient les factoreries et les sous-factoreries dans les principaux centres commerciaux du Sud-Est, notamment à Grand-Bassam et à Assinie. C'est le cas, à partir de 1845, des maisons de commerce Régis et Renard qui fondent des factoreries à Grand-Bassam et à Assinie[135]. Le gouvernement français, pour sa part, entend inscrire dans la durée un pareil succès en faisant l'option de faire escorter par des canonnières (fournies par les garnisons) les chaloupes des commerçants français, d'introduire en 1844 comme moyen de paiement le franc et d'instituer sa parité avec l'*acquêt*, la monnaie en cours en Côte d'Or[136].

La mission qui était confiée aux factoreries et sous-factoreries, consistait, outre la collecte des produits tropicaux, à éliminer des traitants africains afin de faciliter les échanges commerciaux directs entre les producteurs africains et les commerçants français. Elle n'a pas été pleinement réalisée en raison de l'endettement des peuples de l'intérieur auprès des intermédiaires du littoral. Les Français ne parviennent qu'à réduire l'influence de ces derniers en Côte d'Or. En outre, ils suscitent chez ces derniers la haine, la crainte et l'hostilité. Les commerçants français réussissent à acheter, en 1851, 2500 onces d'or contre 2000 onces pour les commerçants anglais[137]. Cela atteste de l'enclenchement d'une dynamique d'inversion des positions et des rapports de force.

---

[134] ANS, 5G27, pièce 13.
[135] ANS, 5G26, pièce 12.
[136] ANS, 5G27, pièce 8.
[137] ANS, 5G26, pièce 7.

La réaction des traitants africains

Pour s'opposer au commerce direct, les commerçants africains essaient de garder jalousement les voies d'échanges entre la côte maritime et les pays de l'intérieur. En d'autres termes, par cette opposition, ils entendent protéger le négoce, leur principale source de revenus, continuer à acheter aux populations de l'intérieur l'or, l'ivoire, les esclaves, le bétail et les cotonnades, maintenir les contacts avec les consommateurs agni pour troquer le sel marin ou les produits manufacturés européens contre l'or, l'ivoire, les esclaves et les autres produits, etc[138]. Autrement dit, il importe que « Les courtiers bassamois [qui] préfèrent les opérations de courtage… remontent les divers affluents, vendent les marchandises à un prix exorbitant pour l'or en poudre et lingot, soit aux indigènes, soit apporté au point d'arrêt des caravanes »[139].

Pelletier qui indique que Peter, roi de Grand-Bassam, continue son commerce avec les navires anglais[140] pointe la liberté de commerce, qui est la première règle des échanges économiques en Côte d'Or. Cette règle, pierre angulaire du négoce à respecter par tous les partenaires, quelles que soient leurs origines et leurs situations politique[141]s, informe les pratiques des traitants africains qui ont des liens très étroits avec les capitaines des navires anglais. Très intelligents, rusés, habiles et exigeants[142], ils se sont opposés au projet de monopole commercial affiché par les Français. Par exemple, le roi Peter, à la suite du blocus du fleuve Comoé par l'une des canonnières de la division navale française empêchant tout commerce avec les pays n'gbato, akyè, anyi et abron, s'est rapproché des Tchaman du Haut-Ébrié pourtant considérés comme ses ennemis. C'est ce que témoigne Paul Atger : « Privé déjà par le blocus de l'Akba d'une partie de ses ressources habituelles, Peter se rapprocha de ses ennemis ébrié peu satisfaits de leurs traités qui ne leur octroyaient pas de coutume » [143].

Les traitants de Grand-Bassam ont utilisé une autre tactique pour s'opposer à l'hégémonie commerciale française. C'est ainsi qu'ils acceptent de diffuser à la fois les produits français et les marchandises anglaises, appellent ainsi les populations de l'intérieur à faire leur choix. Cette manœuvre a pour but de pousser à la longue les consommateurs de la Côte d'Or à renoncer à l'achat et à la consommation des produits français, de sauvegarder le commerce africain et la prospérité des

---

138 Il s'agit des Abouré de Moossou et des N'Zema venus au début du XIXe siècle d'Assoko.

139 BOUET-WILLAUMEZ, Le commerce et la traite des Noirs à la côte occidentale d'Afrique, Paris, Slaktine Sprint, 1848, p. 128.

140 PELLETIER, *op. cit.*, p. 1197.

141 ANS, 5G27, pièce 11.

142 ANS, 5G25, pièce 8.

143 P. ATGER, *op. cit.*, p. 1179.

cités marchandes de la côte, de faciliter la faillite des factoreries françaises en Côte d'Or.

Les populations de l'intérieur ont pu se rendre compte de la mauvaise qualité des marchandises françaises. Elles se sont fait une idée et ont opéré leur choix[144]. La ruse des traitants bassamois a donc atteint son objectif en montrant les faiblesses du commerce français et en encourageant les populations de l'intérieur à rester fidèles aux marchands anglais. Le résultat concret de cette campagne anti-française est qu'en 1857, les premières factoreries françaises établies en Côte d'Or font faillite et quittent la région. Mais cet échec n'est pas seulement lié à la mauvaise qualité des produits français. Il est aussi imputable aux mauvais comportements des marins français, qui assimilent les Africains à des sous-hommes, à des sauvages et, dans le meilleur cas, à des hommes sans dignité[145]. Malgré les consignes et les recommandations de neutralité, de prudence et d'abstention qui leur ont été données, ces marins français ont multiplié, en direction des populations, des maladresses, des abus et des exactions de toutes sortes. Tout cela n'est pas surprenant dans la mesure où beaucoup d'entre eux sont sans expérience[146]. En sus, c'est au poste de Grand-Bassam que certains ont démarré leur service militaire[147]. Convaincus que la force peut résoudre tous les problèmes. Malheureusement, ils ont suscité l'hostilité des populations africaines à l'égard des Français. C'est ce qui ressort d'un rapport sur la situation politique à Grand-Bassam, en 1850 : « L'influence française, au niveau politique réside dans le fait que les Français ne traitent pas avec respect et égard les rois ou chefs des régions dans lesquelles ils se sont installés. Ils les traitent sans façon. Comme les Noirs tiennent toujours à leur dignité, ils refusent donc de coopérer avec les Français »[148]. Avec une pareille décision, il est tout à fait compréhensible que le commerce français en Côte d'Or, de 1843 à 1857, éprouve d'énormes difficultés.

Les dernières manœuvres françaises

La première manœuvre a consisté en la signature en 1844 d'un nouveau traité entre Attekeblé et les délégués de la France[149]. L'utilisation des mêmes textes et des mêmes termes perpétue la confusion dans la lecture du nouveau texte. Les Français parlent de souveraineté acquise sur la région de Grand-Bassam. En effet, le traité du 7 mars 1844, signé entre Attekeblé et Bouët-Willaumez, indique dans son article 3 ce qui suit :

---

144 ANS, 5G23, pièce 5.
145 ANCI, 1EE1 (9), pièce 4.
146 ANCI, 1EE1 (9) pièce 8.
147 ANS, 5G22, pièce 7.
148 ANCI, 1EE1 (9), pièce 7.
149 J. A. ABLE, *op. cit.*, p. 49.

> « Par suite de cette nouvelle preuve de générosité du gouvernement français, les chefs de Grand-Bassam aliènent aussi complètement que possible la souveraineté de leur territoire en faveur de la France et s'engagent à repousser toute factorerie étrangère qui voudrait s'établir chez eux. Ils s'engagent à se réunir à la garnison pour repousser toute agression ennemie » [150] .

Cet article n'est qu'une reprise de l'article du traité du 28 septembre 1843 conclu entre Kerhallet, commandant de l'*Alouette* et Attekeblé. Il y est dit ceci :

> « La souveraineté pleine et entière du pays et de la rivière de Grand-Bassam est concédée au roi des Français ; les Français auront donc seuls le droit d'y arborer leur pavillon et faire toute bâtisse ou fortification qu'ils jugeront utile ou nécessaire, en achetant les terrains aux propriétaires actuels. Aucune autre nation ne pourra s'y établir en raison même de la souveraineté concédée au seul roi des Français » [151].

La rédaction de ces textes traduits en anglais, langue parlée par Attekeblé et par ses amis commerçants, n'a point entraîné le renoncement par les populations de Grand-Bassam qui tiennent au respect de leurs institutions politiques et sociales, de leur liberté et de leur indépendance. Il n'a jamais été question pour eux d'aliéner leur souveraineté et de se placer sous la domination des Français. Les relations entre les Français et les peuples de la Côte d'Or sont un ensemble de quiproquos[152].

Pour briser le mur d'incompréhension, le capitaine de vaisseau Bouët-Willaumez, gouverneur du Sénégal, décide alors de rendre visite à Attekeblé dont le village est à deux portées de canon du blockhaus. Refusant par crainte de se voir infliger une amende dont la pratique est courante chez les Français[153], Attekeblé et son peuple reçoivent comme il est de tradition en Afrique avec tous les honneurs le délégué de la France. Les habitants de Grand-Bassam, pour montrer à Bouët-Willaumez et à sa délégation qu'ils ne sont ni des sous-hommes ni des sauvages, ont porté leurs plus beaux habits de cotonnade et leurs bijoux en or[154]. Par cette tenue, ils font aux Français l'étalage de leurs richesses et celles de leurs pays. Cet étalage de richesse a aussi pour but de faire comprendre à leurs visiteurs que les activités politiques et commerciales sont sous le contrôle des traitants. Par conséquent, les Français devraient s'entendre, négocier avec ces derniers et les traiter avec respect. Aucun accord ne peut être conclu sur la côte maritime sans la participation des traitants

---

[150] Idem.
[151] *Id.*, p. 48.
[152] ANS, 5G22, pièce 8
[153] ANS, 5G23, pièce 7
[154] ANS, 5G22, pièce 12

qui, par tous les moyens, protègent leurs activités[155] : « Refus des chefs du littoral de se faire traiter par les Français comme des sous-hommes. C'est pourquoi, lors des visites, ils ne manquent pas de montrer aux Européens leurs richesses et leur imposer une négociation sur des bases égalitaires[156] ».

L'accueil chaleureux réservé au capitaine de vaisseau Bouët-Willaumez prouve que les Africains étaient très attachés au protocole, signe du respect et de l'égalité entre les hommes. Cette visite a été une occasion pour les Français de tenter de normaliser les relations avec les traitants africains qui empêchent par tous les moyens les chaloupes des maisons de commerce de circuler sur le fleuve Comoé et la lagune mettant ainsi en difficulté le commerce français en Côte d'Or. Les résultats essentiels de cette rencontre sont les suivants :

- acceptation par le chef Attekeblé de commercer avec les factoreries françaises, même s'il y a la poursuite des échanges marchands avec les navires anglais ;

- respect à exprimer par les Français aux populations de Grand-Bassam et engagement à ne plus s'immiscer dans les affaires intérieures de leurs vis-à-vis.

Pour sortir du marasme économique, les commerçants français proposent pour les produits importés d'Europe des prix inférieurs à ceux pratiqués par les traitants africains[157]. Cette pratique rencontre l'enthousiasme et l'adhésion des peuples de l'intérieur qui cherchaient un moyen et attendaient une occasion en vue de se soustraire de la domination des peuples côtiers. Par le jeu des prix attrayants, les acteurs du commerce français réussissent à conquérir les producteurs africains pourtant endettés vis-à-vis des traitants africains de la côte maritime. À la suite de cette politique, les expéditions commerciales françaises dans la Comoé et dans l'Ébrié sont multipliées. Les agents des factoreries reçoivent un bon accueil de la part des Africains qui s'empressent de leur vendre leurs produits[158]. Ainsi, en 1849, lors d'une expédition commerciale à l'ouest de Grand-Bassam, précisément dans le pays tchaman, les Français achètent dans deux villages après quatre voyages, 144 barriques d'huile de palme et une douzaine d'onces d'or[159]. Une barrique représente 225 litres. Cela indique qu'en quatre voyages dans l'Ébrié, les Français ont réussi à acheter 32,4 tonnes d'huile de palme. Pour les Tchaman orientaux, la venue des Français était une occasion de diversifier leurs partenaires commerciaux et de briser le monopole des traitants abouré et n'zéma de Grand-Bassam.

---

[155] ANS, 5G23, pièce 5

[156] ANS, 5G22, pièce 6

[157] ANCI, 1EE1 (6), pièce 2.

[158] ANS, 5G26, pièce 13.

[159] ANCI, 1EE1 (6), pièce 5

Mais le succès du commerce français est de courte durée. La confiance instaurée entre Français et producteurs africains de l'intérieur est rompue. En effet, les Africains se rendent compte de la supercherie des Français qui leur vendent des produits avariés, de mauvaise qualité. Les fusils de traite vendus par les Français dans les régions du fleuve Comoé et de la lagune Ébrié sont rouillés[160]. Ils cherchent également à imposer leur monopole sur toutes les régions, interdisant aux Africains de commercer avec les autres puissances européennes. Pour les différentes populations, ces faits constituent une violation des règles du commerce en vigueur dans la région. Cela entraîne chez les populations africaines mécontentements et révoltes.

Comme manœuvre tentée par les Français pour mettre un terme à leur infortune, nous avons le recours à une nouvelle expédition punitive. Elle correspond à la guerre entre militaires français et résistants abouré[161]. Ce conflit intervient à la suite de l'attaque d'une embarcation française dans le fleuve Comoé par les habitants du village de Yaou. Ce village avait une position stratégique. Il était protégé par une forêt dense qui rendait son accès inaccessible. Bâties sur un terrain situé à 200 mètres de la rive gauche du fleuve Comoé, ses cases étaient construites en torchis (terre rouge) et leurs toits étaient couverts de feuilles de raphia.

Les forces en présence étaient inégales. Les Abouré de Yaou alignèrent mille guerriers armés de longs fusils, utilisés habituellement pour la chasse à l'éléphant ; ils disposaient barils de poudre à canon, de morceaux de barres de fer, de fonte et de pierres ramassées dans le lit des ruisseaux et rivières qui se jettent dans le fleuve Comoé[162]. Les Abouré, qui n'avaient pas d'armée de métier, firent face à des Français qui, de leur côté, engagèrent 250 soldats et des navires de guerre, les canon-

---

160 ANCI, 1EE1 (5), pièce 4.

161 Les Abouré, appelés autrefois Compas ou Aka occupent le territoire compris entre le fleuve Comoé et la lagune Aby. Une partie de cette population abouré s'est établie à l'embouchure du fleuve Comoé, à quelques mètres de la lagune Ebrié, fondant le village de Moossou. Les Abouré sont structurés en deux groupes : les Ehè occupant Moossou, Yaou, Ebra et les Ehivè établis à Bonoua et à Odjowo (J. A. ABLE, *op. Cit.*). Selon les traditions abouré, c'est au XVIIe siècle que les Compas, c'est-à-dire les Abouré partis de la région centrale du pays akan, se sont infiltrés dans le Sud-Est, fondant de grandes agglomérations. Peuples de paysans, les Compas établis au Nord, au-dessus des Vétéré et des Essouma exportaient en direction de ces derniers des produits agricoles. Ainsi, par l'intermédiaire des Essouma, les Compas étaient en relations commerciales avec les interlopes européens. Du commerce avec la côte, les Compas obtenaient du poisson, du sel marin et les produits européens (fusils, Gin, étoffes, miroir, poudre à canon, etc) (GODEFROY de LOYER, *op. cit.*), Les Compas, comme le témoigne cet auteur, ont un royaume très structuré qui a à sa tête un roi entouré d'un conseil de notables et soutenu par les chefs des classes d'âge (*id.*). Les villages sont administrés par des chefs de village assistés d'un petit conseil de notables et d'un groupe de responsables de classes d'âge (ANS, 5G22, pièce 6)

162 ANCI, 1EE1 (5), pièce 12.

nières « Caïman », « Adam » et « Pénélope »[163]. La garnison de la Côte d'Or reçut un important renfort du Sénégal, près de 200 marins[164], afin de mener à bien cette expédition punitive, car une défaite des Français aurait des conséquences négatives et graves sur la présence française dans tout le Golfe de Guinée[165].

La guerre contre les Abouré de Yaou n'a pas été une ballade pour les troupes françaises dirigées par le capitaine de vaisseau Bouët-Willaumez, commandant de la station navale de Gorée. Au cours de cette expédition, les Français ont rencontré une forte résistance, bien organisée. Ils n'ont pas réussi à infliger une défaite cuisante aux Abouré de Yaou qui pratiquaient la guérilla. Les Français ont perdu près de 75 soldats et enregistré de nombreux blessés graves[166].

Avant l'intervention des Français, convaincues que l'attaque se ferait par surprise, les populations de Yaou ont depuis plusieurs jours évacué vers les autres villages abouré, femmes, enfants, vieillards et leurs biens les plus précieux[167]. Ne sont restés dans les villages que les hommes valides, porteurs de fusils et capables de le défendre. Depuis l'attaque des Français contre les Tchaman d'Abata, les populations de la côte orientale de la lagune Ébrié sont sur la défensive. En outre, elles ont étudié la stratégie militaire des Français qui opèrent par surprise pour instaurer ainsi la répression et s'imposer.

À l'issue de cette confrontation militaire, qui se termine par la défaite des Abouré de Yaou, les Français sont maîtres de la Côte d'Or. Le village a été brûlé avec les bombardements des canonnières. Cette défaite renforce de nouveau l'autorité des Français en Côte d'Or[168]. Mais, sur le plan économique, c'est la paralysie des activités commerciales pendant des mois. Le commerce français en Côte d'Or se trouve dans une situation difficile. Les voies fluviales et lagunaires sont fermées à tous les trafics et aux embarcations françaises. Les Français, qui redoutaient eux-mêmes une nouvelle attaque, n'osaient quitter le fort Nemours. Du côté de Grand-Bassam également, de 1847 jusqu'à la mort du roi Peter en 1854, de nombreux conflits ont émaillé les relations entre les Bassamois et les Français.

La poursuite des explorations figure dans l'agenda des dernières manœuvres. Depuis le début de l'année 1850, les Français ont entrepris l'exploration des fleuves et rivières situés à l'est du comptoir de Grand-Bassam[169]. À l'aide de l'aviso « Guet

---

163 ANS, 5G22, pièce 17.
164 *Id.*, pièce 15.
165 ANCI, 1EE1 (5), pièce 10.
166 ANS, 5G22, pièce 13.
167 *Id.*, pièce 25.
168 ANS, 5G23, pièce 12.
169 ANS, 5G22, pièce 7.

N'Dar », Bouët-Willaumez explore le Tanoé dont il ignore l'embouchure. Fleuve sacré des Anyi-Sanwhi[170] et situé dans le sud-est de la Côte d'Or, il est une voie de communication utilisée, depuis le XVIIe siècle, par les Essouma d'Assoko pour relier Bégho. À partir du XVIIIe siècle, il relie Assinie à l'Ashanti. L'or venant de la partie centrale du pays akan, précisément de l'Ashanti emprunte le Tanoé pour aboutir au débarcadère maritime d'Assinie. Remarquons que les Hollandais, au XVIIe siècle et les Anglais, au XIXe siècle, ont souligné déjà l'importance du Tanoé comme principale voie commerciale reliant les régions productrices d'or et d'ivoire à la côte maritime. Son exploration devait permettre aux Français de pénétrer plus à l'intérieur des terres[171].

Les Français ont également eu recours à la procédure classique constituée par l'enquête. Leur gouvernement, conscient des difficultés commerciales des factoreries, diligente des enquêtes afin d'identifier les causes profondes et de proposer des solutions. Ainsi, en 1854, avant la faillite des maisons de commerce de la première génération, le ministre de la Marine et des Colonies charge, en 1862, le commandant de la Division navale, basée à Gorée, de mener une enquête sur la situation commerciale française en Côte d'Or. Après un séjour en Côte d'Or, Monléon conclut que le mal provient du « *laisser-aller commun de l'État et des commerçants* », du délabrement des forts, du mauvais exercice du commandement politico-militaire, du faible approvisionnement des factoreries. Ainsi, des cinq factoreries de Régis et de Renard en activité, seule celle de Grand-Bassam dispose de marchandises assez variées pour répondre aux demandes de la clientèle africaine[172]. Le rapport du capitaine de Génie Souriau sur la situation commerciale française en Côte d'Ivoire pointe aussi le manque de professionnalisme des agents des factoreries, la mauvaise qualité des produits français[173], la faiblesse des investissements et la trop grande implication de l'administration. Les extraits ci-après traduisent ces manquements en des termes explicites :

> « Nos petits traitants préfèrent aller glaner à Lagos et à Ouida sur les marchés déjà couverts par les Anglais. Ils n'ont pas les avances nécessaires ni la quantité de marchandises voulues pour créer de nouveaux courants commerciaux. Le grand commerce s'est désintéressé jusqu'ici de la Côte d'Ivoire. Les établissements de la Côte d'Or ne peuvent s'élever qu'entre les mains d'une maison puissante qui ferait aux chefs de villages les dons nécessaires »[174].

---

[170] E. J.- M. LATTE, *op. cit.*, p. 251.
[171] ANS, 5G22, pièce 5.
[172] P. ATGER, *op. cit.*, p. 471.
[173] *Ibid.*
[174] *Id.*, p. 472.

Face à ces maux, pour permettre au commerce français en Côte d'Ivoire d'être compétitif, les différents enquêteurs, dans leurs rapports, ont proposé au gouvernement et aux hommes d'affaires français de confier le commerce à des sociétés disposant d'importants moyens financiers et capables d'engager de grands investissements.[175] Face à cette proposition, les milieux marchands de Marseille et de Bordeaux ont demandé que leur soit octroyé le monopole du commerce de l'or et de l'huile de palme. Pour ceux, l'octroi de ce monopole est à remplir avant qu'ils n'acceptent d'investir leurs capitaux sur le littoral africain et en Côte d'Or[176]. Mais leur demande n'a pas été retenue par le ministre de la Marine et des Colonies, qui maintient la libre concurrence comme le seul moyen pour garantir des prix bas au marché, principal facteur indispensable au développement du commerce en Afrique en général et en Côte d'Ivoire en particulier[177].

La présence française en Côte d'Or a été un échec en dépit du soutien de l'administration et de l'appui logistique de l'armée qui, par les sorties dans les rivières et lagunes, intimidait les populations. Mieux, en 1850, la Côte d'Or paraît échapper à l'influence commerciale française[178]. Les commerçants africains continuent de porter leurs produits aux navires anglais qui ont créé dans les rades des factoreries flottantes. Les premières maisons de commerce établies dans la région de 1844 à 1857 ont fait faillite au cours de la période 1856-1857. Celles qui s'y établissent au cours des années 1860 ne font pas mieux que les premières. Elles ne réussissent pas à ébranler le joug des commerçants africains qui continuent leurs échanges avec les navires anglais, approvisionnent en sel marin et en marchandises européennes les peuples de l'intérieur et contrôlent les transactions, tous les trafics commerciaux de la Côte d'Or ou de la Côte d'Ivoire[179]. Au moment où les Français s'engagent à l'ouest de la lagune Ébrié, les commerçants de Grand-Bassam et d'Assinie continuent à s'enrichir. Les courants commerciaux Grand-Bassam-Assinie, Grand-Bassam-Grand-Lahou et Grand-Bassam-hinterland (pays N'gbato, Akyè, Anyiè, Abron et Sénoufo) sont renforcés et consolidés. Les caravanes venues du nord descendent régulièrement à Grand-Bassam et en Assinie en apportant avec elles, or, ivoire, peaux d'animaux et épices. Ces produits troqués contre le sel marin et les marchandises européennes sont ensuite échangés sur les navires anglais. Le commerce africain affirme ainsi son indépendance et sa liberté[180].

---

[175] ANCI, 1EE1 (9), pièce 17.
[176] P. ATGER, *op. cit.*, p. 472.
[177] *Id.*, p. 474.
[178] ANS, 5G23, pièce 6.
[179] ANCI, 1EE1 (9), pièce 22.
[180] E. J.- M. LATTE, *op. cit.*, p. 255.

Voulant empêcher l'occupation de la région par les Anglais[181], les Français ont transféré la rivalité franco-anglaise dans le Golfe de Guinée. Chose qui a joué dans leur échec commercial en Côte d'Or où ils ont fait face à l'hostilité des traitants de Grand-Bassam dont le négoce a subi les contrecoups de la situation insécuritaire de l'année 1849[182]. Se comportant comme les maîtres absolus de la région, assimilée à un protectorat de la France, les Français, qui utilisent la force des armes pour s'imposer dans la région[183], allèrent jusqu'à empêcher les propriétaires d'esclaves de punir leurs captifs[184]. Mieux, ils ont affranchi certains d'entre eux qu'ils réussissent à racheter. Par ailleurs, avec l'avènement de nouvelles maisons de commerce en Côte d'Or, ils s'illustrent par une autre décision : la libre concurrence entre les factoreries afin de rendre le commerce français compétitif[185]. Un objectif double est à la base de cette compétition entre structures commerciales[186] : parvenir à une baisse du prix de vente des produits français et permettre aux commerçants africains d'acquérir des marchandises de qualité. C'est la croissance du nombre de factoreries en Côte d'Or qui avait conduit Bouët-Willaumez, à rechercher de nouvelles sources d'approvisionnement et des débouchés en s'intéressant à la région située à l'est de Grand-Bassam. Rappelons qu'au cours de la période 1844-1850, des explorations y avaient été effectuées, précisément sur les fleuves Comoé, Tanoé et la lagune Aby. Pour faciliter le drainage des produits de traite (or, ivoire et huile de palme) en direction de Grand-Bassam[187], les Français ont préféré porter leur choix sur la zone située à l'ouest du Comptoir de Grand-Bassam.

De l'exploration du bassin occidental de la lagune à la tentative de contrôle du commerce de l'huile de palme, 1850-1898

Présents depuis 1843 en Côte d'Or, les Français décident de découvrir de nouveaux espaces économiques. Ce qui les conduit à entreprendre l'exploration du bassin de la lagune Ébrié qu'ils avaient, été au départ, considéré comme un lac[188]. Quels sont donc les raisons, les moyens utilisés et les conséquences de cette exploration ?

---

181 ANCI, 1EE1 (6), pièce 4.

182 ANS, 5G22, pièce 7.

183 *Id.* Pièce 5.

184 ANS, 5G23, pièce 23.

185 ANS, 5G22, pièce 7.

186 *Id.*, pièce 4.

187 ANS, 5G27, pièce 5.

188 ANS, 5G23, pièce 12.

L'exploration du bassin occidental de la lagune Ébrié

Après l'exploration du fleuve Comoé, les Français se rendent dans la partie occidentale de la lagune Ébrié. Ce qui leur permet d'explorer cette région et de découvrir ses immenses richesses en oléagineux.

Les raisons d'une exploration

La mission d'exploration a été confiée au lieutenant de vaisseau Cournet, accompagné du lieutenant d'infanterie marine, Boullay. Ce dernier commande le poste de Grand-Bassam[189]. Comme le souligne le rapport de Bouët au gouverneur du Sénégal, il s'agit d'explorer la lagune Ébrié et d'aller jusqu'à son extrémité. Il est question ici de déterminer l'étendue réelle de la lagune Ébrié du côté ouest.

L'exploration de la partie occidentale de la lagune Ébrié obéit à des facteurs économiques[190]. La France est à la recherche de débouchés pour ses comptoirs de Grand-Bassam et d'Assinie. L'exploration du bassin occidental de la lagune Ébrié répond à trois objectifs :

- recenser les richesses et les possibilités commerciales de la région occidentale ;
- étendre le commerce vers l'ouest en touchant les nombreux villages riverains de la lagune formant une zone considérée comme l'une des plus riches en oléagineux ;
- contrôler totalement le trafic commercial de la partie occidentale de la lagune Ébrié en supplantant les Alladian.

Ce désir des Français est contenu dans un rapport adressé à cet effet par Bouët-Willaumez au Gouverneur du Sénégal : « Le principal but de mon voyage étant de m'assurer suivant vos instructions si la direction des cours de l'Ébrié permettait de prendre à revers tous les villages des Jacks-Jacks, peuplades excessivement commerçantes en huile de palme et de chercher la sortie de ce cours du côté de Cap Lahou »[191]. Depuis le début de la traite de l'huile de palme, le commerce de l'Ébrié occidental est dominé par les Alladian. C'est grâce au système des avances qu'ils sont parvenus à contrôler les productions d'huile de palme des pays odzukru et

---

[189] Idem.
[190] ANS, 5G23, pièce 15.
[191] ANS, 5G23, pièce 8.

tchaman[192]. Les plus en vue d'entre eux sont Digrè et Nimba de Bodo-Ladja et Adjé Bonny d'Emoquah.

La France compte également empêcher les Anglais de s'établir sur le littoral ivoirien. Elle tient aussi à utiliser, dans un pays sans route, les plans d'eau comme voies de communication en s'appuyant sur les vapeurs à faible tirant d'eau. C'est dans cet esprit que Bouët-Willaumez, alors gouverneur de Grand-Bassam ou de la Côte d'Ivoire, explore, en 1849-1850[193], les fleuves Comoé (qu'il remonte jusqu'à 50 kilomètres du blockhaus), Tanoé et la lagune Aby. Pelletier indique qu'il a utilisé les moyens logistiques de l'infanterie de marine. Il a ainsi embarqué à bord des bâtiments dits *Le Serpent* et *Le Marigot*[194].

En 1849, à la suite à de ces voyages dans la partie occidentale de Grand-Bassam, précisément dans les environs du village tchaman, Abata, les Français se rendent compte de la richesse de cette région en produits oléagineux et dont le commerce est dominé par les négociants alladian et abouré-n'zéma. Ils réussissent à acheter dans deux villages près de 40 tonnes d'huile de palme[195]. Ils décident alors d'explorer cette zone.

Les moyens utilisés

Au cours de cette exploration, des moyens militaires et des moyens politico-juridiques ont été utilisés. Le 28 septembre 1850, à bord du navire de guerre *Le Guet N'dar*, Cournet et Boullay explorent la lagune Ébrié jusqu'à son extrémité ouest. C'est ainsi qu'ils découvrent le Haut-Ébrié habité par les Odzukru, les Tchaman et les Ahizi[196]. Ils constatent également la richesse économique de cette région d'où provient l'huile de palme commercialisée sur le littoral alladian[197].

Au cours de cette expédition, Cournet et Boullay ont procédé à une démonstration de force. Des coups de canon auraient été tirés pour marquer la domination de la France sur la région de l'Ébrié occidental[198]. Ainsi, le recours aux navires de guerre a pour but d'intimider les populations riveraines et de les inviter à coopérer avec les Français. Cela indique que toute entrave à la paix est sévèrement punie.

---

192 PELLETIER, *op .cit.*, p. 1179.

193 ANS, 5G22, pièce 8.

194 PELLETIER, *op. cit.*, p. 179.

195 ANCI, 1EE1 (9), pièce 5.

196 ANS, 5G23, pièce 7.

197 ANS, 5G23, pièce 11.

198 ANS, 5G25, pièce 17.

La signature de traités d'amitié entre les délégués de la France et les représentants des villages riverains constitue un des principaux moyens politico-juridiques utilisés. Ainsi, le 4 octobre 1850, un traité d'amitié est conclu entre la France et Tukpa[199]. L'article I stipule que la souveraineté du territoire du chef Matafoué, situé dans le Marigot de Topa, est concédée pleine et entière aux Français[200]. Le 11 octobre, le lieutenant Boullay signe, avec Adou Sess, Djam-mel et Yed représentant la population de Dibrim,[201] deux conventions liant la France au village odzukru de Dibrim en reconduisant le régime de la concession en matière de souveraineté et en instituant le système de la préférence commerciale au profit des Français dans la traite de l'huile de palme et des autres produits du terroir[202]. Avec le second traité signé le même jour, Adou Sess cède Okobu et Dabuatchi, principaux débarcadères des Odzukru orientaux, à la France[203]. Il s'agit là des points d'exportation en direction du littoral alladian de l'huile de palme des populations de Lokp, Orgbaff, Aklodz et Dibrim. Ajoutons que ces débarcadères, contrôlés par les traitants de Dibrim[204], abritent d'importants peuplements de palmiers à huile et des campements d'exploitants des palmeraies lagunaires. Le 12 octobre 1850, Boullay signe avec Niansue et Yago, un traité d'amitié[205] qui place Kpass sous la souveraineté de la France. Ce village, situé à deux kilomètres d'Okobu, perd par conséquent son indépendance politique[206].

La signature de ces accords politico-juridiques permet à la France de contrôler théoriquement les plus importants centres commerciaux de Lodzukru et de défendre aux ressortissants des villages signataires de ces textes de commercer avec les puissances européennes autres que la France[207]. L'application de ces traités a été étendue à toutes les régions, ce qui laisse entrevoir le dessein de la France de

---

199 ANS, 5G32, pièce 5. Ajoutons que Tukpa est un village odzukru fondé au XVIIIe siècle. Au cours de la traite de l'huile de palme, il a joué, pendant une longue période, le rôle de premier port lagunaire du Lodzukru.

200 *Id.* pièce 8.

201 *Id.*, pièce 7.

202 Ibid.

203 Ibid.

204 *Id.*, pièce 8.

205 *Id.*, pièce 11.

206 *Id.*, pièce 12.

207 ANCI, 1EE1 (11), pièce 9. Les Anglais qui ont racheté aux Danois leurs comptoirs de la Gold-Coast s'installent de nouveau sur le long du Golfe de Guinée. Par cette politique, ils pensent s'établir à Ouidah, au Dahomey, l'ancienne côte des esclaves. Ouidah a été l'un des principaux « *ports* » négriers du golfe de Guinée. C'est aussi une grande région de production de l'huile de palme. Les Français, inquiets, renforcent la sécurité du poste de Grand-Bassam parce qu'ils craignent que les Anglais ne viennent hisser leur pavillon à Grand-Bassam et ne deviennent les seuls maîtres du Golfe de Guinée. Voir ANCI, 1EE1 (11), pièce 8.

coloniser cette région afin de mieux exploiter ses richesses[208]. Mais la mauvaise interprétation des textes a engendré de nombreux conflits. En effet, les différentes populations, en particulier les Oboru, refusent d'aliéner leur liberté et leur indépendance.

Grâce aux expéditions commerciales dans la lagune Ébrié, les Français explorent tout le Bassin occidental de la lagune Ébrié jusqu'à Grand-Lahou. Quel est alors le bilan de cette exploration ?

Le bilan de l'exploration

L'exploration du bassin occidental de la lagune Ébrié a été un succès à la fois politique et économique. Elle s'est faite de façon pacifique. Aucun incident n'a été déploré depuis les pays tchaman jusqu'en pays odzukru. Des traités ont été conclus avec des gouvernants de Lodzukru, tels que Tukpa et Dibrim qui sont au cœur des transactions de l'huile de palme. Les Français ont le droit de circuler et de commercer librement sur la lagune Ébrié avec les peuples de la région[209] connue pour son immense richesse en produits oléagineux[210]. En effet, le Haut-Ébrié abrite d'importants peuplements de palmiers à huile et, depuis le début du XIXe siècle, exporte, en direction de la Côte des Quaqua, des milliers de barriques d'huile de palme[211].

Les Français dominent théoriquement, depuis octobre 1850, toutes les régions comprises entre le cap d'Appolonie et le Cap Lahou. Par la lagune Ebrié, une liaison est établie entre Grand-Bassam, principal centre commercial de la partie orientale et le Haut-Ébrié, la grande région de production d'huile de palme de toute l'Ébrié. La navigabilité en toute saison de la lagune Ébrié constitue un précieux atout pour les maisons de commerce françaises dont les chaloupes sont escortées par les navires de guerre lorsque leurs agents se rendent dans l'Ébrié occidental pour acheter l'or, l'ivoire et surtout l'huile de palme.

En somme, les voyages des Français dans l'Ébrié ont été de véritables succès commerciaux. Plusieurs dizaines de barriques d'huile de palme sont achetées. C'est le cas de la maison Régis qui, avec sa chaloupe l'« *Argus* » réussit à troquer 15 barriques d'huile de palme par jour. Le succès commercial est attesté par les documents français : « La situation commerciale est satisfaisante. Les voyages en rivière se succèdent avec rapidité et la factorerie Régis a déjà un chargement d'huile de

---

[208] ANCI, 1EE1 (9), pièce 8.

[209] ANS, 5G23, pièce 5.

[210] ANCI, 1EE1 (9), pièce 7.

[211] Précisons que les négociants alladian contrôlent les transactions commerciales de l'Ebrié occidental. Voir ANCI, 1EE1 (11), pièce 10.

palme en magasin. La moyenne des chargements d'huile de palme est de 15 barriques par jour »[212]. Cela indique que les Français, après octobre 1850, enlèvent par jour environ 3,5 tonnes d'huile[213] au terme d'expéditions commerciales qui durent quarante jours[214].

Les Français, satisfaits de leurs activités commerciales dans l'Ébrié occidental depuis octobre 1850, pensent déjà à une victoire sur les Anglais. Les premiers contacts avec la population de cette zone semblent leur donner confiance puisqu'ils sont convaincus que celle-ci, après les premiers échanges, est acquise à leurs causes. Le succès commercial français, remporté dans le Haut-Ebrié, amène les autorités françaises à nourrir le projet de faire de Grand-Bassam le principal centre commercial de la France en Côte d'Ivoire[215]. Par la lagune, une liaison directe doit être instaurée entre le Haut-Ébrié et la partie orientale de l'Ébrié afin de drainer toutes les ressources du bassin occidental de la lagune Ébrié en direction de Grand-Bassam. Les débarcadères du Haut-Ébrié doivent jouer le rôle d'avant-port de Grand-Bassam[216]. Les Français, à la suite des différents succès réalisés dans l'Ébrié occidental, pensent également que le temps était venu de briser le monopole des commerçants alladian jouant le rôle d'intermédiaires entre les producteurs africains situés dans les pays de l'intérieur et les interlopes européens[217]. À la suite de leurs différentes expéditions commerciales dans l'Ébrié occidental, ils ont instauré le commerce direct avec les producteurs africains qui adhèrent à cette nouvelle pratique commerciale. Elle leur permet de mettre fin à l'endettement auquel elles sont soumises depuis plusieurs années et de se libérer de la domination des traitants de la côte maritime. Face à l'enthousiasme manifesté par les Africains de l'intérieur à l'égard du commerce direct, les Français se sentent rassurés et espèrent faire de très bonnes affaires commerciales. Cette assurance se caractérise par les nombreux voyages effectués par les agents des factoreries françaises à l'ouest de Grand-Bassam[218].

---

212 ANS, 5G23, pièce 8.

213 *Id.*, pièce 3.

214 ANS, 5G22, pièce 7. Ajoutons que les vapeurs servant au transport des produits de traite sont mus au charbon. C'est pourquoi, à chaque escale, les marins descendent sur les plages pour chercher du bois mort. La durée du voyage est longue parce que les commerçants français visitent chaque village-débarcadère. Ils opèrent alors par cabotage et voyagent le jour. Lire également ANCI, 1EE1 (9), pièce 12.

215 ANS, 5G25, pièce 4.

216 ANS, 5G23, pièce 7

217 ANCI, 1EE1 (9), pièce 17.

218 ANCI, 1EE1 (11), pièce 8.

Le bilan de la mission d'exploration effectuée peut être établi à partir des tentatives d'élimination de la présence des Anglais sur la côte maritime[219]. Ces derniers, en rade depuis le début du XIXe siècle, n'ont jamais songé à s'installer en Côte d'Ivoire où à établir une liaison directe avec les producteurs des pays de l'intérieur en général et avec le Haut-Ébrié en particulier[220]. Ils se contentent de s'appuyer sur les traitants africains auxquels ils accordent des avances. Connaissant aussi le goût et les exigences des Africains, ils leur proposent des marchandises de bonne qualité. Or, toutes les traditions et les pratiques commerciales en vigueur dans l'Ebrié occidental sont inconnues des Français qui rencontrent pour la première fois les peuples de cette région. Ils ignorent la forte solidarité entre les producteurs du Haut-Ébrié et les commerçants de la côte des Quaqua[221]. En sus, ils ne savent pas que les producteurs d'huile de palme du Haut-Ébrié, qui ont reçu des avances à la saison commerciale passée ou ont contracté des emprunts[222] auprès des négociants de la côte des Quaqua, restent invariablement fidèles à leurs créanciers[223]. Leur ignorance porte aussi sur l'ancienneté des liens commerciaux entre ces deux régions du bassin occidental de la lagune Ébrié. Ils remontent aux XVIIe et XVIIIe siècles[224].

Pour briser de nouveau l'influence des commerçants quaqua dans le Haut-Ébrié, zone de production des biens de traite, et contrôler les trafics commerciaux de l'Ébrié Ouest, les Français renforcent leur présence dans cette région par les dispositions politico-juridiques à travers le rajeunissement des anciens traités et la signature de nouvelles conventions avec tous les villages possédant un débarcadère.

Les premiers contacts entre les peuples de l'Ébrié occidental et les Français (1850-1869)

La signature des premiers traités

Le commerce français en Côte d'Or, malgré la création des comptoirs de Grand-Bassam et d'Assinie et l'appui de l'administration militaire des forts Nemours et Joinville, connait un échec[225]. Les commerçants de cette côte continuent de contrôler les trafics commerciaux de la région et maintiennent les échanges avec les na-

---

219 ANS, 5G25, pièce 5.
220 ANCI, 1EE1 (11), pièce 7.
221 ANCI, 1EE1 (9), pièce 12.
222 *Idem.*, p.188.
223 E. J.-M. LATTE, *op. cit.*, p. 275.
224 ANS, 5G25, pièce 7.
225 ANS, 5G27, pièce 17.

vires anglais. Les traitants de Grand-Bassam et d'Assinie contrôlent les transactions commerciales entre la côte maritime et les régions de l'intérieur.

Signer et renouveler des traités

Les nombreux traités signés entre les Français et les populations de Grand-Bassam et du Sanwhi entre 1843 et 1844 rencontrent des difficultés dans leurs applications. Les expéditions militaires contre les villages maritimes, suivies du paiement de lourdes amendes, n'ont pas permis aux négociants français de contrebalancer le commerce des Africains et surtout d'éliminer l'influence anglaise très grandissante dans la région[226]. Ainsi, en 1850, après l'exploration du bassin occidental de la lagune Ébrié, les Français décident de porter leur effort commercial dans le bassin occidental de cette lagune où l'on trouve l'huile de palme[227]. Mais les Français se rendent compte qu'ils ne peuvent affronter les Anglais, présents sur les rades[228]. Ils procèdent alors par la signature de traités avec les villages-débarcadères[229]. De 1850 à 1869, plusieurs traités sont signés entre les Français et les peuples du Bassin occidental de la lagune Ébrié. Tukpa et Kpass ont signé en octobre 1850, des accords avec les représentants de la France. Kpass a conclu son traité le 12 octobre 1850, au lendemain de la signature de la convention entre Dibrim et la France.

Au cours de cette période, les Français ont multiplié, dans l'Ébrié occidental, la signature de traités[230]. Tous les commandants de la Division navale en mission en Côte d'Ivoire prenaient le temps de faire un voyage dans l'Ébrié occidental et de signer avec les villages riverains des conventions. Chaque commandant de station ou de poste renforce ce qui a été conclu par ses prédécesseurs. Ainsi, dans chaque village riverain, nous dénombrons plusieurs traités signés entre 1850 et 1869.

---

[226] ANS, 5G26, pièce 8.

[227] ANS, 5G30, pièce 12.

[228] Les Anglais sont à l'origine de la traite de l'huile de palme. Ils se spécialisent dans le golfe de Guinée, dans le négoce de ce produit. Depuis la Casamance jusqu'aux deltas du Niger, les Anglais contrôlent le commerce de l'huile de palme. Ils sont en Côte d'Ivoire présents sur le littoral Quaqua, principale région d'exportation de l'huile de palme.

[229] E. J.-M. LATTE, *op. cit.* p. 274. Les Français ont procédé de cette manière en raison de l'absence de l'Etat centralisé dans l'Ebrié occidental. Chaque village est une entité politique autonome, le cas des villages tchaman, ou bien, il relève de l'autorité d'un village centre, capitale du groupe de villages situés à l'intérieur des terres. Il faut souligner que les villages de l'Ebrié occidental, qu'ils soient odzukru, alladian et ahizi appartiennent à des groupes de villages qui sont les grandes entités politiques. Les membres d'un même groupe de villages ont généralement les mêmes origines. Ils règnent entre eux la solidarité et l'assistance mutuelle.

[230] ANS, 5G32, pièce 8.

Les Français renouvellent périodiquement ces accords dans le but de consolider et de renforcer leur présence politique dans l'Ébrié occidental[231], dont les premiers traités ont été conclus dans la période du 4 au 12 octobre 1850 entre Cournet et Boullay représentants de la France et les délégués des villages de Tukpa, Dibrim et Kpass[232]. En 1852, Martin Des Pallieres, lieutenant au 3e Régiment d'Infanterie de Marine, commandant du comptoir de Grand-Bassam et agissant au nom du gouverneur du Sénégal et dépendances, signe des conventions avec des villages alladian, odzukru et tchaman[233]. Il est suivi en 1853 par Baudin, commandant de la Division navale de Gorée, successeur de Bouët-Willaumez. Grâce au traité conclu avec les Odzukru de Dibrim, Baudin obtient un terrain pour la construction d'un fort dans la baie de Dabou[234]. En 1855, c'est le tour de Monléon, commandant de la Division navale de Gorée de conclure une convention avec les villages alladian. En 1867, Fleuriot de Langle, Contre-Amiral, conclut avec les villages tchaman de nouvelles conventions qui rajeunissent celles de 1852. Enfin, en 1869, le lieutenant de vaisseau, Vernet renouvelle les traités entre la France et les villages alladian[235].

---

[231] ANS, 5G25, pièce 8.

[232] ANS, 5G32, pièce 8.

[233] E. J.- M. LATTE, *op. cit.*, p. 276.

[234] ANS, 5G32, pièce 9.

[235] ANCI, 1EE1 (9), pièce 19.

Tableau n° 1 : Nomenclature des traités conclus entre la France et les villages du bassin occidental de la lagune Ébrié

Régions	Dates	Villages	Représentants français	Représentants africains
	4 octobre 1850	- Tukpa	- Cournet - Boullay	- Niansué - Mantafoué
	11 octobre 1850	- Dibrim	- Cournet - Boullay	- Adou Sess - Thiam Mel - Yed
Odzukru	12 octobre 1850	- Kpass	- Cournet - Boullay	- Niansué - Yago
	7 mai 1852	- Tiaha	- Martin des Pallières	- Esmel - Gnamba
	10 octobre 1853	- Dibrim	- Baudin - Faidherbe	- Adou Sess - Bédiakou - Ketèkrè
	8 octobre 1850	- Emoquah	- Boullay	
	9 octobre 1850	- Bodo-Ladja	- Boullay	
Alladian	20 avril 1852	- Abreby - Akrou - Avagou - Adessi - Bodo-Ladja - Emoquah	- Martin des Pallières - Bouchard	- Guamant - Diava - Boni - Lezou - Dirabou
	18 mai 1852	- Avagou	- Martin des Pallières	- Akoudjaké - Akré-Java
	15 octobre 1853	- Tous les villages alladian	- Baudin	- Akoudiaké
	12 août 1855	- Bodo-Ladja	- Monléon Félix	- Lezou - Dagry - Auorê
	2 février 1869	- Emoquah	- Vernet	- Bonny
Tchaman	8 octobre 1850	- Abata - Niangon Lokoua	- Boullay	- Dam - Aghia
	24 février 1852	- Piquiny-Bassam	- Martin des Pallières	- Gadji - Moba
Avikam	17 octobre 1853	- Pays tchaman	- Baudin	- Dam - Aghia
	23 octobre 1853	- Piquiny-Bassam	- Baudin	- Bambo - Adima
	16 mai 1867	- Niangon - Songon	- Fleuriot de Langle	- Aboua - Ado - Atchédan
	25 avril 1852	- Petit-Lahou	- Martin des Pallières	- Marindio - M'oa - Dei

Source : Ministère de la Marine et des Colonies : service des colonies, Traités entre la France et l'extérieur, Paris, 1922, Tome 2, p.345-398.

Mais quels sont les contenus de ces traités ?

Le contenu des traités

Nous proposons quelques accords et extraits d'accords en tenant compte des années de signature. Notre premier exemple est le traité passé le 20 avril 1852 entre

Martin Des Pallieres, lieutenant au 3e régiment d'infanterie de marine, agissant au nom du gouverneur du Sénégal et dépendances et le roi et les chefs de village dont les noms suivent :

- Alfagou dit Srory Town[236]
- Abreby dit Srory Town
- Acra dit Jack Jack
- Amoquah dit Kolf Jack
- Aligia idem
- Adibé dit Grand Jack.

« Article 1 : Considérant qu'il est de leur intérêt de se ranger sous la protection de la France et d'ouvrir avec elle des relations commerciales utiles, le roi et les habitants des villages sus mentionnés reconnaissent la souveraineté pleine et entière de la République française sur leurs territoires en échange de sa protection.

Article 2 : Le roi et les habitants des villages sus mentionnés adoptent les couleurs françaises à l'exclusion de toute autre et s'engagent à expulser de chez eux quiconque s'y présenterait avec un autre pavillon ou des intentions hostiles aux intérêts français.

Article 3 : Le roi et les habitants desdits villages cèdent en toute propriété aux Français les terrains qui leur seront nécessaires pour bâtir telle fortification ou établissement qu'ils jugeront nécessaires moyennant paiement d'après estimation de la valeur desdits terrains.

Article 4 : En cas de naufrage d'un bâtiment, de quelque nation qu'il soit, ils devront prêter main au sauvetage ; le tiers de la cargaison sera concédé aux sauveteurs.

Article 5 : Si quelques difficultés survenaient entre les habitants desdits villages, les traitants français de Grand-Bassam ou les sujets français de la rive gauche de l'Ébrié, il en serait statué par le Commandant du Comptoir de Grand-Bassam, lequel ferait prompte justice des coupables, de quelque côté qu'ils fussent.

Article 6 : Le roi et les habitants desdits villages s'engagent à bien recevoir les Français qui viendront chez eux pour traiter ou pour tout autre motif et à leur prêter aide et assistance en cas de besoin.

Article 7 : En échange de ces concessions, il sera accordé au roi et aux habitants desdits villages protection du Comptoir et des bâtiments de guerre français. Ledit traité, lu et relu en Français et en langue du pays à bord de la goélette de guerre le "Marigot", au mouillage devant chacun desdits villages, a été fait double et de bonne foi entre nous.

Copie en a été délivrée à chacune des parties[237].

---

236 ANS, 5G32, pièce 28.

237 ANS, 5G32, pièce 8.

À bord du "Marigot", le vingt avril mil huit cent cinquante-deux

- Signature de Diava, roi de Grand-Jack	Le Commandant du Comptoir
- Signature de Guvichy, chef de Grand-Jack	fortifié de Grand-Bassam
- Signature de Gouamant, chef d'Obreby	G. des Pallières
- Signature de Bony, chef de Half-Jack	
- Signature de Dirabou, chef de Grand-Jack	
- Signature de Digeny, chef de Grand-Jack »	

Comme second exemple, nous avons le traité passé le 10 octobre 1853 entre Baudin, commandant de la Division navale de Gorée et les représentants du village de Dibrim. Les chefs de Debremou, capitale du pays de Dabou, ont, pour preuve de leur bon vouloir, ils donnent en otage au commandant en chef, un de leurs enfants[238]. Ils ont concédé à la France des lots de terrain pour l'édification d'un comptoir fortifié et des emplacements pour les factoreries. En échange de ce bon procédé, le commandant de la Division navale des côtes occidentales d'Afrique et inspecteur général des comptoirs du golfe de Guinée, s'est engagé à faire respecter les propriétés des habitants, à faire rendre à tous bonne justice en cas de conflit et à protéger les réfugiés en cas de guerre[239] avec les pays voisins. Ce traité a été fait et signé « en rade de Dabou, à bord de la goélette, Le *Guet N'Dar*, les jours, mois et an que dessus.

Le troisième traité a été signé entre Monléon Félix, capitaine de vaisseau, chef de la division navale et commandant supérieur de Gorée et dépendances, commandeur de la Légion d'honneur et Dozou, chef du Grand-Jack, le 12 août 1855. On peut y lire :

> « Article I : Les rois et les chefs de Grand-Jack s'engagent à traiter avec les Français.
> Article II : Ils s'engagent aussi à ne pas traiter ni à n'avoir aucune communication avec les Bouboury tant que nous serons en guerre avec ces villages.
> Article III : Ils prennent l'engagement de donner la moitié de leur traite aux commerçants français.
> Article IV : S'il surgit une guerre entre eux et les personnes avec lesquelles ils commercent, ils s'engagent à venir rendre compte tout d'abord au commandant du poste de Dabou[240].
> Article V : Les bâtiments de commerce français seront respectés et protégés et ne devront être nullement inquiétés dans leurs transactions commerciales et

---

238 ANS, 5G27, pièce 7.

239 Le village de Dibrim pour contrôler les palmeraies situées dans sa partie septentrionale était constamment en guerre contre Orgbaff.

240 Ministère de la Marine et des Colonies. Service des Colonies. *Traités entre la France et l'extérieur*. Paris, 1963, tome 2, p. 329.

autres. Si l'un venait à faire naufrage, il serait accordé un tiers des objets aux naturels qui auraient coopéré au sauvetage.
Article VI : Le présent traité aura son cours dès aujourd'hui même.
Ledit traité lu et relu au chef en français et en anglais a été fait double et de bonne foi entre nous.
Fait à Alindja-Badou[241], le 12 août 1855, en présence des témoins des deux parties contractantes qui ont signé avec nous.

Marque du chef Dozou.	Le chef de la Division navale et commandant supérieur de Gorée et dépendances
Signatures des autres témoins Marque de Bagry Marque d'Auore.	Signé : Monléon ».

Au comptoir fortifié de Grand-Bassam, a également été signé un « traité de paix entre les villages de la partie Nord de la lagune sous la domination d'Aboua, le chef de Yangon et les villages sous la domination d'ADO, chef de Songon. 16 mai 1867.

Au nom du peuple français, après les palabres d'usage avec les villages qui sont sous leur domination, oubliant leurs torts réciproques et désirant vivement la paix après une longue guerre qui nuisait à leur commerce, se sont adressés au Commandant particulier de Grand-Bassam, qui les a réunis sur l'aviso, Le Pygmée.
Il a été convenu
Au nom de l'empereur des Français, souverain de la lagune et des territoires qui la limitent
Toute hostilité[242] cessera à partir du 16 mai 1867 entre d'une part, Aboua, chef de Yangon, représentant la ligue des villages réunis de Yopougon, chef Yapi, Santé chef Tabou, Yangon Couté, chef Atien, Yangon Santé, chef Daga et d'autre part, Ado, chef de Songon représentant la ligue des villages réunis de Abadien, chef (Acadan) ; Cossambré, chef Tabo ; chef Maugretan[243].
Aboua rendra le prisonnier fait sur Ado. Ado rendra les deux captives faites sur Aboua.
Il ne sera plus question des torts que les deux parties se sont faits mutuellement et les deux chefs renoncent pour eux et les leurs à toute indemnité pour le passé.

---

241 Alindja-Badou est également connu sous le nom de Bodo-Ladja.

242 Il s'agit d'une guerre entre les Tchaman occidentaux pour le contrôle des pêcheries.

243 Les Songon, les Yopougon, les Niangon, les Badien et les Adiapo situés dans la partie ouest du pays tchaman appartiennent à différents groupes de populations. Mais, en période de guerre, il y a des alliances qui se tissent entre les groupes de populations ou groupes de villages.

> Si un ou plusieurs habitants desdits villages avaient à se plaindre de sévices ou de torts graves de la part des chefs de l'ancienne ligue opposée, ils s'adresseront à leur chef, qui, en l'absence de l'amiral, prendra pour arbitre, le commandant particulier de Grand-Bassam qui condamnera le coupable à une amende en faveur de la partie lésée.
> Le commerce sera libre dans toute la lagune et les pirogues sous pavillon français circuleront toujours librement.
> Le présent traité a été consenti entre les deux parties contractantes après les cérémonies d'usage, les chefs ayant bu et échangé leurs fétiches dans un repas commun.
> Fait en lagune de Grand-Bassam, devant Yangon le jour ci-dessus à bord de l'Aviso le "Pygmée".
> Les témoins :

Ont signé par une croix - Ado Aboua - Acadan Africoua	- Par délégation du contre-amiral, vicomte Fleuriot de Langle, Commandant supérieur des établissements de la Côte d'Or et du Gabon Le commandant des troupes du Grand-Bassam : Signé F. Jousselin - Le Second du Pygmée : Signé Beccaria »

En guise de dernier exemple, nous avons le « traité passé entre M. Vernet (Jean-Louis), lieutenant de vaisseau, chevalier de la Légion d'honneur, commandant supérieur des comptoirs de la Côte d'Or, agissant au nom de M. le Contre-Amiral, commandant en chef de la division navale des côtes occidentales d'Afrique, du Gabon et de la Côte d'Or, et Dirabou, roi de Grand Jack-Jack.

> « Article I : Le roi et les chefs de Grand Jack-Jack, désirant mettre leur pays sous la protection de la France, concèdent la souveraineté pleine et entière de leur territoire à Sa Majesté Napoléon III, Empereur des Français.
> Article II : Le pavillon français sera arboré sur tous les points ou l'amiral commandant en chef le jugera nécessaire, comme marque de souveraineté[244].
> Article III : Le roi et les chefs cèdent en toute propriété aux Français les terrains qui leur seront nécessaires pour bâtir telle fortification ou établissement colonial qu'ils jugeront nécessaires.
> Article IV : En cas de naufrage d'un bâtiment, de quelque nation qu'il soit, ils devront prêter la main au sauvetage, le tiers de la cargaison sera concédé aux sauveteurs.
> Article V : Lorsque des différends s'élèveront entre les gens du pays de Grand-Jacks-Jacks et des Français ou étrangers, si l'affaire ne peut être arrangée à l'amiable, elle sera portée au tribunal du commandant supérieur de Grand-Bassam qui jugera en dernier ressort, sauf approbation de l'amiral commandant en chef.

---

244 ANS, 5G32, pièce 12.

> Article VI : Tout bâtiment, à quelque nation qu'il appartienne, pourra traiter avec les pays de Grand-Jack-Jack, en se conformant aux différents arrêtés de l'amiral commandant en chef moyennant un droit de douane de 4.p.% sur les marchandises apportées, fixé par le décret du 12 septembre 1868, ce droit sera perçu par les agents français à compter du 1er mai 1869.
> Article VII : En échange de ces concessions, il sera accordé au roi, chefs et habitants du pays de Grand-Jack-Jack protection du comptoir et des bâtiments de guerre français.
> Ledit traité, lu et relu en langue française et en langue du pays, aura son cours dès aujourd'hui.
> Il a été fait double et de bonne foi entre nous, et copie en a été délivrée à chacune des parties.
> À Alindja, (Grand-Jack-Jack) le deux février mil huit cent soixante-neuf.
> Le commandant supérieur des comptoirs de la Côte d'Or
> Signé : Vernet.
> Signature du roi Dirabou
> Croix du chef de Grand-Jack »[245].

Quelle lecture peut-on faire de ces textes ? Ils ont tous un point commun : l'affirmation de la souveraineté de la France sur le bassin occidental de la lagune Ébrié pour permettre aux factoreries françaises de contrôler tous les trafics commerciaux de la région, briser le joug des négociants africains et contrôler les plans d'eau qui sont d'importantes voies de communication[246].

La rédaction des accords a obéi à l'écriture classique, sauf les textes de 1853 et de 1867, qui sont écrits en prose sans article[247]. Ce sont des textes compacts. Cela explique peut-être les circonstances dans lesquelles ils ont été conclus. En effet, le traité du 10 octobre 1853 entre les Dibrim Egn et Baudin a été signé au lendemain de la guerre entre le corps expéditionnaire français et les Tchaman réunis dans le village d'Eboué[248]. Il fallait empêcher la propagation de la révolte dans le Lodzukru et de compromettre l'accès à la source d'approvisionnement en huile de palme et aux villages de Dibrim (qui contrôle les débarcadères lagunaires), de Dabuatchi et d'Okubu (jouant le rôle de marché-relais et d'entrepôt). En effet, depuis le début de la traite de l'huile de palme, Dibrim reçoit les exportations de tous les villages du Lodzukru oriental. C'est à Dibrim que se rendent tous les négociants

---

245 Grand-Jack ou Bodo-Ladja, jusqu'à la colonisation française était la capitale du pays alladian.

246 ANS, 5G23, pièce 5.

247 E J.-M. LATTE, *op. cit.*, p. 290.

248 R. P. J. GORJU, *La Côte d'Ivoire chrétienne*, Paris, Librairie Catholique Emmanuel Vitte, 1915, p.122.

alladian qui entretiennent des relations commerciales avec le Lodzukru oriental[249]. C'est dans ce village que s'est rendu en 1867, le Contre-Amiral, le Vicomte Fleuriot de Langle pour prendre contact avec les commerçants odzukru dans le but de relancer le commerce français dans l'Ébrié occidental[250].

La convention du 16 mai 1867 a été imposée, par la France, à deux ligues tchaman entrées en belligérance. Il s'agit, d'une part, de la ligue Niangon dirigée par Aboua et, d'autre part, de la ligue de Songon conduite par Ado. Face aux Tchaman, considérés comme le peuple le plus belliqueux du Haut-Ébrié, voire de tout le bassin occidental de la lagune Ébrié, les Français prennent des initiatives de paix non seulement pour affirmer leur autorité, mais aussi pour favoriser la bonne circulation des marchandises en particulier l'huile de palme. Avec cette convention, la France compte s'investir dans l'intermédiation et imposer la paix aux deux parties. Elle profite de cette situation pour réaffirmer sa souveraineté sur tout l'Ébrié occidental.

Les traités, dans leur ensemble, ont été signés sur des bâtiments de guerre français, généralement après des guerres. Ce sont les cas des conventions de 1850 conclues entre le lieutenant Boullay et certains villages tchaman, odzukru et alladian. La France, victorieuse à la suite de ces guerres, a exercé sa souveraineté sur ces groupes en leur imposant de tels accords non suivis du paiement de coutume comme c'est le cas du royaume Sanwhi[251]. Trois notions se retrouvent presque dans tous les accords : la souveraineté, le monopole et la protection[252]. Les articles des différentes conventions stipulent que les rois et habitants des villages reconnaissent la souveraineté pleine et entière de la France sur leurs territoires, en échange de leur protection. Pour les Français, signer ces documents équivaut à accepter son protectorat, perdre sa liberté et son indépendance. La volonté de contrôler tout le commerce est exprimée généralement par les articles 3. Les termes suivants y sont utilisés : « Ils s'engagent à ne traiter qu'avec les commerçants français ou à leur donner la moitié de leur traite ».

Le traité du 10 octobre 1853 a été conclu dans un contexte particulier. La France ayant échoué sur le plan commercial dans la région de Grand-Bassam, dans l'Ébrié oriental, cherche à se rabattre du côté du bassin occidental de la lagune Ébrié. Les Français sont à la recherche d'un terrain pour ériger, dans le Haut-Ébrié, une fortification afin de mieux contrôler les exportations d'huile de palme en direction du littoral maritime alladian. Ainsi, par cette convention, Adou Sess et Bédiakou, au nom de la population de Dibrim, s'engagent à concéder à la France une partie du

[249] ANCI, 1EE122 (2), pièce 12.
[250] ANS, 5G23, pièce 7.
[251] J. A. ABLE, *op. cit.*, p. 51.
[252] ANS, 5G32, pièce 8.

territoire de Dabuatchi pour édifier un fort qui abriterait des factoreries[253]. En échange du territoire en question, la France, en sus de l'arbitrage des conflits, « s'engage à rendre à tous, bonne justice en cas de conflit, et à protéger à l'occasion tous ceux qui viendraient à être obligés de chercher un refuge dans les environs du fort en cas de guerre avec les pays voisins »[254]. Elle parvient finalement à placer sous sa souveraineté, outre le village de Dibrim et sa dépendance, tout le pays odzukru[255]. Les marins français y deviennent les nouvelles autorités habilitées à rendre justice et à arbitrer les conflits de la région.

Un double problème de légalité et de légitimité est également posé avec la signature de l'accord de 1853 par Adou Sess et Bédiakou. Ces signataires du texte proposé par Baudin, choisis au moment où ils étaient dans leurs palmeraies de Dabuatchi, étaient des *m'bédié*, c'est-à-dire des membres de la 5e classe d'âge qui n'avaient pas l'autorité politique requise pour signer un traité engageant le destin de leur communauté territoriale. Ce pouvoir était détenu à l'époque par la classe d'âge des *obodjulu* qui venait d'être consacrée *Eb-Ebu*[256]. Il en a résulté une division des habitants de Dibrim. On a d'un côté les pro-Français et de l'autre, les opposants conduits par Afo[257].

Le terme de chef utilisé dans les traités par les Français est impropre pour les pays du Haut-Ébrié en raison de l'érection du système de classes d'âge[258] comme le socle du pouvoir politique qui fait l'objet d'une répartition entre celles-ci, du respect scrupuleux des règles de l'autonomie et de l'indépendance reconnues à chaque village[259]. Certaines notions employées dans les traités ne sont pas appréhendées de la même manière par les parties signataires. Celles de souveraineté et de monopole ne renvoient en aucune façon pour les élites gouvernantes africaines au renoncement de leur liberté et de leur indépendance[260]. La cession d'une parcelle de terre pour la construction d'une bâtisse ne signifie pas l'abandon de la souveraineté nationale et internationale. Dans le coutumier juridique odzukru, la concession est une règle régissant les rapports entre les maîtres de la terre et les étrangers demandeurs de parcelles de terre à cultiver. L'usufruit du bien foncier leur est accordé. Mais le bénéficiaire de ce mode de faire-valoir exclut l'appropriation, l'aliénabilité

---

253 E. J.-M. LATTE, *op. cit.*, p. 288.

254 Idem.

255 ANS, 5G26, pièce 11.

256 Dans le Lodzukru, les *Eb-Ebu* appartiennent à la classe d'âge des gouvernants. Ce sont eux qui, pendant huit ans, exercent les pouvoirs politique et religieux

257 ANCI, 1EE122 (1), pièce 18.

258 Le nombre des classes d'âge varie de quatre à douzeselon les pays. Lire F. H. MEMEL, *op. cit.*,

259 F. H. MEMEL, *op. cit.*, p. .

260 ANS, 5G23, pièce 5.

ou la cessibilité de la parcelle de terre concédée[261]. Le monopole commercial constitue une autre pratique inconnue dans un espace économique où produire et échanger relèvent du registre libéral.

Les Tchaman de Songon-Agban rejettent les traités rédigés par les Français. Ils mettent surtout en cause le fait que ces textes sont rédigés dans une langue inaccessible pour les Africains[262]. Par ailleurs, dans bien des cas, la partie africaine est représentée par les commerçants africains. En dépit de l'importance de leurs richesses et de la reconnaissance sociale dont ils bénéficient, les traitants, qui ne sont pas des responsables politiques ne peuvent se substituer valablement aux élites gouvernantes. Celles-ci sont constituées dans l'Ébrié occidental, par les membres de la classe d'âge au pouvoir, qu'ils soient riches ou pauvres[263]. Ils exercent collégialement le pouvoir politique. En conséquence, il se pose un problème de légalité des accords conclus entre les Français et les commerçants des milieux lagunaires.

Par ailleurs, les Français renouvellent la proposition d'accords à signer. Étant donné que chez les Africains, un serment ou un pacte, conclu une seule fois et pour toute la vie[264], engage les descendants des parties contractantes et est respecté de tous, proposer son renouvellement est une offre politique suspecte. Ainsi, la signature des nombreux traités par les Africains du Haut-Ébrié a créé chez ces derniers des doutes. La fiabilité des textes proposés par les Français[265] est donc mise en question. Il se produit, en définitive, une confusion qui finit par s'installer chez toutes les parties contractantes, ce qui engendre alors des interprétations erronées.

L'interprétation des traités par les signataires

À la suite de la signature des traités, les Français se considèrent comme les nouveaux maîtres du bassin occidental de la lagune Ébrié[266]. Pour les Africains, il ne s'agit que de simples accords qui ne remettent pas en cause la souveraineté de leurs territoires. Les peuples de l'Ébrié occidental, établis dans cette région, entre les XVIe et XVIIIe siècles, n'ont jamais connu la domination d'une puissance étrangère. Ces populations ont toujours vécu dans la liberté et l'indépendance.

Pour les Alladian, la signature des traités, qui est le signe d'un rapprochement entre les Français et les Africains, ne remet pas en cause la liberté des échanges com-

---

261 E. J.-M. LATTE, *op. cit.*, p. 288.
262 ANCI, 1EE26, pièce 17.
263 Enquêtes orales réalisées le 12 août 2005 à Songon-Agban.
264 Enquêtes orales réalisées le 18 août 1988 à Dibrim.
265 ANCI, 1EE122 (2), pièce 4.
266 ANS, 5G23, pièce 8.

merciaux[267]. En conséquence, une simple signature ne peut remettre en cause une pratique née depuis la seconde moitié du XVIIe siècle. La liberté commerciale a permis le développement économique et social du pays alladian. Il n'est pas question de mettre fin au libre-échange, qui constitue pour eux un principe sacré. Les commerçants alladian, bénéficiant des avances de la part des capitaines anglais, se sont à la longue, endettés auprès de ces derniers. D'ailleurs, certains d'entre eux tiennent en otage, à Bristol et à Liverpool, leurs enfants[268], ce qui constitue une forme de garantie pour les créanciers soucieux de préserver leurs intérêts. Mettre fin aux échanges avec les navires anglais signifierait, pour les Alladian, non seulement la violation d'une des règles sacrées du commerce qu'est la confiance et le refus de rembourser les emprunts contractés, mais aussi s'opposer au profit de la France (dont les produits de traite sont de mauvaise qualité)[269] à la domination commerciale exercée par les Anglais dans l'Ébrié occidental, voire l'ensemble du golfe de Guinée[270].

Par le truchement des conventions, les Français essaient d'instaurer le commerce direct qui a eu dans l'Ébrié occidental un écho mitigé. Certains peuples l'ont accepté. C'est le cas de certains commerçants odzukru de Dibrim et de Tukpa. En revanche, il a été rejeté par les Alladian, les Avikam, les Tchaman et les Odzukru de Bobor[271] qui assimilent le commerce à une activité libre[272]. C'est pourquoi, malgré les campagnes d'intimidation des bâtiments de guerre français, les producteurs d'huile de palme, d'or et d'ivoire poursuivaient les activités d'échanges dans les débarcadères du Haut-Ébrié.

Cet accord remet en cause le maillage territorial du pouvoir politique mis en place dans l'Ébrié occidental et fait ressurgir *mutatis mutandis* les antagonismes du passé. Dibrim n'était pas la capitale de Lodzukru et ne pouvait par conséquent parler ou agir au nom de tous les Odzukru. Cela s'explique par le fait que le Lodzukru était divisé en deux confédérations : Bobor et Dibrim. La confédération de Bobor était la plus importante. Elle regroupait cinq communautés : Bobor, Aklodz, Gbadzn, Orgbaff et Usr[273]. Celle de Dibrim se composait de Dibrim, Lokp, Armébé. À ce groupe s'ajoutait le village autonome de Cosr. Depuis la création du village de Dibrim, survenue à la suite de l'éclatement de Bobor à la fin du XVIIe

---

[267] ANS, 5G25, pièce 7.
[268] ANS, 5G26, pièce 5.
[269] A. VERDIER, 35 années de luttes aux colonies. Côte occidentale d'Afrique, Paris, Léon Chailley, 1893, p. 74.
[270] ANS, 5G23, pièce 7.
[271] ANS, 5G25, pièce 11. Soulignons que les Odzukru-Oboru occupent le Lodzukru occidental.
[272] A. VERDIER, *op. cit.*
[273] E J.-M. LATTE, *op. cit.*, p. 276.

siècle[274], une lutte pour le leadership du Lodzukru est engagée entre les deux villages[275]. Ainsi, au XIXe siècle, les Dibrim-ɛjŋ tentent de s'appuyer sur la force politique et militaire des Français pour étendre leur domination sur tout le Lodzukru. C'est pourquoi ils acceptent la souveraineté de la France sur leur territoire et s'engagent à commercer avec les négociants français établis dans le fort Ducos de Dabou[276]. Quant aux Oboru, opposés à la présence française dans le Haut-Ébrié en général et dans le Lodzukru en particulier, ils deviennent, dans la seconde moitié du XIXe siècle, les principaux défenseurs de l'intégrité territoriale et de la souveraineté de l'Ébrié occidental. On note alors, tout au long du XIXe siècle, une opposition armée entre Français et Oboru. Ainsi, en 1852, en 1855 et en 1867, les Oboru se mettent en guerre contre les Français afin de les empêcher d'étendre leur influence en dehors du périmètre du fort Ducos et du territoire de Dabuatchi. Une guerre éclate en 1852 entre ces deux parties. À la suite de ce conflit, les Français sont interdits de séjour dans le Lodzukru occidental. Même les navires de guerre français se rendaient rarement dans cette région de peur d'être attaqués par les guerriers oboru.

La guerre de 1852 a conduit les Français à conclure une convention avec les Alladian afin d'empêcher tout commerce entre les Oboru et leurs voisins du sud et asphyxier ainsi l'économie des Odzukru occidentaux. C'est ce que stipule l'article 2 du traité du 12 août 1855 conclu entre Monléon, capitaine de vaisseau, chef de la Division navale et commandant supérieur de Gorée et dépendances et Lezou (Dozou) chef, de Grand-Jack-Jack : « Ils s'engagent aussi à ne traiter, ni à avoir aucune communication avec Bouboury tant que nous serons en guerre avec ces villages »[277].

Malgré le traité de 1855, les traitants alladian des villages d'Addah et de M'Bokru continuaient à se rendre dans les débarcadères de Mopoyem, Tiaha et de Kpâda pour acheter l'huile de palme. Les Eusru et les Agbadznu, fournisseurs de Tukpa en huile de palme ont suspendu leurs approvisionnements en direction de ce village pour protester contre le traité d'octobre 1850[278]. Tukpa qui appartient au groupe de populations de Bobor dépend pour son approvisionnement en huile rouge et autres produits de traite des villages d'Usr et de Gbadzn.

Même le lieutenant DesPallières, commandant du comptoir de Grand-Bassam, doute de la fiabilité et de l'efficacité des traités qu'il a conclus, en 1852, au nom de la France dans le Bassin occidental de la lagune Ébrié. Dans une correspondance

---

274 *Id.*, p. 277.
275 F. H. MEMEL, *op. cit.*, p. 237.
276 ANS, 5G25, pièce 5.
277 ANS, 5G32, pièce 8.
278 ANS, 5G29, pièce 11.

adressée au commandant de la Division navale de Gorée, il écrit que « les populations de l'Ébrié refusent de signer des traités avec la France ». Il ajoute que ceux qui les ont acceptés l'ont fait sous la pression : « Les premiers traités entre un village Jack-Jack et la France ont été signés pour empêcher ses voisins de s'emparer de son territoire. Ce qui l'amène à se mettre sous la tutelle de la France »[279]. Cela explique le peu d'intérêt accordé aux différentes conventions par les Africains, qui ne se sentent aucunement liés par ces textes, et la déception éprouvée par la France qui a en revanche cru en leur magie. Dans les faits, elle est confrontée à l'opposition armée des Oboru qui fait que les commerçants français sont interdits de séjour dans la région des Oboru et à celle dite « douce » des Alladian qui refusent tout commerce avec les Français. Aussi le commerce français dans l'Ébrié occidental a-t-il connu un échec[280]. Ainsi, en 1857, les premières maisons de commerce françaises établies à Dabou font faillite et quittent la Côte d'Ivoire. Celles qui s'y établissent de 1862 à 1868 n'ont pu faire mieux. C'est le cas de la maison Marchard frères et Huyssens de Dunkerque[281]. Installée à Grand-Bassam et en dépit de ses nombreux voyages dans l'Ébrié occidental, elle fit des affaires peu brillantes.

Les conséquences de la signature des traités

Lorsqu'on examine les traités, on se rend immédiatement compte que, depuis 1852, le territoire situé entre le cap Appolinie et le cap Lahou est sous la domination politique de la France dont le négoce français se porte très mal. Leur commerce direct ne réussit pas à prendre et à s'implanter, car il est récusé par les Africains. Cette situation inquiète les autorités françaises qui constatent la bonne tenue du commerce anglais dans la région. Pour identifier les causes et proposer par la suite de meilleures solutions, les responsables français envoient en mission en Côte d'Or le contre-amiral, le vicomte A. Fleuriot de Langle[282]. Dès son arrivée, il se rend dans tous les villages signataires d'accords avec la France pour y rencontrer les respon-

[279] ANS, 5G25, pièce 12.

[280] ANS, 5G27, pièce 9.

[281] P. ATGER, *op. cit.*, p. 482.

[282] ANCI, 1EE1 (11), pièce 13.

sables politiques et surtout les commerçants[283]. Il révèle que sur le littoral alladian, les navires anglais chargent annuellement 5000 tonneaux d'huile de palme[284], se rend donc compte de l'important trafic de l'huile de palme qui se fait entre les deux rives de la lagune Ébrié et constate amèrement que son pays est exclu de tout ce trafic parce que ses commerçants refusent de pratiquer le système des avances sur lequel repose la pratique commerciale du golfe de Guinée[285]. L'envoyé de la France s'est aussi rendu dans le Haut-Ébrié précisément à Dabou et dans les débarcadères de Lodzukru comme Tukpa, Dibrim et Mopoyem en vue de renouer les contacts avec les principaux commerçants et de relancer le commerce français[286]. Fleuriot de Langle, qui plaide alors pour une prise en compte des intérêts commerciaux de la France dans le bassin occidental de la lagune Ébrié, n'utilise pas la force dans ses visites. Il fait plutôt appel au sentiment affectif. Il s'adresse aux négociants en se présentant comme un ami et en rappelant l'amitié entre ces villages et la France.

Le refus des populations de l'Ébrié occidental de commercer avec les négociants français et les différentes tensions politiques de la région obligent les autorités françaises à recourir à deux solutions. La première consiste en la création d'un centre commercial dans le Haut-Ébrié à utiliser non seulement comme un port de relais à Grand-Bassam, mais surtout comme une tête de pont à la conquête de l'arrière-pays[287]. La seconde solution consiste à construire un fort dans le Haut-

---

[283] C'est ainsi que Fleuriot de Langle se rend sur la Côte des Quaqua et dans le Haut-Ebrié. Il va alors à Bodo-Ladja où il rend visite aux principaux négociants alladian : Digre et Nimba. Il rencontre Nimba à Dibrim où ce dernier s'est rendu avec ses sept femmes pour acheter de l'huile de palme. Il a été émerveillé par la tenue vestimentaire de Nimba et de ses épouses et le faste déployé pour les échanges :
« Je m'approche pour voir la raison de tout ce vacarme, et je vois un ami, Nimba, le traitant d'Alindj des Jacks-Jacks. Un petit chapeau, genre mou, lui couvre le chef, ses doigts sont chargés d'anneaux d'or. Il a un pagne des plus séduisants où les couleurs les plus bigarées figurent tout un arc-en-ciel. Six ou sept de ses femmes sont assises sur la même ligne que lui. Leurs oreilles se déforment sous le poids des lourds anneaux qui y sont pendus, leurs bras et leurs jambes portent de gros bracelets pesants chacun dix ou douze onces : leur cou et leur poitrine sont ornés de colliers » (FLEURIOT de Langle, *op. cit.*, p. 386).
Il rend également visite à Digré. A propos de ce dernier, Fleuriot de Langle indique que ses cases contiennent le chargement de deux à trois navires. Concernant les villages alladian, il souligne qu'ils sont visités annuellement par trente-deux (32) navires (*id.*, p. 390).

[284] FLEURIOT de Langle, *op. cit.*, p. 391.

[285] Le commerce repose sur la concurrence. Or, la nouvelle méthode ou pratique que proposent les Français, repose sur le monopole et élimine les traitants. Il s'agit là d'une révolution de la pratique commerciale dans le Golfe de Guinée. Les traitants, tous unis, s'y opposent et c'est l'échec pour les Français.

[286] Ainsi, à Tukpa, Fleuriot de Langle rencontre Mantafoue, à Mopoyem Bandio et à Dibrim Bribio (*id.* p. 386).

[287] ANCI, 1EE1 (14), pièce 16.

Ébrié, principalement dans la baie de Dabou, premier centre de la production de l'huile de palme[288]. Le but recherché est de garantir la sécurité des commerçants français dans le bassin occidental de la lagune Ébrié et de protéger leurs activités commerciales.

La décision de construire un fort, le fort Ducos de Dabou a lieu en octobre en 1853. Les raisons de l'adoption de ce projet sont d'ordre politico-militaire qu'économique. Pour les raisons politico-militaires, il convient de signaler que la France est confrontée à des oppositions armées de 1852 à 1853. Les Odzukru-Oboru qui refusent de reconnaître la souveraineté de la France sur leur territoire, malgré l'existence du traité entre le village de Tiaha et la France, convention signée en 1852[289], infligent une cuisante défaite à la France dans la baie de Tiaha. Dans la foulée, ils interdisent la présence des commerçants français dans leur région[290]. En 1853, tous les villages tchaman, déclarent interdits de séjour les commerçants français dans leurs débarcadères, arraisonnent et pillent les chaloupes françaises circulant sur la lagune Ébrié. La guerre déclenchée par la France pour laver ces affronts[291] se termine par un succès. Mais cette intervention armée à Eboué ne met pas pour autant fin à l'insécurité à laquelle étaient confrontés les commerçants français. Dans le Lodzukru, les commerçants français sont fréquemment séquestrés et molestés[292], ce qui les pousse à adresser des plaintes au commandant du poste de Grand-Bassam. Ainsi, face à l'insécurité grandissante dans le bassin occidental de la lagune Ébrié et pour faire respecter la volonté de puissance de la France, Baudin, commandant de la Division navale de Gorée propose la construction d'un fort dans le Haut-Ébrié.

Cette fortification doit par ailleurs faciliter l'instauration du commerce direct dans la zone[293]. On touche ainsi du doigt les raisons d'ordre économique qui ont conduit à la décision de construire un fort. Rappelons que les Français, en signant des traités dans l'Ébrié ouest entre 1850 et 1853, ont été animés par un seul but : détourner

---

288 ANS, 5G29, pièce 13.

289 ANS, 5G32, pièce 8.

290 Martin Des Pallières, en 1852, informe son supérieur, le gouverneur du Sénégal, qu'aucune population ne veut signer de traité avec la France. Il ajoute que la convention signée avec le village alladian de Bodo-Ladja n'a été réalisée que parce que ce dernier est en conflit avec ses voisins. ANS, 5G25, pièce 11.

291 P. ATGER, *op. cit.*, p. 479.

292 C'est le commandant Baudin qui prend la direction des hostilités. Il lance une offensive contre les Tchaman amassés dans le village d'Eboué. Les Français qui alignent trois bâtiments de guerre bénéficient d'un renfort venu de France. Baudin n'est pas prêt à commettre les mêmes erreurs que le capitaine de vaisseau Edouard Bouët-Willaumez lors de la bataille de Yaou en 1849. C'est pourquoi, il fait intervenir trois navires de guerre et 700 soldats. Voir ANS, 5G25, pièce 11.

293 ANS, 5G25, pièce 15.

le commerce du bassin occidental de la lagune Ébrié en direction de Grand-Bassam. Ce qui priverait de disposer les traitants alladian, voire les navires anglais, des atouts pour faire du fret, empêcherait les exportations d'huile de palme du Haut-Ébrié et des produits en provenance des pays baoulé, kouéni, dida, bété et sénoufo vers la côte des Quaqua[294]. L'on aurait plus alors, en dehors du Gin hollandais et du tabac de Virginie, importés pour le premier de la Hollande et le deuxième des États-Unis[295], le reste des produits d'origine anglaise vendus dans toute cette zone·

Le commerce français se portant très mal[296], il a fallu envisager la construction d'un fort dans le Haut-Ébrié afin de contraindre par la dissuasion et l'intimidation les producteurs d'huile de palme du Haut-Ébrié et à rompre leur commerce avec les traitants alladian. Le fort appelé à abriter en son sein des factoreries devait permettre aux commerçants français de trafiquer directement avec les producteurs de l'huile de palme et faciliter ainsi l'instauration du commerce direct dans l'Ébrié occidental. Ce fort devrait, selon les autorités françaises de Grand-Bassam, servir de poste de surveillance de la lagune Ébrié sur laquelle circulent tous les quinze jours deux bâtiments de guerre : *Le Guet N'dar* et *Le Grand-Bassam*[297]. Ils ont pour mission de maintenir la sécurité et d'empêcher tout trafic commercial en direction du pays alladian.

Pour la construction du fort sur la rive nord de la lagune Ébrié, les Français ont le choix entre deux sites : Abata et Dabou[298]. C'est ce qu'indiquent les missions d'exploration effectuées en 1850 et 1853. Pour l'édification de la fortification sur la rive septentrionale de la lagune Ébrié, dans la région ouest de l'Ébrié, les Français ont le choix entre le site d'Abata et celui de Dabou[299]. Pour le premier site proposé, le lieu d'édification choisi est l'île Leydet, située à quelques dizaines de mètres du village d'Abata dans le pays tchaman Gwa[300]. Cette île inhabitée[301] est

---

294 En effet, dès le XVIIe siècle, grâce au fleuve Bandama et à l'existence de routes commerciales, les peuples de la côte maritime et ceux des régions forestières et savanicoles étaient en relations commerciales. Ces échanges se sont renforcés et consolidés, au début du XIXe siècle, à la suite de l'abolition de la traite négrière et à l'instauration de la sécurité sur toutes les routes commerciales. Le système des avances a connu aussi une amélioration. Voir ANS, 5G23, pièce 10 et 5G25, pièce 18.

295 A. VERDIER, *op. cit.*, p. 128.

296 ANS, 5G25, pièce 17.

297 ANS, 5G31, pièce 18.

298 ANS, 5G33, pièce 22.

299 ANS, 5G31, pièce 8.

300 Cette île porte le nom d'un médecin français décédé de la fièvre jaune en 1850, lors d'une mission d'exploration dans l'Ebrié occidental, dirigée par le lieutenant de vaisseau Cournet. Ce dernier a été secondé par le lieutenant Boullay, Voir ANCI, 1EE122 (1), pièce 15.

301 ANS, 5G31, pièce 8.

longue de près d'un kilomètre. Sa largeur est très réduite : dix à quinze mètres selon les endroits. Le village d'Abata est aussi situé à quelques kilomètres de Grand-Bassam (soit deux heures de navigation de Grand-Bassam en pirogue[302]) dont le fort appelé fort Nemours ne permet pas aux Français d'empêcher le trafic commercial entre le Haut-Ébrié et le littoral alladian. Le choix de l'île en question s'explique aussi par le fait qu'elle se trouve dans une localité où les populations expriment depuis 1849 leurs hostilités à la présence des Français dans leur région non pacifiée[303]. Bref, les Tchaman sont toujours sur le pied de guerre[304]. D'où la nécessité de les dompter en parvenant à y réaliser le projet de construction d'un fort.

Une première raison de l'abandon du choix possible de l'île comme site d'une fortification militaire est liée au fait que la baie d'Abata comporte une zone accidentée et boisée, ce qui peut être utilisé comme point de rassemblement aux populations pour s'opposer à un débarquement ou attaquer constamment le fort. Ce qui placerait le blockhaus dans une situation d'insécurité permanente et entraînerait des conséquences néfastes sur le développement du commerce français dans la région de l'Ébrié occidental[305].

Une autre raison ne militant pas en faveur de la construction d'un fort à Abata est à rapporter à l'incapacité des Français à contrebalancer dans l'Ébrié occidental les Alladian, principaux animateurs du commerce entre les pays de l'intérieur et la côte des Quaqua et interlocuteurs entre les commerçants anglais et les producteurs africains. Un fort construit à Abata, près de Grand-Bassam, n'aurait pas permis aux soldats français de veiller effectivement sur la sécurité des commerçants se rendant dans l'Ébrié, de contrer efficacement les attaques des Odzukru-Oboru, qui depuis 1852, sont en guerre contre les Français[306] et approvisionnent en huile de palme les

---

[302] Les Tchaman sont structurés en douze *goto* (phratries). Les Gwa, dont le pays est situé à l'est, constituent l'un des *gotos* le plus important à cause de leur poids démographique.

[303] En effet, à plusieurs reprises, les chaloupes de la maison régis de passage sur la lagune Ebrié ont été arraisonnées et contraintes de payer un droit de péage. L'expédition punitive qui a suivi pour châtier les coupables et imposer l'autorité de la France dans la région n'a pas pu atteindre son objectif. En 1853, un bataillon français venu du Sénégal et qui se rendait à Grand-Lahou s'était heurté aux guerriers tchaman d'Abata qui réclamaient le droit de péage à tous les navires français qui traversaient leur village. En fait, tout navire français présent dans les eaux territoriales d'Abata était contraint à verser un droit de péage. Par cette réaction, la population d'Abata voulait indiquer à l'attention des Français que le traité, de 1850, ne faisait pas de leur région, un pays vassal de la France. Lire aux ANS, 5G22, pièce 7 et 5G25, pièces 7 et 14.

[304] ANS, 5G23, pièce 12.

[305] ANS, 5G21, pièce 11.

[306] ANS, 5G26, pièce 7.

ports alladian et avikam (Addah, Adjakouté, Bodo-Ladja, Emoquah, M'Bokru et Grand-Lahou)[307].

C'est compte tenu de tous ces éléments défavorables à l'établissement d'un fort à Abata que les autorités françaises du Sénégal et de Grand-Bassam ont décidé de ne pas retenir ce premier site. Il leur reste alors le second : Dabuatchi, qui prit plus tard le nom de Dabou[308].

Dabuatchi est situé à six kilomètres du village de Dibrim et à près de 60 km de Grand-Bassam[309]. Le site choisi et proposé par Cournet et Boullay, depuis 1850, se trouve sur la terre ferme. Il dispose d'une baie, ce qui facilite les échanges, permet de suivre et de contrôler les mouvements des embarcations sur la lagune Ébrié et, éventuellement, de prendre à revers les traitants alladian. Avec ce site, les Français espèrent faire main basse sur le commerce du Haut-Ébrié.

Contrairement aux Tchaman d'Abata, hostiles à la construction d'un blockhaus sur leur territoire, les Odzukru-Dibrim accueillent favorablement ce projet de l'érection d'un fort à Dabuatchi. Pour montrer leur adhésion et leur approbation à ce projet, les populations de Dibrim arborent le drapeau français. C'est pour elles, la seule vraie occasion de témoigner leur amitié à la France. Le fait que le pavillon français soit hissé dans tous les villages du terroir de Dibrim prouve que les Odzukru-Dibrim ɛjŋ ont accepté la souveraineté de la France. En conséquence, celle-ci peut tranquillement s'établir dans le Lodzukru oriental[310].

Pour les autorités de la Division navale de Gorée, le choix de Dabou est jugé meilleur, car la sécurité des commerçants français y est avec les Odzukru orientaux jugés moins belliqueux que leurs voisins tchaman[311] et plus préoccupés par l'amélioration de leur commerce, la seule activité économique qui leur permet d'acquérir des produits manufacturés européens. Selon les autorités françaises du comptoir de Grand-Bassam, Dabou est un bon choix, car les Odzukru orientaux, quoique braves et intrépides, ne disposent que de la mauvaise poudre et de mauvais

---

[307] ANS, 5G23, pièce 7.

[308] Dabou est le diminutif de Dabuatchi. Ce nom a été donné à la localité par les Français qui trouvaient Dabuatchi trop long et difficile à prononcer.

[309] Depuis octobre 1850, le territoire de Dabuatchi a été cédé par Adou Sess, au nom de Dibrim, aux Français lors de la signature du traité du 11 octobre 1850. Ce traité de concession a été réactualisé, le 10 octobre 1853, entre Adou Sess et Bédiakou représentant la population de Dibrim et Baudin, commandant de la Division navale de Gorée agissant au nom de la France. Cf. ANS, 5G32, pièce 6.

[310] ANS, 5G27, pièce 12.

[311] *Id.*, pièce 8.

projectiles et ne savent pas se servir de leurs armes à feu[312]. Autrement dit, les risques d'un affrontement entre les Français et ces derniers sont presque nuls.

Construire le fort à Dabuatchi, sur la terre ferme, a l'avantage de permettre aux Français de contraindre par les armes les Alladian à abandonner toute transaction commerciale avec les Anglais. Ce qui facilitera le contrôle des activités commerciales de l'Ébrié occidental[313]. Par cette stratégie commerciale, les Français sont convaincus de faire triompher le commerce direct et de mettre fin à l'influence anglaise sur le littoral quaqua[314].

C'est sous la direction du capitaine de génie Louis Faidherbe que les travaux de construction du fort de Dabou, commencés le 16 octobre 1853, prennent fin le 26 octobre de la même année[315]. La précipitation a présidé à la construction du fort. Le terrassement a été réalisé par les éléments du bataillon de génie venus de Grand-Bassam. Son coût est de 2000 francs[316]. Les ouvriers africains du chantier recevaient chacun un franc par jour[317]. Les matériaux de construction utilisés pour la toiture sont du bambou de Chine, des feuilles de raphia tissées[318].

Le fort a été construit à la hâte pour deux raisons. Il fallait abréger les difficultés des commerçants français évoluant dans le bassin occidental de la lagune Ébrié. Ils subissaient une farouche concurrence de la part des négociants africains qui refusaient toute application des traités, enlevaient toutes les productions d'huile de palme du Haut-Ébrié et continuaient d'y réexporter les produits anglais dans l'arrière-pays. Ils persistèrent dans leur posture d'autant plus que la présence des navires anglais dans leurs eaux territoriales constituait pour eux un gage de sécurité commerciale, de réserve et d'entrepôt[319]. La construction du fort a été également faite à la hâte en raison de la nécessité urgente de parer aux attaques permanentes des Tchaman d'Abata qui exigeaient un droit de péage à tous les vapeurs circulant sur la lagune. Le recours à la protection des convois par des bâtiments de guerre[320] n'ayant pas eu l'effet dissuasif recherché et l'inquiétude des traitants ne faisant que grandir, Faidherbe a décidé de construire en dix jours le fort Ducos *d*e Dabou.

---

312 ANS, 5G28, pièce 7.
313 ANS, 5G26, pièce 15.
314 ANS, 5G30, pièce 8.
315 ANS, 5G31, pièce 10.
316 ANS, 5G26, pièce 7.
317 ANS, 5G28, pièce 11.
318 ANS, 5G27, pièce 18.
319 ANS, 5G26, pièce 5.
320 ANS, 5G28, pièce 6.

De ce qui précède, il ressort que le fort de Dabou a trois missions fondamentales : assurer la sécurité des commerçants français en servant de rempart contre les attaques des populations du Haut-Ébrié, contraindre par des intimidations et par des représailles les traitants alladian à ne commercer qu'avec les Français et abriter des factoreries en mettant des bâtiments à la disposition des commerçants[321].

Le bâtiment du fort a été construit en hauteur. C'est une maison à deux niveaux : un rez-de-chaussée et un étage[322]. Construit en matériaux locaux, le fort, situé à 200 mètres de la lagune Ébrié, comporte des bâtiments annexes, dont certains font office de garnison et les autres de factoreries. Il correspond à une construction immobilière de forme carrée et entourée d'un mur d'enceinte bastionné[323].

Le fort a sa propre organisation. Le premier responsable est le capitaine Durban, qui a dirigé cet établissement de 1853 à 1856. C'est lui qui a mis en place les structures de fonctionnement[324]. Lors d'une de ses visites, le commandant de la Division navale de Gorée a positivement apprécié l'état de propriété dans lequel se trouvait le fort[325]. Assurer la mission de défense du fort de Dabou a nécessité le déploiement de 36 militaires (un officier faisant office de commandant de poste, un chirurgien, huit soldats européens et vingt-six hommes de troupe africains dont le plus gradé parmi les Noirs est un caporal). Les soldats sont employés cinq jours sur sept au travail manuel. Pendant les deux jours restants, ils suivent des cours d'instruction militaire (maniement des armes à feu et des armes blanches et techniques de combat)[326]. Enfin, signalons que le fort dispose d'un jardin botanique. Créé en 1853 par les autorités du poste, il a pour mission de servir de jardin d'expérimentation où on cultive et entretient les plantes tropicales.

Les soldats africains sont originaires soit du Sénégal, soit du Soudan ou de la Côte d'Ivoire. Ils dorment à même le sol sur des nattes, tandis que les Européens disposent à l'étage des lits. Les soldats originaires de la Côte d'Ivoire sont des esclaves rachetés par les Français aux traitants de Grand-Bassam, d'Assinie et de l'Ébrié occidental. Les soldats africains possédaient des jardins situés, pour des raisons de sécurité, à quelques mètres du fort[327]. Ils y cultivaient des légumes, du manioc, des patates pour varier leur alimentation constituée essentiellement de riz et d'igname. Les militaires du fort, qui prenaient un repas de viande fraîche le dimanche et le

---

321 ANS, 5G26, pièce 7.

322 ANS, 5G29, pièce 15.

323 PELLETIER, *op. cit.*, p. 1182

324 Le capitaine Durban a été remplacé en 1856 par le lieutenant Gindre. Voir ANS, 5G29, pièce 8.

325 ANS, 5G26, pièce 11.

326 ANS, 5G29, pièce 13.

327 ANS, 5G27, pièce 8.

reste de la semaine de la viande salée[328], élevèrent des bovins et des caprins[329], car les populations de l'Ébrié occidental refusaient de leur vendre des bœufs. Ils se procuraient également du poisson frais auprès des pêcheurs africains qui leur vendaient les produits chers[330]. Les dépenses annuelles du fort sont estimées à 1248 francs, soit 13 onces[331].

Le fort abritait une population de civils composés essentiellement des agents des factoreries françaises. Les sous-facteurs originaires du Soudan, du Sénégal et du pays krou vivaient dans le village africain et travaillaient au fort. Les agents africains des factoreries sont victimes d'attaques et d'exactions de la part des Odzukru-Oboru et des traitants alladian. En 1854, plusieurs sous-traitants kroumen et bambara travaillant pour le compte de la maison Régis furent massacrés par les Odzukru-Oboru[332]. C'est aussi le cas des tirailleurs qui désertent leurs compagnies à cause de l'ostracisme et des tueries auxquels ils sont confrontés.

En 1855, le fort de Dabou, compte tenu de son état de délabrement avancé, a été rénové et agrandi. Le coût total de la réfection est de 30 000 francs. La reconstruction s'est faite en matériaux modernes : briques, pierres taillées et bois de charpente importé de Gorée pour la toiture recouverte en tuiles. Sa sécurité a été renforcée, en 1855, par la présence de deux pièces d'artillerie. Cette disposition a été prise à la suite de l'opposition manifestée dès février 1852 à son érection par les Odzukru-Oboru. Renforcer la sécurité a consisté à accroître et améliorer les moyens de défense afin de parer aux attaques des Odzukru-Oboru et des Tchaman et d'assurer la libre circulation de la lagune[333]. En dépit de l'adoption de ces deux mesures et de la présence des canonnières dans la lagune, les Odzukru-Oboru, qui refusent de reconnaître la souveraineté de la France sur leur territoire et d'abandonner tout commerce avec leurs fournisseurs et clients traitants alladian[334], ont infligé en 1855 aux Français une cuisante défaite.

Le fort Ducos symbolise la présence des Français dans le bassin occidental de la lagune Ébrié. Grâce aux travaux de rénovation et d'extension qui ont été entrepris,

---

[328] ANS, 5G27, pièce 8.

[329] Les bœufs et les caprins coûtent excessivement cher dans l'Ebrié occidental. Sur le littoral alladian, le bœuf coûte 400 manilles (soit 80 francs) et la 1200 manilles (soit 240 francs). Les caprins sont cédés entre 30 et 32,5 francs (soit 150 à 165 manilles). Lire aux ANS, 5G26, pièce 5.

[330] Une once = 96 francs.

[331] ANS, 5G28, pièce 9.

[332] ANS, 5G27, pièce 12.

[333] R. P. J. GORJU, *op. cit.*, p. 113.

[334] ANS, 5G28, pièce 8.

il a pu jouer tant bien que mal son rôle de levier de protection des commerçants français et d'abri des factoreries agissant dans le cadre du commerce direct[335].

Photos 1 & 2 : Le fort Ducos de Dabou, en 1855

Source : Cliché de l'auteur.

Mise en place et évolution du commerce direct entre 1854 et 1857

Deux étapes dans la mise en place du commerce direct

L'instauration du commerce direct dans l'Ébrié occidental s'est faite en deux étapes. La première est celle des achats directs. La seconde consiste en l'installation de factoreries pour la dynamiser et la pérenniser. À la suite des traités des années 1850, 1852 et 1853, renouvelés en 1855, les agents des factoreries, établis à Grand-Bassam, ont pris l'habitude de se rendre dans l'Ébrié occidental pour acheter l'huile de palme et l'or[336]. Leur sécurité a été assurée par des bâtiments de guerre. Depuis l'exploration de l'Ébrié occidental, suivie de la signature des traités en 1850, les chaloupes sillonnent sous la surveillance des navires de guerre la lagune Ébrié. Pendant près d'un mois, elles sont stationnées en rade afin de permettre aux agents des factoreries d'acheter l'huile. Ces agents ont pu tisser des amitiés et des réseaux de clients qui sont les fournisseurs ou vendeurs des produits africains.

[335] ANS, 5G27, pièce 7.
[336] *Id.*, pièce 8.

En créant ces liens, les commerçants français ont pu obtenir de ces derniers que des stocks d'huile de palme leur soient réservés.

Les commerçants français visitent régulièrement les principaux débarcadères du Haut-Ébrié qui sont des marchés d'huile de palme. Il s'agit de Dabuatchi ou Dabou, Okobu, Mopoyem, Tukpa et Cosr[337]. Avant l'achat par les maisons de commerce de chaloupes, ce sont les vapeurs de la garnison de Grand-Bassam qui étaient affrétés pour la collecte et le transport de l'huile de palme. Le vapeur *Le Guet N'dar* effectuait deux jours de présence dans l'Ébrié par semaine. En 1852, la maison Régis s'est dotée d'un important matériel de navigation : une goélette de 75 tonneaux, un chasse-marée de 25 à 30 tonneaux, une barque de 30 tonneaux et trois chaloupes de 8,6 à 4 tonneaux.

Dans la deuxième étape de la mise en place du système d'économie directe, l'agent de la factorerie ne se déplace plus. Il s'installe dans une boutique où il attend les producteurs africains qui viennent à lui avec les produits. La factorerie se définit comme étant à la fois un entrepôt pour les produits d'exportation et une boutique pour les marchandises à vendre dans les villages. On y effectue la vente en gros et en détail[338]. Elle est dirigée par un agent européen. Les succursales des factoreries, créées dans certains centres commerciaux du littoral lagunaire et de l'arrière-pays, sont placées sous la direction des Bambara, des Sénégalais et des Kroumen[339]. L'exemple de factorerie que nous pouvons signaler est celui de la maison Renard et Compagnie. Elle dispose d'une goélette de 30 tonneaux et d'une barque de pêche[340]. Beaucoup de factoreries ont renouvelé ou renforcé ces moyens logistiques[341].

Essor et effondrement du commerce direct des Français

Le commerce français dans l'Ébrié occidental a connu une évolution en deux étapes. De 1850 à 1853, il a connu un léger essor. Les commerçants français, dans certaines régions de l'Ébrié ouest, telles Dabuatchi, Okobu, réussissent à enlever les frets aux traitants alladian qui perdent ainsi le monopole sur ces marchés. La concurrence profite aux producteurs de l'huile de palme qui s'affranchissent pour quelque temps de la domination des traitants alladian. Cette concurrence a surtout entraîné la hausse du prix de l'huile de palme. Ainsi, le *krou* d'huile de palme,

---

337 ANCI, 1EE122 (1), pièce 8.

338 P. ATGER, *op. cit.*, p. 438.

339 ANS, 5G28, pièce 17.

340 ANS, 5G27, pièce 10.

341 ANS, 5G30, pièce 12.

estimé au cours des années 1840 à près de 40 manilles, passe en 1852 à 60 manilles[342].Au cours de cette étape, le commerce alladian a été ébranlé et sa suprématie remise en cause dans l'Ébrié occidental. Les populations du Haut-Ébrié, en particulier les Odzukru-Dibrim ɛjŋ, qui adhèrent à cette nouvelle politique commerciale, apportent régulièrement leur huile à Dabou et à Okobu. Les Odzukru-Dibrim ɛjŋ qui tiennent à se soustraire de la domination commerciale des Alladian ont, en 1853, exprimé aux autorités françaises, leur volonté de troquer avec les commerçants de la France[343]. Ce faisant, ils ont apporté leur huile de palme et autres produits aux chaloupes des commerçants français en rade dans la baie de Dabuatchi[344].

Les marchés secondaires de Boboï-nanu, Kpada-nanu et de Nidz-nanu sont régulièrement approvisionnés en oléagineux. Cela s'explique par la hausse de la production de l'huile de palme. Elle passe de 1200 tonnes en 1851 à 2400 tonnes en 1852. Le boom ainsi enregistré entraîne pour les Français un manque de barriques et de chaloupes pour le transport des produits à destination de Grand-Bassam. L'essor du commerce direct peut être également illustré par les faits qui suivent. Au cours d'une expédition commerciale dans l'Ébrié occidental, l'agent de la factorerie Régis a réussi à troquer plus de 144 barriques d'huile[345], ce qui représente près de 10 tonnes d'huile.

L'effondrement caractérise la seconde phase du commerce français dans l'Ébrié occidental. Plusieurs facteurs sont à l'origine de cet échec. Nous avons d'abord les guerres. Consécutives à la création du fort Ducos dans le Haut-Ébrié. Tous les peuples de l'Ébrié occidentale ont manifesté leur hostilité face à l'établissement des Français dans le Haut-Ébrié, grande région de production de l'« or rouge »[346]. Cette situation entraîne l'insécurité dans la région. En effet, les commerçants et les chaloupes français sont constamment attaqués par les peuples riverains. Le commandant du poste de Grand-Bassam en rend compte parle de « fréquents accidents qui arrivent à nos bateaux à vapeur et interrompent brusquement nos relations avec les indigènes » ; il mesure parfaitement les enjeux lorsqu'il déclare que ces actions « sont préjudiciables à notre établissement et très funestes à notre politique et à notre commerce en décourageant nos traitants et en laissant le champ libre aux courtiers de la côte pour répandre les odieuses calomnies dont ils ont tiré si bon pendant quelques temps »[347].

---

342 ANS, 5G29, pièce 16.
343 ANS, 5G25, pièce 9.
344 ANS, 5G27, pièce 8.
345 ANS, 5G25, pièce 7.
346 ANS, 5G27, pièce 11.
347 ANS, 5G27, pièce 12.

Les activités économiques pâtissent des opérations militaires consistant aussi en des bombardements par des bâtiments de guerre de villages des populations lagunaires soumises aux dures exigences du paiement d'amendes assez lourdes. Ainsi, en 1855, à la suite d'une guerre, Durban, commandant du poste de Dabou, a imposé aux Odzukru-Oboru, une amende de 500 *krou* d'huile[348]. Le refus de payer les amendes en nature, comme c'est le cas avec les Oboru, provoque la persistance des tensions dans la région. Cette situation perturbe alors les activités commerciales de l'Ébrié occidental. Cela est attesté par les documents français : « Depuis lors, les affaires sont nulles. La maison Régis vient de fermer la succursale qu'elle y avait établie et n'a traité que 12 barriques d'huile tout en dépensant une somme considérable en cadeaux »[349].

Les prises d'otages par les Français, qui ciblaient les enfants et femmes des villages avec lesquels ils étaient en guerre, ont contribué à répandre l'insécurité et à perturber gravement le fonctionnement de l'économie d'échanges. Exemple, en 1854, ils prirent en otage une femme et un enfant de Tiaha pour contraindre les Odzukru-Oboru à payer une amende datant de la fin de la guerre de 1852. Le dénouement de cette manœuvre coercitive est décrit en ces termes : « La femme et l'enfant capturés le 24 août ont été maintenus en prison jusqu'au 9 septembre, date à laquelle ils ont été libérés et remis au chef des Oboru après paiement d'une forte amende »[350].

La guerre n'a pas été l'unique facteur du déclin du commerce direct des Français. Ces contre-performances s'expliquent également par l'offre de marchandises de mauvaise qualité vendues à des prix prohibitifs par rapport à ceux proposés par les commerçants alladian[351]. C'est ce que constate le commandant du poste de Dabou quand il estime que la factorerie locale « ne fait pas les concessions qu'elle doit faire et ensuite, qu'elle débite les marchandises souvent si avariées ou fraudées »[352]. Ce dernier ajoute que « plusieurs fois, les gens de Débrimou [lui] avaient dit devant les agents eux-mêmes que la poudre était en poussière et qu'ils n'en voulaient plus acheter »[353]. Le commandant du comptoir de Grand-Bassam lui fait écho en 1856 en ces termes : « M. Gindre m'écrit que les approvisionnements de la factorerie ne sont pas assez variés et que de l'aveu des agents, la majeure partie des étoffes est fortement endommagée, les fusils couverts de rouille »[354].

---

348 ANS, 5G26, pièce 12.
349 ANS, 5G27, pièce 7.
350 *Id.*, pièce 15.
351 ANS, 5G29, pièce 12.
352 ANS, 5G27, pièce 13.
353 *Id.*, pièce 16.
354 ANS, 5G29, pièce 7.

Enfin, l'échec du commerce français dans le bassin occidental de la lagune Ébrié a été favorisé par la mauvaise gestion des factoreries. Leurs agents n'ont reçu aucune formation de gérant ou de commerçant pour pouvoir les diriger efficacement[355]. La conséquence de cette situation est que les inventaires ne sont jamais faits pour identifier les stocks disponibles et ce qui reste à pourvoir[356]. En sus, les salaires étaient dérisoires. C'est notamment le cas avec la maison Régis. Il s'en est suivi une démotivation de ces derniers enclins souvent à négliger le travail.

Sortir de la crise commerciale

Pour sortir de la crise commerciale, une nouvelle méthode commerciale est inaugurée. Elle consiste à contraindre, par la force des armes, les populations riveraines et de l'arrière-pays à apporter leur huile aux commerçants français. Celles-ci ont eu deux attitudes : accepter de se conformer à l'injonction économique et refuser d'obtempérer. Ce dernier cas est adopté par les Odzukru-Oboru[357], les Tchaman et les négociants alladian. Mais, en 1854, tous les producteurs africains décident de ne plus poursuivre les échanges économiques avec les factoreries françaises. Cependant, ce refus n'a pas été systématique. En effet, de 1850 à 1853, les commerçants français ont eu à contrebalancer le monopole alladian dans le Haut-Ébrié. À la suite des expéditions commerciales, de nombreuses barriques d'huile de palme ont été drainées en direction de Grand-Bassam. À cette période, le commerce français était en plein essor.

Plusieurs raisons expliquent le refus d'obtempérer des Alladian, des Tchaman, des Ahizi et des Odzukru-Oboru. D'abord, ils sont tous très attachés à la liberté commerciale. En conséquence, ils ne peuvent accepter l'instauration d'un monopole réservé aux commerçants français[358]. Ces populations ne peuvent comprendre et accepter qu'on leur interdise de commercer avec les Alladian, leurs partenaires attitrés depuis le XVIIe siècle. Une autre raison du refus en question est liée à l'offre continue par les commerçants français de marchandises de mauvaise qualité vendues à des prix prohibitifs. Exemple, en 1854, les commerçants français vendaient un fusil dont le canon est rouillé à 280 manilles, alors que pour le même article, les commerçants alladian proposaient un prix variant de 200 à 240 manilles[359]. Une autre raison à caractère économique du refus du monopole commercial français est à rapporter au fait que les factoreries n'étaient pas régulièrement approvisionnées. Elles ne pouvaient par conséquent satisfaire les besoins des populations africaines. Le refus d'obtempérer affiché par les populations riveraines s'est

---

355 ANCI, 1EE1 (11), pièce 4.
356 ANS, 5G27, pièce 17.
357 ANS, 5G30, pièce 12.
358 ANS, 5G28, pièce 5.
359 ANS, 5G27, pièce 7.

manifesté, par exemple, sous forme d'interdiction de séjour décrétée à l'encontre des commerçants français. Une pareille initiative est observée dès 1852 dans le Lodzukru occidental. La prise d'otage[360] et le versement d'une série d'amendes lourdes ont été les réponses immédiates souvent apportées par les Français pour espérer la résistance de leurs vis-à-vis[361].

L'arraisonnement de chaloupes a continué à figurer parmi les formes de résistance des sociétés lagunaires. C'est ainsi qu'en 1854, les Tchaman du village de Danga ont procédé à l'arraisonnement d'une chaloupe appartenant à la maison Régis. La réaction des Français a été disproportionnée : capture et déportation de dignitaires dudit village au Gabon où ils moururent[362], bombardement et incendie de nombreux villages, instauration d'un climat de terreur préjudiciable au commerce[363]. Les populations de l'Ébrié occidental ont exprimé le refus du monopole commercial français en traçant et en empruntant de nouveaux axes d'acheminement de l'huile de palme et des produits agricoles vers des débarcadères de fortune créés pour abriter les échanges économiques entre les populations du Haut-Ébrié et commerçants alladian. Ces acteurs économiques prennent une autre décision : dérouler les échanges pendant la nuit, c'est-à-dire au moment où les soldats sont au repos, c'est-à-dire endormis[364].

Cette nouvelle stratégie a permis aux traitants alladian d'enlever toute la production d'huile de palme du Haut-Ébrié. Elle a accéléré le marasme du commerce français. Ainsi, les maisons de commerce installées à Dabou entre 1854 et 1857 font faillite. Des factoreries ferment leurs portes[365]. Celles qui résistent fonctionnent au ralenti. Il en est ainsi pour la maison Renard. Elle ne réussit, en 1857, à acheter à Dabou, en cinq jours, qu'une seule barrique d'huile de palme[366]. Quitter cette plate-forme commerciale est un autre indicateur de la crise économique rencontrée par les Français. La maison Régis quitte Dabou en 1854. Au même moment, les traitants alladian, qui pratiquent les meilleurs prix et vendent des produits

---

360 Cette fois-ci, il s'agit d'un « chef », d'un enfant et d'une femme du village de Tiaha.

361 Les preneurs d'otages ont exigé, pour leur relâchement, aux Odzukru-Oboru, le paiement d'une amende de 200 bordelaises d'huile de palme, de 20 onces d'or et de 20 bœufs Les Odzukru-Oboru refusent le paiement de cette rançon multiple. Ils massacrent, dans une embuscade, dans la baie de Tiaha, huit éléments et font de nombreux blessés parmi les soldats d'un détachement de l'armée coloniale française venue de Grand-Bassam pour maintenir la sécurité dans la région. Voir ANS, 5G28, pièce 12 et 5G29, pièce 11.

362 ANS, 5G27, pièce 8.

363 ANS, 5G29, pièce 10.

364 ANS, 5G28, pièce 11.

365 ANS, 5G30, pièce 7

366 ANS, 5G30, pièce 9.

de qualité[367], contrôlent les ¾ du commerce de l'huile de palme de l'Ébrié occidentale[368]. Avec eux, plus de 3000 tonneaux d'huile de palme sont exportés, en 1856, du Haut-Ébrié en direction de la côte des Quaqua.

De ce qui précède se dégage un constat irréfutable : le commerce français, dans l'Ébrié occidental, a connu un cinglant échec. Ses agents sont aux abois face à la concurrence organisée des Alladian et à l'opposition politique des Odzukru-Oboru. Pour remédier à cet échec, les autorités françaises décident alors, en 1856, de briser la résistance des Africains, en s'attaquant aux Odzukru-Oboru, les principaux opposants à la présence française et à l'instauration du commerce direct dans l'Ébrié occidental[369].

Cette dernière décision va se traduire par ce que nous appelons la guerre de l'huile de palme. Le prétexte est donné par l'échec de l'expédition punitive du commandant du comptoir de Dabou. Cet échec, enregistré en 1855 s'est soldé par le massacre de 8 soldats et le décompte de plusieurs blessés[370]. En mars 1856, le lieutenant Gindre, nouveau commandant du poste de Dabou décide de laver cet affront en vue de relancer le commerce français dans l'Ébrié occidentale. Ainsi, il organise avec le navire de guerre le Marigot[371] le blocus de la baie de Mopoyem[372]. C'est la guerre de l'huile de palme. Pendant plus de dix jours, ce bâtiment de guerre stationne en permanence à Mopoyem. Au même moment, les autorités françaises interdisent tout commerce entre les Alladian et les Odzukru-Oboru. L'objectif du blocus est d'isoler politiquement les Odzukru-Oboru et de les asphyxier économiquement[373] en les empêchant, par exemple, de se livrer à la pêche en lagune, une des principales activités économiques de la région[374]. Le commandant du poste de Dabou exige également, en signe de dédommagement à la France pour les huit soldats tués en 1855, le paiement d'une amende de 100 *krous* d'huile de palme, 20 bœufs et 20 moutons[375].

Mais, le blocus de la baie de Mopoyem n'a pas été une réussite, car les Odzukru-Oboru ont pu éviter l'asphyxie économique en s'approvisionnant en fusils, en

---

[367] Pour le *krou*, l'huile de palme, les traitants alladian offraient 60 manilles alors que les Français en proposaient 45.

[368] ANS, 5G27, pièce 8.

[369] *Id.*, pièce13.

[370] ANS, 5G28, pièce 7.

[371] « Le Marigot » est doté d'une canonnière, ce qui lui permet de tenir à distance les guerriers oboru et de bombarder les villages lagunaires. Voir ANS, 5G29, pièce 17.

[372] ANS, 5G29, pièce 10.

[373] ANS, 5G28, pièce 8.

[374] ANS, 5G29, pièce 12.

[375] ANS, 5G30, pièce 18.

poudre à canon et en produits manufacturés européens auprès des Eusru, principaux fournisseurs du débarcadère de Tukpa, en huile de palme et par les traitants d'Addah[376].Ce blocus a entraîné la faillite et le départ de Dabou en 1857 de la maison Renard et Compagnie. La défaite cuisante que les Français ont enregistrée pendant la guerre de l'huile de palme participe du rehaussement du prestige des Odzukru-Oboru[377].

La présence étrangère dans l'Ébrié occidental s'est traduite non seulement par une âpre concurrence entre commerçants européens (Anglais et Français) et entre agents des maisons françaises de commerce et intermédiaires allandian, mais aussi, et surtout, par une intrusion de l'infanterie de marine dans la scène économique ou encore par la néo-monétarisation. Sous ce dernier rapport, nous pouvons noter le fait que l'introduction des manilles, en 1854, par les Anglais a entraîné le recul du troc. Les relations commerciales entre le bassin occidental de la lagune Ébrié et l'hinterland connaissent un essor. En plus des partenaires traditionnels que sont les Baoulé Elomoin de Tyasalé, les Kouéni de Gohitafla et de Zuénoula, les Sénoufo, les traitants de l'Ébrié occidental établissent des relations commerciales dans les pays abbè, akyè et anyi-morofwè.

Dans toutes ces régions, les traitants exportent non seulement les produits anglais et le sel marin, mais aussi les manilles[378]. Il s'en est suivi une sorte de cohabitation entre la monnaie en cours dans l'Ébrié occidental et les monnaies locales[379]. D'ailleurs la bonne santé du commerce s'est traduite dans le pays alladian par l'institution du rituel de la toilette dorée et dans le Lodzukru de la classe des riches ou rituel de l'*agbadzi*[380]. Cela contraste avec l'échec des maisons de commerce françaises dans cette région réputée pour sa richesse en huile de palme, le principal produit de l'économie de traite du XIXe siècle.

---

[376] ANS, 5G29, pièce 13.

[377] *Id.*, pièce 12.

[378] ANS, 5G28, pièce 17

[379] La manille n'a pas cours dans le pays kouéni.

[380] F. H. MEMEL, *op. cit.*, p. 542.

CHAPITRE II

DE L'ECHEC PARTIEL DU COMMERCE FRANÇAIS ENTRE 1857 ET 1886

Le commerce pratiqué dans l'Ébrié occidental de 1856 à 1886 a été vécu différemment par les principaux acteurs. Du côté des Français, c'est la déroute commerciale qui commence en 1856 avec la fermeture de la dernière factorerie de Dabou. On note alors l'échec partiel du commerce direct. En effet, les nombreuses stratégies commerciales élaborées par les Français pour briser les commerçants alladian et les empêcher de fournir en produits de traite les Anglais n'ont donné que des résultats faibles et limités[381]. Du côté des Africains, cette période est caractérisée par la hausse de la production de l'huile de palme qui passe de 3500 tonnes en 1856 à 5000 tonnes en 1867.

La région du bassin occidental de la lagune Ébrié devient prospère et étend sa domination économique sur les pays voisins, y compris ceux qui, hier, n'entretenaient pas de relations commerciales avec sa population[382]. Mais l'Ébrié occidental, en 1886, enregistre la baisse des cours de l'huile de palme. Quelles sont alors les raisons et les conséquences de l'échec du commerce français dans l'Ébrié occidental ? Quelles sont les causes et les conséquences de la baisse des cours de l'huile de palme dans cette région ?

---

[381] ANS, 5G31, pièce 11.

[382] *Id.*, pièce 18.

Les raisons d'un échec

Les différentes stratégies commerciales et la présence du fort Ducos à Dabou n'ont pas permis aux Français de briser les traitants alladian et de drainer toutes les richesses de cette région à Grand-Bassam. Pour expliquer les causes de cet échec, nous distinguons les raisons politiques et économiques.

Les raisons politiques

Les données politiques ont de loin été les principales causes de l'échec commercial des Français en Côte d'Ivoire.

La politisation du commerce

Le commerce, dans les sociétés sans État centralisé de l'Ébrié occidental, est une activité libérale qui s'exerce sans contrainte[383]. Ouvert à toutes les personnes qui aiment le risque, il est dirigé sur la côte des Quaqua, par les lignages qui délèguent l'un de leurs membres pour les représenter auprès des interlopes européens[384]. Ainsi, depuis le XVIIe siècle, le négoce y est devenu l'une des activités économiques. Son expansion touche tout le bassin occidental de la lagune Ébrié[385].

Il importe de faire le rappel de la signature de traités, la protection des chaloupes marchandes par des bâtiments de guerre, les différentes manœuvres entreprises pour imposer le monopole commercial français, l'opposition des populations africaines pour reconstituer la politisation du commerce français dans l'Ébrié occidental. C'est en 1850 que le lieutenant Boullay, au nom de la France, signe avec les villages riverains de l'Ébrié occidental un traité de paix. En fonction des difficultés qui apparaissent, la France conclut de nouveaux traités. Ainsi, à partir de 1852, on note un rajeunissement des traités. Pour les Français qui, en 1853, à la suite d'une convention avec les Odzukru Dibrim-ɛjn, construisent un fort à Dabou, tous les pays du bassin occidental de la lagune Ébrié sont placés sous la souveraineté de la France. Les transactions commerciales ne se font désormais qu'avec les négociants français[386]. La France, pour contraindre les producteurs de l'huile de palme à traiter uniquement avec les commerçants français, affrète des bâtiments de guerre qui

---

383 ANS, 5G28, pièce 12.
384 O. DAPPER, *op. cit.*, p. 277.
385 ANCI, 1 EE122 (1), pièce 18.
386 ANS, 5G29, pièce 11.

sillonnent la lagune Ébrié. Toute transaction commerciale entre les deux rives de cette lagune est alors bloquée[387].

Les populations africaines réagissent pour protéger leur commerce. Elles rejettent toute souveraineté de la France sur leurs régions et refusent aussi de porter leur huile de palme aux factoreries françaises établies à Dabou[388]. Commercer uniquement avec les Français est considéré par les Africains comme une violation des principes du négoce qui reposent sur la libre concurrence et la libre entreprise. Face alors au mépris des Français qui n'accordent aucun droit aux Africains et qui tiennent à réglementer le commerce à leur profit, les peuples de l'Ébrié occidental réagissent par la suspension de tout négoce avec les Français[389].

Le prix du *krou* de l'huile de palme est fixé, au début de chaque nouvelle campagne, par le commandant du comptoir de Grand-Bassam sur proposition des commerçants français. Cette pratique est condamnée par les Africains. En outre, ils protestent contre le soutien et l'appui apportés par les autorités politiques et militaires de Grand-Bassam aux commerçants français[390]. Le soutien et l'appui de l'administration se sont traduits par l'organisation de convois pour protéger les commerçants français qui se rendaient dans l'Ébrié occidental et les bâtiments de guerre mis à la disposition des négociants pour le transport des barriques d'huile de palme[391].

Les nombreuses campagnes militaires contre les peuples du Haut-Ebrié ont été à la base de l'échec commercial des Français. Les guerres ont toujours été suivies d'un temps d'arrêt, d'un moment de repos. En effet, les guerriers africains sont les principaux producteurs[392]. Dans les sociétés de l'Ébrié occidental, les hommes chargés de la défense du territoire appartiennent à la tranche d'âge comprise entre 21 et 56 ans. C'est ce même groupe qui s'occupe également de l'exploitation des palmiers à huile[393]. C'est le cas du pays odzukru où la défense du territoire et l'exploitation des palmeraies sont assurées par les classes d'âge 3, 4, 5 et 6.

Ces classes d'âges sont dirigées par la 3e dont les éléments assurent les directions de toutes les opérations de défense et d'économie. Pendant ce temps d'arrêt, le commerce français connaît des difficultés, car tous les trafics sont suspendus. C'est ce que note, en 1854, le commandant Durban dans un de ses rapports au chef de la

---

387 ANS, 5G31, pièce 12.
388 *Id.*, pièce 15.
389 ANS, 5G29, pièce 9
390 ANS, 5G29, pièce 4.
391 ANS, 5G31, pièce 11.
392 ANS, 5G29, pièce 17.
393 E. J.-M. LATTE, *op. cit.*, p. 78.

Division navale de Gorée. « Les affaires commerciales ne sont pas brillantes. Il ne se traite que peu d'huile dans le haut de la lagune et à Dabou. Voilà la conséquence d'une guerre longue et acharnée. La paix se fait bien vite, mais la confiance est longue à renaître, etc. »[394]. En 1856 et en 1858, des commandants de poste, qui ont fait le même constat, concluent dans leurs différents rapports que les conflits armés et les amendes de guerre éloignent les Africains des Français. Alors que pour qu'il y ait commerce, les deux peuples sont appelés à se rapprocher, à se côtoyer, à se rencontrer et à vivre dans un climat de paix et de sérénité[395].

Les déportations des prisonniers de guerre au Gabon, le cas des dignitaires du village de Danga, les prises d'otage de hauts responsables de communauté, d'enfants et de femmes, le cas du village de Tiaha sont considérés par les populations comme des actes graves et odieux. En effet, dans les sociétés de l'Ébrié occidental, les femmes et les enfants, en cas de guerre, sont protégés par des conventions connues de tous.[396] Or durant les périodes de tension, cette convention, qui consiste à protéger et à préserver la femme de tout acte de violence, a été violée par les Français[397]. Les guerres et les enlèvements de femmes instaurent, dans les débarcadères de l'Ébrié occidental, un climat d'insécurité et bloquent la descente de l'huile de palme vers les centres d'échanges. En effet, les producteurs d'huile de palme sont privés des femmes qui constituent l'essentiel du groupe de porteurs[398].

Les différents échecs, enregistrés par les Français lors des expéditions punitives contre les Odzutru-Oboru[399], ont conforté les peuples de l'Ébrié occidental dans leur position que la France n'est pas une véritable puissance militaire[400]. Ils rejettent alors son autorité[401]. La guerre instaure la méfiance entre Africains et Français et la baisse de la production d'huile. Or, l'une des règles d'or pour que le commerce se développe entre deux peuples, entre deux régions, est la confiance réciproque qui conduit à la paix sur laquelle reposent toutes les activités de commerce[402]. Les Français, en instaurant dans leurs rapports avec les peuples du bassin

---

394 ANS, 5G31, pièce 17.

395 *Id.*, pièce 19.

396 Aucun acte ne doit être posé à l'encontre de la femme, dispensatrice de la vie. Elle est à l'origine de la communauté humaine. S'en prendre à la femme, un être considéré physiquement comme faible, c'est s'exposer à des malédictions, c'est aussi un aveu de faiblesse et d'impuissance. Lire E. J.-M. LATTE, *op. cit.*, p. 312.

397 Enquêtes orales réalisées le 22 août 1987 à Dibrim.

398 ANS, 5G30, pièce 25.

399 Ces échecs se sont produits en 1852, 1855, 1856, 1857, 1863 et 1867.

400 ANS, 5G31, pièce 12.

401 Les Odzuku-Oboru ont fait dire, en 1857, au commandant du poste de Dabou, qu'ils ne sont pas des sujets français pour répondre à sa convocation (*id.*, pièce 22).

402 *Id.*, pièce 18.

occidental de la lagune Ebrié, un climat de terreur, réduisent leur chance de contrôler le commerce de l'huile de palme.

La mauvaise lecture des traités par les différents responsables des comptoirs français de la Côte d'Ivoire a contribué à créer entre Africains et Français un climat de tension défavorable à toute coopération commerciale. La conséquence d'une telle politique est que les négociants alladian continuent de dominer et de contrôler toutes les transactions commerciales de l'Ébrié occidentale[403]. La signature d'un traité de paix, en 1857, entre Français et Avikam de Grand-Lahou, dans le but de prendre à revers les Odzuku-Oboru et d'empêcher tout commerce entre ces derniers et les Alladian a été un cinglant échec.

L'immixtion des chefs de poste dans les affaires intérieures des populations riveraines a contribué aussi à créer une rupture entre les Africains et les Français. Il en est ainsi avec leur politique de libération des esclaves, initiée à Daboum par les Français[404], qui a provoqué non seulement des inquiétudes, mais surtout la colère des négociants de l'Ébrié occidental. N'oublions pas que les esclaves, étiquetés comme propriété de leurs acquéreurs, ont été, à la fois, des agents de reproduction et des agents économiques pour les maîtres. Leur statut social est immuable[405]. Affranchir un esclave suppose la consultation de l'acquéreur, l'obtention de son consentement et le dédommagement subséquent. Or ce n'est pas le cas. Les commerçants africains qui sont souvent des maîtres d'esclaves réagissent par la suspension de tout trafic commercial avec les Français[406].

Les Français, en créant des comptoirs sur la côte maritime et à l'intérieur des terres, pensaient changer toutes les habitudes commerciales à leur profit. Ils se comportaient comme en territoire conquis et n'avaient pour les Africains que du mépris en les traitant comme des sous-hommes[407]. Les chefs de postes pensaient avoir en face

---

403 ANS, 5G30, pièce 21.

404 Elle commence par un fait divers :la plainte de Bédiakou, l'un des grands négociants de Dibrim dans le Lodzukru auprès du commandant du poste de Grand-Bassam contre le chef du fort de Dabou, le lieutenant Denis. Ce dernier a retenu un de ses esclaves afin de l'affranchir.

405 F. H. MEMEL, *op. cit.*, p. 548.

406 C'est le cas de Bédiakou qui suspend, en 1857, tout contact avec les autorités du poste de Dabou jusqu'au retour de son esclave. Avec lui, la France perd le soutien politique et commercial d'un de ses fidèles amis dans le Haut-Ebrié. Bédiakou livre désormais son huile aux traitants alladian qui toutes les fins de semaines se rendent à Tukpa, à Dibrim et dans les autres débarcadères du Haut-Ebrié pour acheter l'huile de palme et la revendre aux navires anglais en rade dans leurs eaux territoriales. Voir ANS, 5G29, pièce 19.

407 *Id.*, pièce 19.

d'eux des sujets. Les Africains réagissent en prenant les armes. Les cas des Odzukru-Oboru et des Tchaman d'Abata et de Danga en témoignent[408].

En 1854, les Anglais introduisent, sur la côte des Quaqua, les manilles adoptées comme monnaies dans les transactions commerciales par tous les peuples du bassin occidental de la lagune Ébrié. Mais, les commerçants français, dans les échanges[409] commerciaux, refusent leur utilisation et exigent l'application du troc. Ainsi, ils proposent qu'un *krou* d'huile de palme soit échangé contre 12 litres de rhum ou contre un fusil de marque Toxer. Refusant de s'approvisionner en manilles, les Français ont fait le choix politique de s'exclure du système commercial local, car tous les prix des produits sont libellés en manille. Le troc qui continue d'avoir cours, dans les villages les plus reculés de la côte maritime ou lagune, pour les échanges de moindre importance, n'est plus admis et utilisé dans les grandes transactions commerciales.

Les Français, au cours de leur séjour dans l'Ébrié occidental, ont accumulé de nombreuses erreurs politiques qui ont contribué à isoler leurs commerçants des producteurs africains. Ces erreurs sont surtout liées à l'incompétence des officiers français chargés de diriger les comptoirs.

L'incompétence des officiers français

Les difficultés du commerce français dans l'Ébrié occidental sont essentiellement dues au fait que la direction du fort Ducos de Dabou a été confiée à de jeunes officiers qui commettaient des maladresses et des exactions dans leurs rapports avec les Africains pour lesquels, ils n'avaient aucun respect[410]. Les conseils de prudence et de loyauté dans leurs rapports avec les Africains[411], donnés par les différents gouverneurs du Sénégal, n'ont jamais été observés, appliqués[412]. La mission principale des commandants de poste est d'instaurer la paix qui conduisait à l'essor du commerce et de n'utiliser le déploiement de la force qu'après une enquête minutieuse[413].

Le recours à la force ne devrait être possible qu'après épuisement de toutes les solutions de paix. La négociation devrait être privilégiée dans les rapports avec les Africains[414]. Mais dans la pratique, les différents commandants du comptoir de

---

[408] ANS, 5G27, pièce 12.
[409] Ibid.
[410] SCHNAPPER, *op. cit.*, p. 67.
[411] ANS, 5G31, pièce 22.
[412] *Id.*, pièce 15.
[413] ANS, 5G29, pièce 18.
[414] ANS, 5G31, pièce 19.

Dabou ont fait abstraction de tous les conseils et ont agi selon leur sensibilité et humeur du jour. C'est ce que note l'inspecteur de la Division navale de Gorée dans l'un de ses rapports adressés au ministre des Colonies et de la Marine :

> « Le commandement et la direction des comptoirs sont souvent donnés à des jeunes lieutenants ou sous-lieutenants qui viennent y faire leur noviciat d'officier et de service colonial et sont relevés à l'époque où ils commencent à faire connaissance avec les localités. Ils conduisent leurs affaires d'après leurs manières de voir. Ils agissent différemment les uns des autres envers des chefs indigènes, leur supprimant les coutumes ou les frappant d'un impôt suivant leur bon plaisir »[415].

Les soldats français se sont rendus coupables de nombreux abus et exactions. Dans les villages riverains, les soldats ont souvent enlevé des barriques d'huile de palme appartenant aux Africains au profit des commerçants français sans les payer, ce qui a été perçu comme du vol, de la provocation[416]. Sur ordre des commandants du comptoir de Dabou, ces soldats ont aussi enlevé des femmes et des enfants. Ces enlèvements, qui ont généralement lieu sur les plages ou sur les axes de desserte, constituent de graves offenses, des actes de provocation, des déclarations de guerre[417]. Les conflits armés provoqués par ces rapts ont coûté cher aux Français. Ainsi en 1855, ils ont perdu huit soldats contre quatre du côté des Odzuku-Oboru[418]. Beaucoup de soldats français ont été massacrés pendant la guerre de 1867. Même des civils n'ont pas été épargnés[419].

Au cours de ces périodes de tension, les navires de guerre français bombardaient les villages riverains[420]. Les populations, informées par leurs espions, prenaient le temps de construire des campements à l'intérieur des terres et d'évacuer femmes, enfants et biens. La conséquence majeure de cette politique basée sur la terreur est l'arrêt des livraisons d'huile de palme en direction des débarcadères fréquentés par les navires français[421]. Ainsi, Dabou, Tukpa et Cosr dans le Lodzuku sont privés

---

415 ANS, 5G31, pièce 25.

416 *Id.*, pièce 23.

417 Dans la société odzukru, le rapt est formellement interdit. Tout enlèvement de femme engendre des conflits armés. Les guerres, entre les Odzuku-Oboru et les Français en 1855, 1857 et 1867 ont été des réponses à des enlèvements de femmes et d'enfants sur les plages de Tiaha et de Kpâda par des soldats français. Lire : ANS, 5G38, pièce 21.

418 ANS, 5G31, pièce 23.

419 C'est le cas de Lelache, le responsable du jardin botanique de Dabou. Il a été tué ainsi que son cheval. Les populations l'ont ensuite scalpé Ses cheveux et sa barbe ainsi que la queue de son cheval sont considérés par les Odzukru-Oboru comme des trophées de guerre brandis lors des *jaj* (défilés militaires). Voir ANS, 5G33, pièce 25.

420 *Id.*, pièce 19.

421 ANS, 5G31, pièce 25.

des exportations d'huile de palme[422]. Des sanctions, allant des amendes infligées aux populations refusant de commercer avec les Français ou coupables de délits de révolte aux blocus ont été imposées aux Africains qui ne reconnaissaient pas la souveraineté des Français sur leur territoire. Ces différentes initiatives ont constitué des entraves au développement du commerce français dans le bassin occidental de la lagune Ébrié[423]. On a eu droit à un ralentissement momentané de la production de l'huile de palme et des activités commerciales[424]. Nous parlons de ralentissement momentané de la production d'huile de palme dans le Lodzukru, parce qu'au moment où les Odzuku-Oboru sont en campagne contre les Français, les Eusru et les Agbadznu leurs alliés exploitent les palmeraies et vendent les produits aux Alladian[425], ce qui a permis aux combattants odzukru-oboru de disposer de fusils et de poudre à canon ainsi que de diverses marchandises. Rappelons que le but du recours à la force et à la répression par les soldats français était d'aider leurs négociants à instituer le monopole, de soutenir leur commerce handicapé par la mauvaise qualité de ses produits.

Les raisons économiques

Les difficultés commerciales de la France dans le Bassin occidental de la lagune Ébrié sont, en partie, liées à la mauvaise qualité des investissements et à la mauvaise politique de prix pratiquée par les Français vis-à-vis des populations africaines.

La mauvaise qualité des produits français

La médiocrité des produits *made in France* est la principale cause de l'échec du commerce français dans l'Ébrié occidental. Par exemple, les fusils vendus par les commerçants français étaient rouillés. La poudre à canon était soit mouillée, soit

---

422 ANS, 5G33, pièce 20.

423 Exemple : le blocus de la baie de Mopoyem a été l'une des causes de la fermeture de la factorerie Renard et Compagnie de Dabou en 1856. Lire : ANS, 5G31, pièce 29.

424 ANS, 5G29, pièce 18.

425 Voir ANS, 5G29, pièce 12. Dans le traité conclu entre la France et Bodo-Ladja (Grand-Jack), les Français ont demandé dans l'article 2 aux Alladian de suspendre tout commerce et toute communication avec les Odzuku-Oboru tant qu'ils sont en guerre contre ces derniers. Lire Ministère de la Marine et des Colonies. Services des colonies, *Traités entre la France et l'extérieur* tome 2, Paris, 1891, p. 318. Ce traité a été initié par Félix Monléon, capitaine de vaisseau, chef de la Division navale et commandant supérieur de Gorée et dépendances. Cette disposition est la preuve d'une réelle méconnaissance du milieu lagunaire par les Français. En effet, les Alladian qui ont besoin d'un approvisionnement régulier en huile de palme ne peuvent en aucun cas suspendre le commerce avec les Odzuku-Oboru. Voir ANS, 5G27, pièce 17.

avariée[426]. Elle ressemblait à de la poussière[427]. Contenant moins de salpêtre et plus de charbon, on la stockait dans des barils de bois blanc, au moment où celle écoulée par les concurrents était gardée dans de solides barils de chêne[428]. Nous pouvons fournir un autre exemple de la médiocrité des articles manufacturés en provenance de France en citant le tissu monochrome (rouge) vendu très cher. Les Français n'offraient qu'une seule qualité d'étoffe de couleur rouge. Il était vendu cher[429].

En revanche, les marchandises des commerçants hollandais et anglais[430] étaient de meilleure qualité et coûtaient moins chères[431]. C'est ce que confirme Quiquerez[432]. On sait que la qualité et la performance des fusils importés d'Angleterre et utilisés pour la chasse à l'éléphant ont connu une amélioration progressive. En effet, les fusils à silex du début de la traite de l'huile de palme, vendus dans la seconde moitié du XIXe siècle, ont été remplacés par des fusils à tabatière et ensuite par des fusils à baguette. Quant aux tissus vendus par ces concurrents des Français, ils étaient variés avec de nombreux motifs en couleur. Était alors vantée leur bonne qualité[433]. En somme, tout cela a permis de satisfaire les exigences des Africains, de maintenir par conséquent leur confiance vis-à-vis des commerçants anglais, d'améliorer et de renforcer les relations commerciales entre l'Ébrié occidental et l'hinterland (pays kouéni, baoulé, dida et bété)[434].

Une des conséquences de la diffusion de marchandises françaises de mauvaise qualité a été l'accélération de la conquête des pays du fleuve Comoé par les négo-

---

426 En 1859, la France a fait des efforts pour mettre sur le marché de la poudre de bonne qualité. Mais, cette poudre a été mal accueillie par les consommateurs africains qui redoutaient une supercherie des Français. Voir, pour plus de détails, ANS, 5G31, pièce 23.

427 *Id.*, pièce 21.

428 SCHNAPPER, *op. cit.*, p. 68.

429 En effet, un barrais (à grands carreaux) était échangé contre 4 barriques et demie d'huile de palme, ce qui équivaut à 1 022,5 kg, soit une tonne. Une barrique équivaut à 225 litres ou kilogrammes Lire : ANS, 5G33, pièce 19.

430 ANS, 5G31, pièce 20.

431 *Id.*, pièce 22.

432 QUIQUEREZ, *op. cit.*, p. 273.

433 ANS, 5G31, pièce 25.

434 E. J.-M. LATTE, *op. cit.*, p. 301.

ciants du bassin occidental de la lagune Ébrié[435]. Les traitants abouré et n'zima de Grand-Bassam étendirent leur influence jusque dans les pays anyi. Ce fut le cas d'Attekeble, alias Peter, qui contrôlait le marché de l'or et des esclaves de la région de Bettié. Ces négociants se chargèrent alors de les approvisionner en marchandises anglaises. Les trafics commerciaux de la Comoé, autrefois orientés vers la Côte d'Or, furent, à partir de la seconde moitié du XIXe siècle, réorientés en direction de l'Ébrié occidental. Leurs traitants étendent leur domination économique sur tous les espaces commerciaux de la Comoé. Cela est attesté par la présence des manilles dans ces territoires et l'utilisation de cette nouvelle monnaie dans les transactions commerciales faites dans les pays m'gbato, akyé et anyi-morofwê. Les pays abbè et krobu ont aussi fait partie des milieux conquis par les traitants de l'Ébrié occidental qui y diffusent les produits anglais dans l'arrière-pays.

Fraude commerciale et pénurie

Les commerçants français pratiquaient la fraude en vue de réaliser d'importants bénéfices. C'est pourquoi ils vendaient aux Africains des produits avariés. Cette pratique a fait perdre aux Français le peu de confiance manifesté par les producteurs africains. La fraude est un délit grave et condamné dans le bassin occidental de la lagune Ébrié. Toute personne qui se rend coupable de ce délit est passible de lourdes sanctions : exclusion du corps des commerçants et paiement d'une forte amende de 5 000 à 10 000 manilles[436] et deux bœufs. Les factoreries françaises, établies à Dabou entre 1854-1856, manquaient de produits et étaient constamment vides. Les traitants africains du Haut-Ébrié ne trouvaient jamais dans ces boutiques ce dont ils avaient besoin. En témoigne la correspondance adressée le 20 avril 1856 par Bédiakou, l'un des traitants odzukru de Dibrim au commandant du poste de Dabou : « Que veux-tu que nous venions faire chez toi ? Tu n'as ni Rhum ni marchandise et il nous faut t'apporter ici notre huile. Les Jacks-Jacks viennent la prendre chez nous et nous fournissent tous les objets que nous leur demandons. Juge toi-même la différence ». Bediakou, un signataire de traité avec la France et tous les autres commerçants de Dibrim ont suspendu tout commerce avec les Français.

---

[435] Rappelons que le négoce de cette région était contrôlé par les traitants abouré et n'zima de Grand-Bassam. L'or et les esclaves en provenance des pays du fleuve Comoé aboutissaient sur la côte maritime où ils étaient échangés contre les marchandises importées. A partir de 1849, l'exploration des pays m'gbato et akyé par Bouët-Willaumez permet aux commerçants français de pénétrer dans ces régions et d'y faire le commerce. Animés par le désir de réaliser d'énormes bénéfices, ils y introduisent des produits de mauvaise qualité. La réaction des producteurs africains a été le rejet des produits français et de tout commerce avec les Français.

[436] Avant l'introduction des manilles, le fraudeur versait à ses victimes une mesure de noix de coco de perles d'aigri.

La baisse du prix de l'huile de palme

La baisse continue des prix de l'huile de palme a été aussi une des causes de l'effondrement du commerce français dans l'Ébrié occidental. Elle est précédée par trois faits majeurs qu'il importe de souligner. Nous avons, en premier lieu, le fait qu'à partir de 1854, le troc disparaît des transactions commerciales de l'Ébrié occidental au profit de la manille. Ensuite, il y a la différence des prix d'achat proposés par les commerçants alladian et français. Les premiers proposaient pour un *krou* d'huile de palme 60 manilles[437]. Les Français, pour la même quantité, en offraient 45. Aussi les producteurs d'huile de palme choisirent-ils de commercer avec les Alladian qui parvinrent à contrôler toutes les activités commerciales du Haut Ébrié[438]. Cela a entraîné la faillite des factoreries françaises établies dans la baie de Dabou.

Le dernier fait majeur est constitué par la fixation du prix d'achat du *krou* de l'huile de palme que s'attribuent les autorités des comptoirs. Une pareille chose est condamnée par les producteurs africains[439]. Ainsi, en 1862, les agents de la maison P. Marchand & Frère et Ch. Huyssens, de Dunkerque, demandent au chef de comptoir de Grand-Bassam de changer les mesures en vigueur en Côte d'Ivoire. Ils réclament 32 à 34 litres pour le *krou* au lieu de 28 litres[440]. Les producteurs africains refusent d'appliquer la nouvelle disposition. Ainsi, durant les trois ans que cette maison a opéré en Côte d'Or, elle ne réussit à n'acheter que 260 barriques d'huile de palme[441]. En 1864, elle fait faillite et abandonne Grand-Bassam.

En sus de ce contexte de compétition et d'intrusion de l'autorité militaire dans le déroulement du commerce, on note, de 1860 à 1886, la baisse constante du prix des corps gras. Intervenant en Europe, elle entraîne dans le golfe de Guinée, en général, et dans le bassin occidental de la lagune Ébrié en particulier, la chute des cours de l'huile de palme[442]. De 1860 à 1880, le litre d'huile de palme est de 0,47 centime, soit 65 manilles le *krou*[443]. De 1880 à 1885, il est fixé à 0,37 centime, soit 51 manilles le *krou*, 0,28 centime le litre soit 39 manille le *krou* entre 1885 et 1889. À partir de cette date, le litre coûte 0,22 centime, soit 30 manilles le *krou*.

Tableau n° 2 : La baisse de prix du litre et du krou de l'huile de palme, 1860-1889

---

[437] ANS, 5G33, pièce 11.
[438] ANS, 5G35, pièce 21.
[439] ANS, 5G35, pièce 22.
[440] SCHNAPPER, *op. cit.*, p. 159.
[441] *Id.*, p. 162.
[442] A. VERDIER, *op. cit.*, p. 68.
[443] Le *krou* de l'huile est acheté par les Alladian à 60 manilles au lieu de 65.

Période	Francs	Manilles	Écart
1860-1880	0,47	65	
1880-1885	0,37	51	14 manilles
1885-1889	0,28	39	12 manilles
1889	0,22	30	9 manilles

Source : Verdier (A.), *35 op. cit.*, p. 68.

La baisse des prix de l'huile de palme est très sensible. Cette baisse est de 50 % pour les périodes 1860-1880 et 1885-1889. Elle a eu de profondes conséquences sur le commerce de l'Ébrié occidental. En effet, à partir de 1885, les capitaines anglais, dans le souci de réduire leurs dépenses et dans l'impossibilité de continuer à faire des avances comme dans le passé aux commerçants alladian, émettent le désir de voir leurs agents commercer directement avec les producteurs d'huiles de palme du Haut-Ébrié. Mais, les Alladian refusent tout contact entre négociants anglais et producteurs africains du Haut-Ébrié. Cela a entraîné la ruine de leurs activités commerciales. La tension qui s'en est suivie a obligé les traitants alladian à se rapprocher, à partir de 1886, des commerçants français des 2e et 3e générations. Ce rapprochement s'est traduit, en 1886 et en 1887, par la signature de nouveaux traités entre les Français et les peuples du bassin occidental de la lagune Ébrié[444].

Le manque de capitaux

L'effondrement du commerce français s'explique également par la faiblesse des investissements réalisés par les maisons de commerce. Parce qu'elles étaient convaincues de réaliser d'importants bénéfices avec de faibles investissements[445], les maisons de commerce installées dans l'Ébrié occidental manquaient de capitaux, ce qui les empêchait de faire face à la concurrence anglaise et alladian[446]. Les investissements de la maison Régis, qui était la plus importante factorerie française de la Côte de l'Or, de 1844 à 1857, ne dépassaient pas 30 000 francs[447]. Les capitaux de la maison Renard et Compagnie étaient inférieurs à 20 000 francs. Cela explique pourquoi les factoreries françaises n'étaient pas approvisionnées et manquaient de marchandises. La conséquence de cette situation a été la faillite du commerce français.

[444] Après trente ans c'est-à-dire de 1860 à 1889, l'huile de palme a perdu plus de 50% de sa valeur. L'huile de palme est donc dépréciée.

[445] ANS, 5G33, pièce 21.

[446] ANS, 5G31, pièce 25.

[447] *Id.*, pièce 27.

Même les agents français de la 2e génération ont connu le même sort, c'est-à-dire la faillite à cause de la faiblesse des investissements [448]. Ils étaient dans l'impossibilité d'accorder des avances aux traitants et aux producteurs africains. Ce qui a été répandu dans le Haut-Ébrié par les Alladian bénéficiant de larges avances faites par les commerçants anglais. Ce qui leur permettait de réserver les productions d'huile de palme. Cela est attesté par le contre-amiral Fleuriot de Langle en visite d'inspection dans le bassin occidental de la lagune Ébrié en 1867 : « Nimba pouvait compter à bref délai sur un ou plusieurs tonneaux d'huile et les heureux qui avaient trouvé du crédit enlevaient prestement leurs avances. Les marchands de Bristol pouvaient compter sur un retour assuré, car c'étaient eux qui faisaient, en définitive, ces avances »[449]. En sus, les marchands anglais offraient des primes et des cadeaux aux Africains qui leur vendaient de l'huile de palme. Ils remettaient, par l'intermédiaire des traitants alladian, une pièce de satin à tout producteur qui vendait au moins quatre *krou* de l'huile de palme[450]. Cela indique que les marchands anglais disposaient d'énormes capitaux.

Les commerçants français des première et seconde générations ont échoué, dans le bassin occidental de la lagune Ebrié, du fait qu'ils ont refusé d'utiliser dans les transactions commerciales, les manilles introduites dans la région comme monnaie, en 1854. Ils ont essayé d'imposer le franc à défaut de continuer à pratiquer le troc avec elles[451]. Or dans l'Ébrié occidental, les manilles ont été adoptées et utilisées comme monnaie dans toutes les transactions commerciales. Cette unité monétaire s'étend dans toutes les régions ayant des relations commerciales avec le bassin occidental de la lagune Ébrié[452]. Dans les régions de Tyasalé, d'Alépé et de Rimakudjé, sont utilisées dans les transactions commerciales soit la poudre d'or soit la manille[453]. Ne disposant pas de manilles, les Français n'étaient pas en mesure de faire du commerce dans l'Ébrié occidentale. Le manque de manilles a entraîné leur isolement commercial. En conséquence, ils laissent les Alladian contrôler seuls les trafics commerciaux depuis Dabou jusqu'aux pays baoulé, kouéni, sénoufo, abbè, akyé orientaux et anyi-morofwè[454].

De 1850 à 1885, les Français ont échoué sur le plan commercial, dans l'Ébrié occidental. Mais quelles sont les conséquences de cet échec ?

---

448 *Id.*, pièce 19.
449 FLEURIOT de Langle, *op. cit.*, p. 386.
450 P. ATGER, *op. cit.*, p. 431.
451 ANS, 5G33, pièce 20.
452 E. J.-M. LATTE, *op. cit.*, p. 302.
453 Il existe une convertibilité entre l'or et la manille. Ainsi, un gramme d'or équivaut à 15 manilles (*id.*, p.159).
454 E. J.-M. LATTE, *op. cit.*, p. 279.

Les conséquences immédiates de l'échec français

L'échec commercial des Français dans l'Ébrié occidental était prévisible. En effet, animés par le sentiment de ne réaliser que des bénéfices sans rien apporter, les Français échouent dans l'Ébrié occidentale et se replient à Grand-Bassam[455]. Cet échec n'a pas apporté de modifications ni dans la structure ni dans la pratique commerciale, mais il confirme le savoir-faire et l'autorité des traitants de l'Ébrié occidentale ainsi que l'efficacité de la propagande des Anglais dans la région.

Le renforcement de l'influence anglaise

Depuis 1830, les commerçants anglais sont présents sur tous les points de commerce du Golfe de Guinée où se déroule la traite de l'huile de palme. Ainsi, les navires marchands de leur pays sillonnent le littoral atlantique, du golfe de Guinée à la Casamance ou en direction de l'Angola[456]. Le recours aux intermédiaires, l'octroi d'avances aux traitants[457], l'offre de marchandises de bonne qualité et moins coûteuse que celles des Français ont été des atouts pour les commerçants britanniques. Ils ont bénéficié de l'amitié, du respect et de la fidélité des populations de l'Ébrié occidental. Ce faisant, ils sont parvenus à contrôler les trafics commerciaux de la région[458]. En 1854, ils y sont à l'origine de l'introduction de la manille comme monnaie et de la néo-monétarisation de l'économie de la région.

Au cours des années 1860, l'arrivée des suifs d'Australie sur les marchés européens a entraîné une baisse des cours de l'huile de palme[459]. Cette chute des prix a occasionné des conflits entre Anglais et Alladian parce que les premiers, pour maintenir leur négoce, ont réduit de façon substantielle les avances accordées aux commerçants quaqua. Ainsi de 1860 à 1865, le commerce anglais sur la côte des Quaqua a connu une légère baisse. Mais au cours de la période 1866-1867, on a noté une reprise de la hausse des activités commerciales anglaises sur le littoral alladian[460]. Cette reprise est attestée par l'augmentation du nombre de navires présents dans les eaux territoriales alladian et de la quantité d'huile de palme exportée en Angleterre. En effet, d'après Fleuriot de Langle, la côte alladian accueille, annuellement, au moins 32 navires. C'est, du moins, le cas en 1867. Cet auteur indique que 5 000 tonneaux d'huile de palme sont exportés vers l'Angleterre[461].

---

455 ANS, 5G27, pièce 18.
456 SCHNAPPER, *op. cit.*, p. 68.
457 ANS, 5G31, pièce 23
458 *Id.*, pièce 21
459 SCHNAPPER, *op. cit.*, p. 206.
460 ANS, 5G33
461 LANGLE F. de, *op. cit.*, p. 390.

Les commerçants britanniques doivent également leur succès au fait qu'ils ne pratiquent pas la fraude. C'est ce que véhiculent les traditions alladian[462]. Malgré la baisse des cours des corps gras en Europe, au cours des années 1860, les Anglais ont continué à fréquenter la côte des Quaqua et à acheter le *krou* d'huile de palme à un prix élevé. Ainsi de 1860 à 1880, ils ont acheté l'huile de palme sur le littoral alladian à 65 manilles le *krou*. L'achat de l'huile de palme à un prix rémunérateur leur a permis de renforcer leur présence sur cette côte et d'étendre leur influence dans le bassin occidental de la lagune Ébrié[463]. Ils doivent aussi leur succès à la large diffusion dans les régions forestières et savanicoles[464] de leurs produits par les traitants alladian, avikam et odzukru. Dans les pays kouéni, sénoufo, baoulé, dida et bété ne sont consommés que les produits anglais. Dans l'Ébrié occidental, la langue anglaise est devenue la deuxième langue des commerçants. La prospérité économique de l'Ébrié occidental, qui est liée à la présence permanente des navires anglais dans les eaux territoriales quaqua[465], contraste avec la situation traversée par les maisons de commerce françaises installées à Dabou. Face à la concurrence indirecte des Anglais, certaines d'entre elles ont fait faillite.

La faillite des maisons de commerce françaises

La faillite du commerce français que l'on observe à partir de 1854 se poursuit. Jusqu'en 1857, les maisons commerciales qui sont installées à Dabou font faillite. Il en est de même pour celles établies à partir de 1862 à Grand-Bassam et menant des expéditions dans le bassin occidental de la lagune Ébrié. Nous avons déjà étudié les causes de leur insuccès.

La faillite des maisons de commerce françaises est une grande victoire non seulement pour les traitants alladian et du Haut-Ébrié, mais aussi pour les producteurs africains. Ces derniers ont adhéré aux principes du commerce direct parce que cela leur permet de vendre directement leurs marchandises aux commerçants européens[466]. Les producteurs d'huile de palme du Haut-Ébrié, situés loin du littoral lagunaire, étaient confrontés à de nombreux problèmes dans leurs relations commerciales avec les traitants de la rive septentrionale de la lagune Ébrié. Ces derniers prélevaient sur chaque barrique vendue soit aux négociants alladian soit aux commerçants français huit manilles.

---

462 ANS, 5G31, pièce 17.
463 ANS, 5G29, pièce 12.
464 ANS, 5G30, pièce 18.
465 Les navires anglais pouvaient jouer le rôle de factoreries sur l'eau. Ces navires restaient en rade pendant au moins un an.
466 ANS, 5G29, pièce 17.

L'établissement des factoreries françaises, au départ, a été accueilli avec joie par les producteurs du Haut-Ébrié. Cette présence leur permet de se soustraire de la domination des traitants alladian[467]. Mais le prix de 45 manilles pour le *krou* de l'huile de palme proposé par les Français n'est pas incitatif pour les Africains à qui les commerçants de la côte des Quaqua offraient pour la période 1854-1880,60 manilles[468]. Au cours des années 1880, pour le *krou* d'huile de palme, les commerçants français ont proposé 35 à 40 manilles alors que les Alladian pour la même quantité donnaient 50 manilles. Le rapport des prix est à l'avantage des traitants alladian et donc des Anglais.

Le marasme du commerce français est un effet induit du savoir-faire des traitants alladian ou encore de la politisation des affaires commerciales dans le but d'instaure le système du monopole et d'éliminer les traitants africains. Cette stratégie ainsi que les autres initiatives prises par les Français n'ont contribué qu'à étaler leurs propres faiblesses. Ainsi, le départ des factoreries de Dabou assure aux traitants alladian le renforcement de leur contrôle des activités commerciales du bassin occidental de la lagune Ébrié.

La mainmise des traitants alladian sur le commerce de l'Ébrié occidental

Le commerce qui est l'une des activités lucratives de l'Ébrié occidental s'inscrit dans la moyenne durée[469]. Mais, au XIXe siècle, à la faveur de la traite de l'huile de palme, la direction du commerce du bassin occidental de la lagune Ébrié a été dévolue aux traitants alladian. Au nombre de douze, ils ont imposé leur domination commerciale[470]. Établis sur la côte des Quaqua, au sud du Haut-Ébrié, le grand centre de production de l'huile de palme, les négociants alladian, profitant de leur position géographique, se sont imposés comme les seuls intermédiaires entre les

---

[467] ANS, 5G31, pièce 20.

[468] ANS, 5G29, pièce18.

[469] C'est depuis le XVIIe siècle que les peuples de la Côte des Quaqua se sont initiés au commerce avec les interlopes européens. Le contrôle des activités commerciales de la région a connu une évolution. En effet, la période qui couvre les XVIIe-XVIIIe siècles a été dominée par les Avikam pour lesquels le fleuve Bandama servait de voie de communication dans les relations avec les pays de l'intérieur. Les caravanes venant des pays sénoufo, kouéni et baoulé longeaient le Bandama et aboutissaient à Grand-Lahou. Le « port » de Grand-Lahou était à l'époque le plus grand « port négrier » de la côte allant du Cap des Palmes au Cap d'Appolonie. Plus de trois navires européens étaient toujours en rade dans les eaux territoriales de Grand-Lahou. En effet, Barbot qualifiait Grand-Lahou de « plus grande place de commerce de la Côte des Quaqua ». De ce fait, 3 à 4 bateaux hollandais, anglais ou français étaient souvent en mouillage en la rade de Lahou. Les Avikam dominaient alors le commerce de l'Ebrié occidental. Cf. C. WONDJI, *op. cit.*, p. 133.

[470] E. J.-M. LATTE, *op. cit.*, p. 268.

Anglais et les producteurs. Par les jeux du système des avances, ils contrôlaient toute la production d'huile de palme du Haut-Ébrié[471]. Les commerçants alladians n'étaient pas de simples intermédiaires, mais de véritables chefs d'entreprise[472]. Le commerce alladian était bien organisé. Les négociants avaient à leurs services de nombreux ouvriers composés de membres de leurs familles, de leurs esclaves et de Kroumen.

Les négociants alladian étaient aussi très riches. Essayons d'estimer, dans les lignes qui suivent, la richesse de ces opérateurs économiques. Un seul commerçant pouvait assurer le chargement de deux ou trois navires en huile de palme[473]. Du littoral alladian étaient exportés par an, au moins, 5 000 tonneaux d'huile de palme. Le tonneau étant vendu aux navires anglais à 300 F sur le littoral maritime, les recettes d'exportation du pays alladian étaient donc estimées à 1 500 000 francs, soit 7 500 000 manilles. Les recettes d'exportation étaient réparties entre les 12 traitants représentant leurs lignages respectifs[474]. Les commerçants alladian étaient riches et leur pays prospère.

Les débarcadères du Haut-Ébrié étaient fréquentés régulièrement par les négociants alladian qui contrôlaient les centres commerciaux de l'Ébrié occidental : Piquiny-Bassam, Songon-Té, Dabou, Mopoyem, Tukpa et Cosr. La présence des commerçants français dans l'Ebrié occidental, de 1854-1857 et de 1862 à 1864[475], n'a pas ébranlé le commerce alladian. On peut en dire autant avec le dynamisme des Anglais, notamment celui d'Andrew Swanzy de Londres[476].

Les commerçants alladian n'ont pas été ébranlés par la présence des sous-factoreries parce qu'ils pratiquaient les meilleurs prix. Soutenus et aidés par les populations du Haut-Ébrié, notamment les Odzukru-Oboru, ils ont fait échec à toutes les tentatives des Français de contrôler les trafics commerciaux. Tous les Européens qui se sont rendus sur le littoral quaqua ont été surpris de l'habileté des négociants alladian. De 1830 à 1890, ces derniers avaient réussi à pénétrer les marchés akyé et anyi-morofwê reservés et contrôlés par les négociants bassamois[477].

Les traitants du Haut-Ébrié étaient certes, indépendants dans l'exercice de leurs activités, mais ils étaient financièrement dépendants de ceux de la côte des Qua-

---

471 ANCI, 1EE122 (1), pièce 16.
472 LANGLE F. de, *op. cit.*, p. 386.
473 *Id.*, p. 387.
474 F. H. MEMEL, *op. cit.*, p. 288.
475 SCHNAPPER, *op. cit.*, p. 209.
476 P. ATGER, *op. cit.*, p. 437.
477 ANS, 5G31, pièce 11.

qua[478]. La plupart d'entre eux s'étaient endettés auprès des riches marchands alladian. Les débiteurs remboursaient leurs dettes en nature. Cela a facilité la domination des Alladian dans le bassin occidental de la lagune Ébrié[479].

À la faveur de la faillite des commerçants, qui fait suite à la première crise de l'huile de palme survenue au cours des années 1856-1857, les Alladian demeurent la seule puissance commerciale du bassin occidental de la lagune Ébrié. Ce résultat est la conséquence d'une bonne organisation et l'existence de bonnes relations politiques et commerciales entre les deux rives de la lagune Ébrié[480]. Par ailleurs, le commerce de l'huile de palme a favorisé l'avènement de grandes cités marchandes dans le bassin occidental de la lagune Ébrié. Parmi ces cités marchandes, deux émergent : Bodo-Ladja (Big-Jack) sur le littoral alladian et Tukpa, en pays odzukru, dans le Haut-Ébrié[481].

L'émergence des cités marchandes

Les échanges commerciaux dans le bassin occidental de la lagune Ébrié ont favorisé l'émergence de cités marchandes. En effet, depuis les XVIIe et XVIIIe siècles, Grand-Lahou, d'Addah et Avagou ont joué le rôle de « ports » d'embarquement de produits africains (ivoire, or, épices, esclaves et peaux d'animaux) et de débarquement de marchandises européennes. Mais, au XIXe siècle, à la faveur de l'huile de palme dont la production est abondante dans le Haut-Ébrié et face à la forte demande de ce produit exprimée par les commerçants européens surtout anglais, tous les villages du littoral alladian deviennent des « ports »[482]. Dans le Haut-Ébrié, toutes les agglomérations situées en bordure de la lagune Ébrié se dotent de débarcadères. Du côté tchaman, nous avons Abata, Cocody, Anoumabo, Songon-Té, Songon-M'braté. Du côté odzukru, nous pouvons citer Tukpa, Kpass, Tiaha, Kpâda, Cosr. Les Dibrim Ejn fondent Dabuatchi et Okobu, les Oboru créent Mopoyem-nanu[483], les Orgbaffu fondent Gobro-nanu et les Agbadznu, Lidz-nanu et Dabuli. Les Aklodzu font de même avec Yampi-nanu à l'embouchure du fleuve Aébi et Boboï-Nanu, situé à l'intérieur, c'est-à-dire à 200 mètres de l'embouchure. Les Ahizi, dont l'activité principale est la pêche en lagune, ont fondé de nombreux débarcadères lagunaires. Parmi les débarcadères de l'Ébrié occidental, deux d'entre eux ont émergé, de 1830 à 1890. Il s'agit de Bodo-Ladja pour le littoral alladian et Tukpa, pour le Haut-Ébrié.

---

478 ANCI, 1EE122 (1), pièce 16.

479 ANS, 5G31, pièce 21.

480 *Idem.*, p.318.

481 ANCI, 1EE122 (3), pièce 23.

482 ANS, 5G29, pièce 12.

483 Dans le parler modzukru, le mot « *nanu* » est ambivalent : il signifie débarcadère et marché.

Le centre commercial de Bodo-Ladja

Créé par Boya Badu[484] vers la fin du XVIIe siècle ou début XVIIIe siècle, Bodo-Ladja a été jusqu'en 1890 la capitale du pays alladian[485]. Ce village a été dénommé Big-Jack par les Européens[486]. Pendant longtemps, Bodo-Ladja a été le plus important centre commercial du pays alladian. Le commerce y était dirigé par deux traitants très riches et puissants : Digrè et Nimba. Digrè, chef de ce village, pouvait à lui seul assurer le chargement de deux à trois navires. Cela est attesté par Fleuriot de Langle qui écrit, en 1867, ce qui suit : « Son chef Digre, est un homme de moyenne taille, bien pris a l'air intelligent ; ses cases contiennent le chargement de deux ou trois navires ». Bodo-Ladja était le village le plus peuplé du pays alladian avec une population estimée à 1500 habitants, soit 15 % de la population totale. Cela est également souligné par Fleuriot de Langle qui écrit : « Je me fis mettre à terre à Alindja-Badou qui dépend d'Alindja vulgairement appelé le Grand-Jack. Alindja est un village de mille cinq cents (1500) individus, ramassés dans cinq ou six cents mètres carrés »[487].

De 1830 à 1890, en témoignent les traditions alladian, le commerce de l'huile de palme était dirigé par les traitants de Bodo-Ladja qui contrôlaient, outre les principaux débarcadères de Lodzukru et du pays tchaman, tous les trafics de l'huile de palme. Par le système d'avance, ils étaient en relation avec les commerçants du Haut-Ébrié, à qui ils rendaient visite toutes les fins de semaine. Ils étaient présents sur tous les points de commerce du Haut-Ébrié. En atteste la présence de Nimba à Dibrim. Il y était accompagné de ses sept femmes et de ses porteurs. Ce village recevait annuellement au moins dix navires[488]. Sur les trente-deux navires qui mouillaient annuellement au large des côtes alladians, 1/3 se rendait à Bodo-Ladja[489].

Bodo-Ladja, au cours des années 1880, connaît d'énormes difficultés dans ses rapports avec les Français. En effet, en 1889, pour mieux exercer sa domination économique sur le pays alladian, la France y installe un poste de douane. Elle en fait

---

484 Dans certains documents européens, le nom Bodo-Ladja est remplacé par le nom Alindja.
485 LANGLE F. de, *op. cit.*, p. 390.
486 Le peuple alladian est désigné par les Européens sous le nom de Aljacks ou Allajack.
487 D. L. FLEURIOT, *op. cit.*, p. 390.
488 *Id.*, p. 386.
489 Ibid.

de même à Grand-Lahou[490]. Malgré les bouleversements politiques, Bodo-Ladja ou Grand-Jacques a conservé son dynamisme de centre économique important et son prestige d'ancienne capitale.

L'essor de Tukpa

Fondé, au XVIIIe siècle, par les populations venues d'horizons divers, c'est-à-dire du pays krou et de Grand-Lahou, Tukpa appartient au groupe de population de Bobor. En octobre 1850, Tukpa signa le premier traité de paix de Lodzukru avec les Français. De 1830-1890, Tukpa devient le centre commercial le plus important du Haut-Ébrié. Son débarcadère est régulièrement visité par les traitants alladian et par les commerçants européens. Les activités commerciales y sont dirigées par des hommes tels que Matafoue, Niansue, Lorng, Lath et Lasme[491].

Tukpa recevait l'huile de palme en provenance d'Usr, Gbadzn, Niamyagbo et Tukpa[492]. Le débarcadère de Tukpa était le plus fréquenté de tous. Plusieurs raisons expliquent son essor commercial intervenu au XIXe siècle[493]. D'abord, pendant la guerre de l'huile de palme, entre les Odzukru-Oboru et les soldats français, ses populations se sont désolidarisées de l'ensemble des Odzukru-Oboru. Elles ont par conséquent refusé de prendre des armes contre les Français afin de protéger leur négoce. Les traitants de Tukpa continuèrent à jouer le rôle d'intermédiaires entre les producteurs de l'intérieur et les commerçants alladian[494].

Tukpa a tiré profit de l'état d'insécurité permanente[495] consécutif aux guerres entre les Odzukru-Oboru et les Français. Ces conflits qui ont provoqué l'abandon du débarcadère de Mopoyem fréquemment pilonné par les navires de guerre français qui tentaient d'empêcher la tenue des opérations commerciales entre les Odzukru-Oboru et le reste du monde. Comme on le sait, la finalité de cette action était d'asphyxier l'économie des Odzukru-Oboru et briser ainsi leur résistance[496]. Enfin, la prospérité de Tukpa est redevable à la crise de l'huile de palme qui éclate en

---

490 Le roi des Alladian, M'Boua Djragbo proteste, en 1890, contre la présence du poste de douane sur le sol alladian car ce pays n'est pas une colonie française. La France, par Treich-Laplène, fait bombarder le littoral alladian. De nombreux négociants furent incarcérés à la prison de Grand-Bassam. A la suite de ces altercations, la capitale du pays alladian fut transférée à Emoquah, Half-Jack pour les Anglais et Jacqueville pour les Français. M'boua Djragbo est destitué et remplacé par Adjé Bonny d'Emoquah qui devient le chef supérieur de 3.2. Tukpa, tous les Alladian. Voir, par exemple, ANCI, 5G39, pièce 8.

491 ANCI, 1EE122 (1), pièce 17.

492 ANS, 5G29, pièce 12.

493 ANCI, 1EE122 (1), pièce 7.

494 *Id.* (7), pièce 12.

495 *Id.* (2), pièce 8

496 ANS, 5G33, pièce 18.

1856. Avec elle, on enregistre, dans l'Ébrié occidental, à l'augmentation de la production de cet oléagineux. Selon les traditions odzukru, près de 9 000 barriques d'huile de palme ont été transportées de 1860 à 1880 à partir de son débarcadère en direction de la Côte des Quaqua[497]. Ce qui représente plus de 2 000 tonnes d'huile de palme. De 3 000 tonnes en 1854-1855, les exportations de « l'or rouge » passent à 3 500 tonnes, en 1856[498].

Au cours des années 1860, le commerce dans le débarcadère de Tukpa connaît un souffle nouveau. En effet, plusieurs facteurs expliquent ce dynamisme. D'abord, il y a la trêve de la guerre entre les Odzukru-Oboru et les Français. Ce conflit, débuté en 1852, connaît une accalmie, en 1866, avec la signature du premier traité entre le village de Bobor et la France. Cette convention qui place théoriquement Bobor sous la souveraineté de la France apporte la paix dans la région et favorise la circulation des personnes et des biens[499]. Les négociants alladian prennent alors d'assaut les débarcadères de Lodzukru occidental contrôlés par les Odzukru-Oboru. Ensuite, il y a eu, en 1868, la signature, par Napoléon du traité libre-échangiste autorisant les commerçants et les navires étrangers à commercer dans les ports français[500]. Les dispositions de ce traité mettant fin au régime de l'exclusivité commerciale ou au monopole sont applicables aux comptoirs français du golfe de Guinée. Elles autorisent alors les commerçants étrangers à s'installer en Côte d'Ivoire et à y fonder des factoreries[501].

---

[497] *Id.*, pièce 12.

[498] ANS, 5G29, pièce 18.

[499] ANS, 5G31, pièce 12.

[500] ANS, 5G33, pièce 2.

[501] C'est ce qui a conduit Andrea Swanzy, un Anglais, originaire de Londres, établi à Accra, en Gold-Coast, à créer deux factoreries à Grand-Bassam et à Assinie et de nombreuses sous-factoreries. Citons, parmi elles, celle de la baie de Tukpa installée en 1872. A Tukpa, Swanzy n'a pas construit de bâtiment, mais il s'est servi d'un vieux chaland pour abriter sa factorerie. Swanzy s'est établi, en Côte d'Or, au même moment qu'un Français du nom de Verdier. Ce dernier également n'a pas fondé de sous-factorerie dans le bassin occidental de la lagune Ebrié, mais il opérait par l'organisation d'expéditions commerciales. Ces navires se rendaient dans l'Ebrié ouest pour le commerce de l'huile de palme. Les factoreries sont ravitaillées en marchandises européennes par des voiliers. Lorsque la barre est mauvaise, les navires ravitailleurs restaient ancrés au large. Dans le but de lutter efficacement contre les commerçants alladian, Andrew Swanzy envoie régulièrement ses navires à vapeur dans l'Ebrié ouest. Il réussit de façon habile à gagner la sympathie des producteurs d'huile de palme en leur offrant des cadeaux. La population de Tukpa, compte tenu de son rôle dans le commerce de l'huile de palme, a toujours manifesté son indépendance vis-à-vis de Bobor. Elle refuse de respecter le mot d'ordre lancé par les Odzukru-Oboru invitant Bobor et dépendances à cesser tout commerce avec les Français. Lire : ANS, 5G31, pièce 12 ; 5G33, pièce 12 et ANCI, 1EE122 (1), pièce 17 et (versement 2) pièce 18. .

Les velléités d'indépendance manifestées par Tukpa ont été à l'origine de la guerre entre les Oboru et les Tukpa. Cette guerre qui survient en 1858 a perturbé pendant quelque temps les activités commerciales dans les débarcadères de Tukpa[502]. En effet, à la suite de cette guerre, Tukpa a été condamné de rébellion. La conséquence est que tous les alliés des Odzukru-Oboru, c'est-à-dire les Eusru et les Agbadznu, ont suspendu leurs exportations d'huile de palme en direction de son débarcadère. Pour sauver son commerce, Tukpa a été obligé de faire allégeance à Bobor.

Dans les années 1880, Tukpa a subi de plein fouet la baisse des cours de l'huile de palme[503] provoquée par l'arrivée sur le marché de l'Europe de l'Ouest des suifs en provenance de la Russie. La profonde crise économique, qui a ainsi frappé les grandes régions de production de l'huile de palme, s'est traduite par un mécontentement général contre les commerçants européens. C'est ce qu'atteste Pelletier quand il déclare qu'« A Dabou, le roi et la population ne consentaient à cette réduction, à laquelle, ils n'étaient pas préparés. Ils mettaient en quarantaine les traitants établis à terre et leur interdisaient de sortir de chez eux, même pour puiser de l'eau »[504]. L'accentuation de la crise peut être observée avec la fixation en 1886 du *krou* à 30 manilles[505]. En réaction, les producteurs africains, qui refusent de brader leur huile de palme, décident de suspendre tout commerce avec les factoreries européennes. Ils se tournent alors vers les traitants alladian qui ont maintenu le prix du *krou* d'huile de palme à 50 manilles[506].

Tukpa a été, de 1830 à 1890, le plus important débarcadère du Haut-Ébrié. Ce débarcadère a joué à la fois le rôle d'entrepôt et de centre de distribution d'huile en direction de la Côte des Quaqua et, à partir de 1870, vers Grand-Bassam. De son infrastructure portuaire, érigée sur la lagune, sont exportées annuellement, entre 1856 et 1886, par les ports alladian, 2 000 tonnes d'huile de palme, soit une recette d'exportation de plus de 5 000 000 de manilles. Les recettes d'exportation issues des échanges du débarcadère de Tukpa sont distribuées entre les villages producteurs, notamment Usr et Gbadzn. Grâce aux profits tirés du commerce de l'huile de palme, les populations de l'intérieur achètent le sel marin, les fusils de traite, la poudre à canon, les étoffes, les alcools et le tabac et se lancent dans le commerce

502 ANCI, 1EE122 (2), pièce 18.

503 Cela se manifeste, en 1885-1886, par la réduction de 60 à 50 manilles pour le *krou*,

504 PELLETIER, *op. cit.*, p. 1191.

505 *Id.*, p. 1192.

506 Ibid.

avec les pays voisins du Haut-Ébrié[507]. Ainsi, dans les villages odzukru d'Usr, d'Orgbaff, de Lokp, de Gbadzn et d'Aklodze A et B émergent des commerçants qui s'orientent vers la conquête de nouveaux marchés. Grâce à leur action, les marchés des pays abbè, krobu, akyé oriental, n'gbato et anyi morofwê, où cohabitent deux systèmes monétaires reposant sur la poudre d'or et la manille, sont reliés au bassin occidental de la lagune Ébrié. À partir de 1868, ces traitants ont subi la concurrence des agents des factoreries européennes[508] appartenant à Andrew Swanzy et à Arthur Verdier.

Les actions de Verdier dans l'Ébrié occidental (1871-1886)

Verdier a installé en milieu lagunaire plusieurs sous-factoreries[509]. La France a décidé, en 1871, de quitter temporairement le golfe de Guinée tout en prenant le soin de nommer un résident chargé de veiller sur ses intérêts à moyen terme. Ce dernier, établi depuis 1862, à Grand-Bassam en Côte d'Or, a été choisi en 1878 pour exercer les fonctions de résident.

Retrait de la France de la Côte d'Or

Le départ de la France de la Côte d'Ivoire, en 1871, est lié à la fois à des facteurs économiques et politiques. Voyons d'abord les facteurs économiques. Par décret du 12 septembre 1868, la France renonce à l'exclusif commercial et ouvre ses comptoirs de la Côte d'Ivoire aux commerçants étrangers. À la suite de cette décision, elle institue des droits de douane de 40 % à payer à l'entrée et à la sortie sur toutes

---

507 La gestion des ressources tirées du commerce de l'huile de palme a conduit les lignages de l'Ebrié occidental à agrandir leurs familles maternelles. Elles l'ont fait car une grande famille est synonyme de puissance économique et politique (voir E. J.-M. LATTE, *op. cit.*, p. 326). Cet agrandissement se fait par l'achat d'esclaves femmes. Ainsi, avant l'ouverture du marché à esclaves de Kotia-Koffikro, ce sont dans les pays abidji, abbè et krobu que s'approvisionnaient les Odzukru. In fine, il s'est instauré entre le Lodzrukru et les pays abbè et krobu un commerce de femmes. Lire : ANCI, 1EE122 (1), pièce 19.

508 Ce phénomène ne s'est pas traduit par l'effondrement de la suprématie économique des traitants alladian. Au contraire, ces derniers ont constitué les piliers du commerce de l'huile de palme dans l'Ebrié ouest. A travers les Alladian, nous constatons la présence des navires anglais qui, depuis les rades alladian, dirigent et contrôlent le commerce des oléagineux dans la lagune Ebrié. Le maintien des prix à leur niveau initial indique bien la puissance financière des commerçants de Liverpool et de Bristol.

509 F. M. MEMEL, *op. cit.*, p. 279.

les marchandises, quelle que soit leur provenance ou leur destination[510]. Les droits de douane ont été institués parce qu'après la suppression de l'exclusif commercial dans les ports et comptoirs français les chambres de commerce qui soutiennent financièrement les activités coloniales ont décidé de ne plus subventionner les budgets des colonies. Celles-ci devaient s'autofinancer, c'est-à-dire trouver sur place les ressources nécessaires pour leurs fonctionnements[511]. Or, les recettes recueillies dans les postes de douanes ne sont pas suffisantes pour financer les activités des trois comptoirs français en Côte d'Ivoire.

Ensuite, sur le plan politique, plusieurs faits ont contraint la France à quitter temporairement la Côte d'Ivoire. Citons, par exemple, l'échec des négociations entamées avec l'Angleterre et portant sur des échanges de territoires[512]. Selon les documents français, la France, en signant des traités de protectorat avec les États de la Côte d'Or, en 1842-1843, n'a pas l'intention de s'y établir définitivement, mais d'utiliser ces territoires comme des monnaies d'échange. Établie, depuis le XVIIe siècle, au Sénégal où elle s'occupe du commerce de l'arachide et de la gomme, la France veut contrôler la Sénégambie[513]. Or, la Gambie, occupée par l'Angleterre, demeure une enclave à l'intérieur du territoire français. Il lui faut donc réunifier les deux territoires et former un grand ensemble appelé Sénégambie. Les propositions françaises visant à échanger les possessions de la Côte d'Or[514] contre la Gambie (qui gêne la liaison entre le Sénégal et la Casamance) n'ont pas été acceptées, car elles ne présentaient plus d'intérêt pour les Anglais[515].

Une autre raison politique susceptible d'éclairer le retrait de la France tient à un fait militaire majeur : la défaite enregistrée à Sedan, en septembre 1870, par la France, face à la Prusse. Cet événement pousse le gouvernement de la Défense nationale à charger, par la dépêche du 7 novembre 1870, l'amiral Bourgeois à préparer l'évacuation des comptoirs de la Côte d'Or tout en préservant la souveraineté théo-

---

510 En vue de bien réussir la perception de ces droits, la France installe sur le long du littoral maritime oriental des postes de douane à Emoquah (Jacqueville ou Half-Jack), Petit-Bassam, Grand-Bassam et Assinie. Mais les taxes ne peuvent lui permettre de faire face à ses dépenses administratives et militaires en Côte d'Ivoire/

511 P. ATGER, *op. cit.*, p. 467.

512 Les négociations qui débutent en 1865, portent sur la délimitation des frontières dans le sud-est de l'actuelle Côte d'Ivoire. Alors qu'ils étaient en pourparlers avec les Français, les Anglais menaient des négociations avec les Hollandais en vue de réunifier les possessions des deux puissances à Cape-Coast et à El Mina. Ainsi, en 1867, les Anglais s'installent à El Mina et les Hollandais en Appolonie, précisément à Axim (*id.*, p. 469).

513 ANS, 5G34, pièce 8.

514 Le fonctionnement des possessions de la Côte d'Or et du Gabon coûte annuellement à la France 470.000 francs (P. ATGER, *op. cit.*, p. 4 70).

515 *Id.*, p. 471.

rique de la France[516]. Le 24 janvier 1871, 300 personnes (officiers, soldats, commis et chirurgiens) embarquent pour la France, laissant une demi-douzaine d'agents de commerce s'installer dans les établissements de Grand-Bassam et d'Assinie[517].

Verdier, nommé résident de la France en Côte d'Or

Verdier Arthur, Français originaire de La Rochelle, débarque en 1862, en Côte d'Or, et s'établit à Grand-Bassam pour y faire du commerce. Mais, en raison de l'offre de marchandises de mauvaise qualité, il fait faillite et repart en Europe. Il revient en 1867, avec des capitaux hollandais, et s'installe de nouveau à Grand-Bassam. En 1868, à la suite de la suppression de l'exclusif commercial, c'est-à-dire du monopole, il ouvre une factorerie à Grand-Bassam et des sous-factoreries à Alépé et dans les régions d'Assinie[518]. S'appuyant sur les navires à faible tirant d'eau et bénéficiant de la protection des bâtiments de guerre français, le Rochellois

---

516 Bourgeois donne à son tour des instructions aux commandants des forts Nemours, Joinville et Ducos de renouveler et de modifier les traités passés entre la France et Grand-Bassam, Assinie, Bonoua, Dibrim et Tukpa. L'ordre est donné de doubler la coutume qui est versée aux rois et aux chefs des différents Etats de la Côte d'Or. Contre le doublement de la coutume, les autorités politiques des Etats de la Côte d'Or ont promis de conserver le drapeau tricolore, de le faire respecter et de protéger les commerçants établis. Cf. ANS, 5G34, pièce 15.

517 Avant de quitter la Côte d'Or, le gouvernement français a cédé moyennant un contrat les forts de Grand-Bassam et d'Assinie à deux commerçants européens : Verdier et Swanzy. Ils ont obtenu des autorités françaises l'autorisation d'installer dans les forts leurs agents et leurs stocks. Le loyer annuel à payer est de 200 francs. Le locataire s'occupe de l'entretien du bâtiment. Ce dernier a droit à un préavis de six mois dans le cas où le gouvernement se déciderait à réoccuper les forts. Il deviendrait propriétaire si la réoccupation n'intervenait pas après un délai de cinq ans. Swanzy a loué le fort Joinville d'Assinie et Verdier celui de Grand-Bassam. Pour plus d'informations, lire P. ATGER, *op. cit.*, p. 472.

518 Sa sous-factorerie ouverte en 1873 à Tukpa, était considérée, avant la colonisation française, comme le plus important marché d'huile de palme du bassin occidental de la lagune Ebrié. La maison Verdier est très équipée. Au niveau de la logistique, elle est la seule maison à posséder deux navires à voile : le « Colonel Denfort » et le « Krinjabo » jaugeant respectivement 300 et 450 tonneaux. Ces deux navires relient Grand-Bassam aux ports français. Ce groupe commercial possède également de nombreux navires à faible tirant d'eau qui facilitent le transport de l'huile de palme et des autres produits dans l'Ebrié ou dans le Comoé. Le port d'attache des navires de Verdier est la Rochelle, mais les marchandises qu'ils transportent ne sont pas originaires de la France. Chaque navire à voile fait deux voyages aller-retour entre le Golfe de Guinée et l'Europe. Le frêt aller du navire est constitué de marchandises diverses et le retour de l'huile de palme.

organise des expéditions commerciales dans l'Ébrié occidental où il se heurte à la rude concurrence des traitants alladian[519].

C'est par arrêté ministériel, du 22 novembre 1878, qu'Arthur Verdier a été nommé, résident de la France en Côte d'Ivoire. À ce titre, il relève de l'autorité du commandant en chef de la Division navale de l'Atlantique Sud, avec qui il correspond directement et de qui il reçoit ses instructions[520]. Verdier ne bénéficie d'aucune attribution consulaire. Ses fonctions n'ont revêtu aucun caractère diplomatique. En conséquence, il ne peut signer, au nom de la France, un traité ou intervenir de sa personne dans aucune négociation officielle. Dans le cas où il serait appelé à intervenir, c'est en vertu des ordres du commandant en chef de la Division navale de l'Atlantique et sous sa responsabilité[521].

Pour mener à bien ses charges de résident qui consiste à amener les États signataires des conventions avec la France à arborer le drapeau tricolore, Verdier a été autorisé à créer une police coloniale dont les éléments proviennent de l'armée coloniale dissoute en janvier 1871, à la suite du retrait de la France de la Côte d'Ivoire. Verdier, en sa qualité de résident, est chargé de veiller aux intérêts de la France dans ce pays et d'assurer la sécurité des commerçants établis à Grand-Bassam et à Assinie et menant des expéditions commerciales dans la partie occidentale de la lagune Ébrié et dans la région du fleuve Comoé[522].

Verdier a également reçu l'ordre de briser toute révolte dans l'Ébrié afin de donner confiance aux commerçants européens[523]. Il s'agit par une telle opération de réaffirmer la liberté du commerce dans les territoires soumis au protectorat français et

---

[519]Dans les débarcadères du Haut-Ebrié, les agents de la maison Verdier qui vendent des marchandises importées de l'Angleterre subissent une farouche concurrence des traitants alladian qui vendent eux aussi des produits d'origine anglaise (A. VERDIER, *op. cit.*, p. 252 et ANS, 5G33, pièce 32). Ils pratiquent également le système d'avance qui leur permet d'être en relations permanentes avec les producteurs d'huile de palme. Les traitants de la Côte des Quaqua jouent pour les peuples du Haut-Ebrié le rôle de banquiers (E. J.-M. LATTE, *op. cit.*, p. 318). Pour les mariages et les funérailles, c'est auprès des Alladian que les Odzukru, les Tchaman et les Ahizi, formulent leurs demandes de prêts. Ainsi, grâce à ces liens ancestraux qui les unissent aux peuples du Haut-Ebrié et à leurs intelligence, habileté et savoir-faire, les commerçants alladian ont réussi à faire échec à Swanzy et à Verdier qui ont tenté, à la suite de l'effondrement des cours de l'huile de palme en 1880 et en 1886, de s'emparer du commerce des oléagineux (P. ATGER, *op. cit.*, p. 452). Le pire a été évité grâce à l'habileté et à la générosité des négociants alladian qui soutiennent le prix aux producteurs, alors que Verdier et Swanzy attendaient, cette occasion, pour s'emparer des marchés de l'huile de palme de l'Ebrié occidental. Cette question a été traitée par E. J.-M. LATTE (*op. cit.*. p. 322)..

[520] ANCI, 5G33, pièce 23.

[521] *Id.*, pièce 28.

[522] ANS, 5G33, pièce 25.

[523] *Id.*, pièce 26.

de favoriser l'essor de cette activité. Verdier nomme à Assinie, en 1889, Treich-Laplène, un de ses agents comme résident adjoint. Ce dernier a pour mission de veiller au maintien de la sécurité dans la région orientale de la Côte d'Ivoire[524].

La sécurisation de l'Ébrié occidental

Les raisons d'une sécurisation

L'Ébrié occidental est la grande région de production de l'huile de palme de la Côte d'Ivoire des temps modernes. Tous les ans, plus de 5 000 tonnes d'huile sont exportées de la côte des Quaqua en direction des ports anglais, notamment Liverpool et Bristol. Rappelons que le commerce français y est confronté à deux problèmes. Le premier est relatif à la concurrence des traitants alladian qui contrôlent la quasi-totalité des trafics commerciaux du Haut-Ébrié. Les commerçants européens sont désemparés face à l'intelligence et à l'adresse avec lesquelles Digrè et Nimba de Bodo-Ladja, Adjé Dagri et Adjé Bonny d'Emoquah et leurs amis s'occupent de leur négoce[525]. Ils ne sont ni ébranlés ni brisés par l'effondrement des cours de l'huile de palme qui, depuis 1856, affecte le marché des oléagineux. Au lieu de déposer les bilans pour cause de faillite, les commerçants alladian, aidés par les commerçants anglais et ayant suffisamment de réserves, soutiennent le prix d'achat aux producteurs. Nous avons étudié ci-dessus la guerre des prix (qui a duré de 1856 aux années 1880) entre les commerçants français et leurs homologues alladian.

Le second problème renvoie à l'hostilité des sociétés du bassin occidental de la lagune Ébrié, notamment les Tchaman d'Abata et les Odzukru-Oboru[526]. Depuis 1850, date de la signature des premiers traités entre Cournet et Boullay représentant la France et les populations des villages riverains, l'insécurité s'est installée dans l'Ébrié occidental à cause de l'état de guerre permanent. Sans la présence des canonnières de la Division navale, les commerçants français ne peuvent se rendre dans l'Ébrié occidental. Cette situation facilite le contrôle de toutes les transactions commerciales de l'Ébrié occidental par les traitants alladian qui soutiennent les Odzukru-Oboru en armes et en munitions[527]. De 1850 à 1885, on note de vives tensions entre les Français et les Odzukru-Oboru. Nous avons déjà reconstitué l'histoire de ces tensions traduites parfois sous forme : a) d'expéditions punitives contre ce dernier groupe lagunaire, b) d'interdictions de séjour adressées aux commerçants français, c) de cessation d'activités pour les débarcadères de Dabuatchi et d'Okobu faisant ainsi les frais de la guerre entre les Oboru et les Dibrim Ejn qui, en

---

524 PELLETIER, *op. cit.*, p. 1192.

525 ANS, 5G34, pièce 12.

526 ANS, 5G33, pièce 8.

527 ANS, 5G29, pièce 24.

1864, avaient aidé et soutenu les Français lors d'une expédition punitive contre Bobor[528].

Les manifestations d'une politique de sécurisation

C'est pour sécuriser l'Ébrié occidental que, de 1882 à 1889, une dizaine de villages odzukru ont été bombardés et détruits par les navires de guerre. Il s'agit des villages de Bobor, Kpâdâ, Tiaha, Mopoyem, Tukpa, Dibrim, Gaty, Kpass, Aébi, Gbougbo et Armébé. Nous remarquons ici que Dibrim et Tukpa considérés comme des villages amis à la France sont bombardés[529]. Mais, une meilleure sécurisation de cette région productrice d'huile de palme passe par la délimitation des territoires sous le contrôle des Anglais et des Français. Mais, on note en 1883 l'échec de la commission franco-anglaise chargée de régler le problème du tracé des frontières entre la Côte d'Or et la Gold Coast[530]. L'hégémonie des Français sur la région d'Assinie et ses environs était encore superficielle. En effet, les populations essouma et n'zima, qui comptent de grands négociants, entretiennent de bonnes relations avec leurs compatriotes restés à Axim et établis dans les villages frontaliers[531]. Elles donnent régulièrement, aux Anglais, des informations sur la situation commerciale des Français à Assinie et expriment à ceux-là leur désir d'être rattachées à la Gold Coast[532].

---

528 ANS, 5G33, pièce 17.

529 ANS, 5G34, pièce 11.

530 *Id.*, pièce 18.

531 ANS, 5G29, pièce 28.

532 ANS, 5G34, pièce 30.

Les relations à la frontière orientale étant très confuses, la France a décidé d'organiser des expéditions punitives[533] dans l'Ébrié occidental. Elles se sont déroulées de 1882 à 1889. Elles ont abouti à l'imposition d'une paix relative dans cette région. En 1886, les Français ont pu faire signer à tous les villages riverains (y compris Bobor et Dibrim) de nouveaux traités de paix et d'amitié[534]. Par ces textes, la France, contrariée dans ses efforts par la présence des Anglais dans les eaux territoriales quaqua, cherche toujours à assurer l'exclusivité du commerce du Haut-Ébrié, à briser le négoce des commerçants alladian qui, pour des raisons de solidarité, contrôlent encore les marchés d'huile des pays odzukru et tchaman[535].

La France a également réutilisé l'arme du traité de paix pour obtenir la sécurisation de l'Ébrié occidental. Les traités de la période 1886-1887 ont eu le mérite d'apporter pour quelques années la paix dans la région[536]. En effet, les Odzukru-Oboru, en 1886, ont été confrontés à des problèmes économiques[537]. Ils sont imputables à la récession du marché de l'huile de palme et au déficit

---

[533] Rappelons que les expéditions punitives qui ont fait moins de dégâts aux plans humain et matériel ont fait moins de dégâts. En effet, les villages sont évacués de leur contenu avant l'arrivée des soldats français. Les espions odzukru qui se rendaient, régulièrement dans les postes de Dabou et de Grand-Bassam pour collecter des informations, avertissaient les populations de l'imminence des expéditions militaires françaises. Les espions des villages odzukru se rendaient tous les jours à Dabou pour s'informer auprès des agents des sous-factoreries des activités de l'armée française. C'est grâce à eux que les Odzukru-Oboru sont informés des préparatifs et des mouvements de l'armée coloniale française. Lire : E. J. M. LATTE, *op. cit.*, p. 334. Avant les interventions de l'armée française dans les villages, les femmes, les enfants, les vieillards et les biens sont évacuées dans les pays les plus calmes précisément dans les pays abidji, dida, abbè et avikam. Les maisons incendiées sont immédiatement reconstruites grâce à l'existence en abondance des matériaux de construction que sont les bambous et les feuilles de raphia. Ces matériaux, on les trouve en bordure du littoral lagunaire et des cours d'eau. Les villages brûlés, pour leur reconstruction, bénéficient de l'aide des autres populations. Ainsi, les Oboru sont aidés par les Eusru, les Orgbaffu, les Agbadznu et les Alladian des villages d'Addah, d'Adjacoutié et de M'Bokru. Les Dibrim-Ejn bénéficient du soutien des Olopku, des Ocosru, des Abidji de Bécédi et des Alladian de Bodo-Ladja, d'Emoquah et d'Avagou. L'aide consiste en la recherche des matériaux, à leur assemblage et à la construction des maisons (ANS, 5G34, pièce 12 et 5G33, pièce 8). D'ailleurs, cette solidarité était considérée par les Français comme un mal à éradiquer. Ce « mal » plonge ses racines dans l'existence de liens familiaux et d'alliances politiques. Ainsi, les Ocosrou, situés à la frontière avec les Avikam, se sentent solidaires des populations de Kpass, de Dibrim et de Lokp et des populations des villages appartenant à la confédération de Dibrim.

[534] ANS, 5G31, pièce 22.

[535] ANS, 5G33, pièce 20.

[536] Exemple, sous la conduite de Yousses, les Oboru signent, en 1886, avec les Français un traité de paix qui engage non seulement Bobor mais aussi les villages dépendants. Cependant, pour les Oboru, ce traité de paix ne signifie pas que le Lodzukru est sous la domination politique de la France.

[537] ANS, 5G34, pièce 18.

d'approvisionnement des populations de Bobor par les négociants alladian pour non-paiement des premières livraisons. La signature de ces conventions intervient au lendemain de la Conférence de Berlin, qui consacre les règles du partage territorial de l'Afrique par les puissances européennes[538]. Ainsi, pour la France, les traités de 1886 confirment sa domination sur la Côte d'Ivoire. La zone ouest de l'Ébrié étant sécurisée, l'effort peut être consacré au commerce.

Après la sécurisation : la relance du commerce français

L'année 1886 est marquée par la baisse des cours de l'huile de palme, ce qui affecte profondément l'économie du bassin occidental de la lagune Ébrié. En effet, le prix d'achat du *krou* passe de 60 à 40 manilles en 1886. Parallèlement à cette chute, l'on assiste à une hausse de la production huilière. Elle passe de 8 000 à 10 000 tonnes d'huile exportées des côtes alladian en direction des ports anglais[539]. Certaines sources évaluent à deux millions de francs les recettes d'exportation tirées de ce produit[540]. Nous avons indiqué dans les pages précédentes que la production a connu une forte croissance en raison de la volonté affichée par les producteurs d'augmenter les exportations. Ce faisant, ils comptent corriger et compenser l'effondrement des cours.

C'est au cours de cette période que la France, dans cette région, réalise sa première victoire politique, en signant du 9 au 11 décembre 1886 une convention avec tous les villages riverains de la lagune Ébrié[541]. Elle profite du désastre économique, vécu pour les producteurs d'huile de palme, pour réorganiser la vie commerciale dans l'Ébrié occidental. Dans cette optique, elle favorise, dès le début des années 1880, l'installation des Appoloniens à Dabou[542] dans le but d'aider les commerçants français en devenant leurs auxiliaires[543]. Ce faisant, ils parcourent les zones de production d'huile de palme, entrent en contact avec les paysans et font auprès d'eux des réservations pour le compte de leurs employeurs français. La présence des auxiliaires appoloniens est mal appréciée par les commerçants du Haut-Ébrié. Cela conduit à un arrêt de toute fourniture d'huile de palme aux na-

538 ANCI, Série 1EE122 (3), p. 8.

539 PELLETIER, *op. cit.*, p. 1180.

540 ANS, 5G34, pièce 18.

541 ANS, 5G33, pièce 28.

542 L'immigration appolonienne à Dabou, commencée au début des années 1880, devient importante au lendemain de la pacification de l'Ebrié. Les Appoloniens fondent leur colonie aux environs du fort.

543 ANS, 5G34, pièce 12.

vires marchands[544] soumis au paiement de taxes[545]. Pour s'assurer une bonne relance des activités commerciales de la France dans l'Ébrié occidental, le commandant supérieur de la Division navale recommande à tous les agents des factoreries européennes d'observer une politique de patience, de modération et de conciliation à l'égard de tous les Africains. Une telle politique, conclut le commandant supérieur, est source d'entente et de rapprochement entre les Européens et les Africains. Il exige que dans cette recherche de la paix soient également associés les chefs de village, fidèles à la France[546]. Cette politique visant à reconnaître aux Africains une dignité et à les respecter a un impact positif sur les activités de la France. Dans le 2e semestre de l'année 1886, on note ainsi une relance de son commerce, la fin des barrages sur la lagune, la libre circulation des navires marchands et des agents des factoreries. Au cours de cette période, les Européens ont pu acheter près de 500 tonnes d'huile de palme[547]. Verdier et Swanzy sont parvenus à renforcer leurs sous-factoreries de Tukpa. La maison Verdier, grâce à sa sous-factorerie de cette localité, a exporté, le 23 février 1886, 16 tonnes d'huile de palme[548].

En bref, nous pouvons dire que l'essor du commerce français dans l'Ébrié occidental est tributaire de l'instauration d'une paix provisoire conclue avec les Odzukru-

---

[544] Ils sont toujours soumis à la concurrence des voiliers anglais qui, depuis 1830, dominent le commerce de la Côte des Quaqua. On note en moyenne par mois, la présence de 5 à 6 navires anglais en mouillage dans les eaux territoriales quaqua.

[545] Tous les bateaux qui embarquent des produits dans les ports de la zone lagunaire s'acquittent d'un droit de sortie. La taxe est de 5 francs la tonne. C'est pour cette raison qu'en 1885, elle décide, de renforcer les droits de douane institués en Côte d'Ivoire, depuis 1868 et construire des postes de douane en pays alladian. La construction du bâtiment a été confiée à des ouvriers venus d'Accra, de la possession anglaise. Le service des douanes, à ses débuts, comptait 9 membres au lieu de 19, comme initialement prévu par le décret (ANS, 5G35, pièce 12). Le poste de douane a été installé à Emoquah (Half Jack ; Jacqueville). La résidence du contrôleur des douanes a été cédée par Adjé Bonny, grand commerçant d'Emoquah, au prix de 5 472 Francs soit 57 onces d'or (ANS, 5G35, pièce 12). Si on considère qu'en 1886, le niveau des exportations est de 6 500 tonnes d'huile de palme, les recettes douanières pour le seul poste d'Emoquah représenteraient annuellement un montant de 32 500 Francs. Mais, les capitaines des navires s'opposent à cette disposition qu'ils jugent inacceptable et fallacieuse. C'est ainsi que le chef de l'équipage du voilier *Denfort* appartenant à la maison Verdier refuse de s'acquitter du droit de douane (*ibid*).

[546] ANS, 5G36, pièce 22.

[547] *Id.*, pièce 23.

[548] Ibid.

Oboru[549]. Pour les autorités françaises, la relance de ce commerce ne doit pas être circonscrite à l'Ébrié occidental. En d'autres termes, elles ciblent désormais toutes les régions de la Côte d'Or, aux pays forestiers et aux milieux savanicoles. Cette ambition a donné lieu à la conduite d'une mission d'exploration et à la nomination, le 22 juillet 1886, d'Arthur Verdier comme lieutenant-gouverneur de la colonie de la Côte d'Or avec résidence à Assinie[550]. De ce qui précède, pointe trois autres autres projets : aller à la conquête de l'hinterland[551], faire de la Côte d'Ivoire une colonie et donc ne plus se contenter du rattachement des possessions territoriales qui la composent à la colonie des Rivières du Sud, dont le siège est en Guinée[552] ; il s'agissait aussi de continuer, dans le court et moyen terme, d'exercer un pouvoir d'influence sur le déroulement du commerce dans l'Ébrié occidental.

---

549 Au moment où les Français relancent leur commerce dans l'Ebrié occidental, les traitants de la lagune Ebrié consolident et renforcent leurs relations commerciales avec les pays voisins, notamment Tyasalé, Rimakudjé et Alépé. Ils profitent de la guerre entre les Français et les commerçants abouré et appolonien de Bassam pour s'emparer le contrôle des marchés d'Alépé et de Bettié. La vitalité du commerce entre l'Ebrié occidental et l'hinterland est attestée par les percées de la vente des de fusils et de barils de poudre à canon (E. J. M. LATTE, *op. cit.*,). Selon les traditions alladian, 150 fusils et 80 à 100 barils de poudre à canon sont exportés vers les régions de l'intérieur (ANCI, 1EE122 (3), p. 8). Pelletier (*op. cit.*) indique également que plus de mille deux cents (1 200) guerriers ébrié étaient armés de fusils. Les armes à feu circulent et ne sont pas réservées à une catégorie d'individus. Vendu selon les marchés entre 600 à 700 manilles, le fusil a été une marchandise dont l'écoulement a été rentable. En effet, son commerce représentait 60 à 70 000 manilles, soit 12 à 14 000 francs, tandis que celui de la poudre à canon oscillait entre 96 000 et 120 000 manilles ou entre 1920 et 4 800 francs (*ibid*). La demande des produits européens est élevée parce que les différents articles sont intégrés dans la vie socioculturelle. Les fusils et la poudre à canon sont indispensables pour la chasse et pour la défense du territoire. Le Gin hollandais, en pays anyi, est surtout utilisé pour les libations. Il est devenu un produit culturel car le Gin est désormais présent dans toutes les cérémonies religieuses (F. H. MEMEL, *op. cit.*, p. 265).

550 Placé sous l'autorité du gouverneur de la Rivière du Sud, il confie la direction de la police dite « indigène » à un ancien sous-officier de l'armée coloniale connaissant le pays. La solde du chef de la police est de 600 francs par an. Il bénéficie de la gratuité du logement et de la nourriture. Verdier a nommé à Grand-Bassam un représentant pour l'aider, dans l'administration du pays. Les éléments de la police indigène sont composés d'anciens soldats de l'armée coloniale, surtout de Bambara, de Sénégalais et d'esclaves affranchis, rachetés aux riches odzukru et bassamois. C'est à Dibrim que Verdier a acheté, un bon contingent d'esclaves mâles, au prix de 5 000 à 7 500 manilles, soit 1 000 à 1 500 francs l'unité (ANS, 5G35, pièce 25). Verdier est aussi chargé de verser annuellement une coutume aux chefs locaux, amis de la France. Il s'agit là de dignitaires ayant signé avec la France. Nous avons abordé ci-dessus la question de leur rémunération inégale.

551 ANS, 5G36, pièce 23.

552 *Id.*, pièce 19.

DEUXIÈME PARTIE

DE LA PRÉPONDÉRANCE COMMERCIALE A LA DOMINATION COLONIALE, 1887-1909

CHAPITRE I

DES MOYENS POLITIQUES ET MILITAIRES UTILISÉS POUR BRISER LES RÉSISTANCES AFRICAINES

La France considère l'Ébrié occidental comme l'une de ses possessions en Afrique. Depuis la Conférence de Berlin, en 1885, une course au clocher pour le contrôle des régions du continent africain s'est engagée entre les puissances européennes. La France, présente dans le Sud-Est, tient à faire de cette région, la tête de pont de la conquête et de la colonisation du territoire ivoirien. Elle a besoin de s'appuyer sur les ressources locales pour faire aboutir cette politique. Les exploitations minières de la région orientale n'étant pas très rentables (les exportations d'or ont rapporté, en 1884, 700 000 francs[553]), elle jette son dévolu sur l'huile de palme dont le gain commercial est estimé, pour la même année, à plus de 3 000 000 de francs[554]. Malheureusement pour la France, la grande région de production de l'huile de palme de la colonie de la Côte d'Or est le bassin occidental de la lagune Ébrié dont les habitants refusent de reconnaître sa souveraineté et d'échanger avec ses commerçants[555].

La France qui ne tient pas à essuyer un troisième échec en Côte d'Or décide d'intervenir efficacement dans la vie économique de l'Ébrié occidental[556]. En conséquence, elle prend un certain nombre de mesures politiques, administratives et économiques pour s'assurer le succès de sa marche au triomphe total.

---

553 ANS, 5G34, pièce 23.
554 Ibid.
555 Ibid.
556 ANS, 5G35, pièce 20.

La France, à la suite des traités du début des années 1840, contrôle les activités économiques de la partie orientale de la Côte d'Ivoire.[557] Les traitants de cette zone ont, depuis 1850, cédé la direction des opérations commerciales aux commerçants européens. Mais, dans le Bassin occidental de la lagune Ébrié, les Français rencontrent une résistance à la fois politique et économique conduite par les Odzukru-Oboru et les Alladian[558]. Pour briser cette résistance, ils engagent contre les différentes populations des actions à la fois politiques et militaires puis entreprennent l'organisation administrative de cette région[559].

Les dispositions politico-administratives

De nombreuses actions politiques et administratives ont été menées par la France dans l'Ébrié occidental. Elles visent à marquer l'autorité de la France sur la région et à lever tous les obstacles qui pourraient entraver l'exploitation économique, voire commerciale. En effet, l'Ébrié Ouest se présente comme le poumon économique de la nouvelle colonie. Elle est donc indispensable pour la France.

Le renouvellement du système des traités

Du 9 au 13 décembre 1886, la France a conclu de nouveaux traités avec tous les villages riverains de la lagune Ébrié et ceux du littoral maritime. Ces conventions, qui sont ratifiées par le décret du 2 juillet 1887, renouvellent celles conclues, au cours des années 1850-1860[560], entre la France et les détenteurs de pouvoirs de l'Ébrié occidental. Les nouveaux accords ont été négociés par Jean Bayol, exerçant alors les fonctions de lieutenant-gouverneur de la colonie du Sénégal et dépendances. Ces conventions ont été conclues sur un fond de crise économique. Survenue en 1886, cette crise se caractérise également par une nouvelle chute, la troisième baisse des cours de l'huile de palme. Les producteurs désemparés se confient à Jean Bayol afin qu'il somme les commerçants français d'arrêter la spirale de la baisse des prix des produits oléagineux et d'œuvrer à l'amorce d'une embellie. C'est donc pour des raisons économiques que la plupart des villages de l'Ébrié ont accepté de signer les traités de 1886.

---

[557] *Id.*, pièce 22.

[558] Les Odzukru-Oboru sont les leaders de la résistance politique et les Alladian ceux de la résistance économique.

[559] ANCI, 1EE122 (3), p. 18.

[560] Plusieurs traités ont été signés entre la France et les différents villages riverains. Il s'agit des traités de 1850 ; 1852, 1822, 1867 et 1869. Plusieurs traités ont été signés entre la France et les différents villages riverains. Il s'agit des traités de 1850, 1852, 1822, 1867 et 1869.

Les calculs des Odzukru-Oburu

Les Odzukru-Oboru ont conclu des traités avec l'émissaire français en question en mettant en avant des raisons d'ordre stratégique[561]. En effet, une trêve avec la France permet de se rééquiper en armements et en munitions, de restructurer les troupes et de mieux organiser la résistance. Le repli stratégique adopté par ce groupe social est lié, au fait que, depuis 1864, la France s'est attaché les services des Tukpa Ejn et des Dibrim Ejn qui avaient participé aux côtés des Français à l'attaque contre Bobor, en 1864[562]. Ces populations lui fournissaient des renseignements topographiques sur ce village, sur la qualité de son armement et de ses munitions[563]. Pour les Dibrim-Ejn, il est question pour les Odzukru-Oboru de saisir l'opportunité qu'offre la France pour mener des représailles contre les Dibrim-Ejn et les Tukpa-Ejn. Il s'agit aussi d'ouvrir les débarcadères de Mopoyem, de Tiaha et de Kpada au commerce avec les Alladian qui limitent leur présence à Dabuatchi et à Okobu. Les traitants alladian ont constaté que depuis la construction du blockhaus de Dabou en 1853, ils n'ont plus l'exclusivité du commerce à Dibrim et dépendances[564], dont les habitants, conformément aux traités de 1850 et 1853, vendent une partie de leur huile de palme aux factoreries françaises de Dabou[565].

Les nouvelles intentions françaises

Les traités de 1886, dans leurs dispositions, ne sont pas différents des précédents, sauf que dans leurs deux premiers articles figurent clairement les intentions coloniales de la France. Ces accords ont été conclus entre la France et les villages centraux, ce qui amène les Français à faire des extensions aux autres villages de la même région[566]. L'illustration de la volonté de puissance française peut être faite en s'appuyant sur les traités conclus les 9 et 11 décembre 1886, entre Jean Bayol et les représentants de Dibrim, de Tukpa et Bobor et du pays tchaman[567]. Dans le traité signé le 9 décembre 1886, entre la France et Dabou, puis ratifié par le décret du 2 juillet 1887, l'article I dispose : « La souveraineté pleine et entière du pays de Dabou, qui s'étend de la rive droite à la rivière Aéby jusqu'au pays de Bouboury et des territoires qui en dépendent, est concédée à la République française »[568]. Quant à l'article II du traité conclu, le 10 décembre 1886, avec les détenteurs de pouvoir du pays de Toupa, il stipule que « La souveraineté pleine et entière du pays de

---

561 ANS, 5G35, pièce 18.
562 ANS, 5G31, pièce 16.
563 *Id.*, pièce 23.
564 ANS, 5G31, pièce 15.
565 *Id.*, pièce 20.
566 ANS, 5G30, pièce 18.
567 E. J.-M. LATTE, *op. cit.*, p. 328.
568 Ministère de la Marine et des Colonies

Toupa et des territoires qui en dépendent est concédée à la République française ». La concession de la souveraineté fait également l'objet d'une itération dans le traité signé avec le pays de Bouboury (zone lagunaire de Grand-Bassam) le 11 décembre 1886, ratifié par décret du 2 juillet 1887. Son article III qui contient cette disposition circonscrit le ressort territorial sur lequel doit s'exercer le pouvoir impérial français. Cela conduit le signataire français à nommer « les villages de Grand-Bouboury, Mopoëme ou petit Bouboury, Bodou, Abaye, Bone, Thiaza, Panda, Kaka et les territoires qui en dépendent ». Concernant la cession à la France par les Ébrié de la souveraineté pleine et entière[569], le traité qui en rend compte a été signé le 13 décembre 1886 et ratifié par le décret du 2 juillet 1887. Ce texte délimite, de façon précise, le ressort territorial. Il y est indiqué que le territoire et les dépendances-pays, où s'étend le pouvoir d'Akouassi, chef des Ébrié, est limité :

> « Au nord, par le parallèle qui passe au d° d' d » de latitude (comprenant le pays de Bato ou Potou, Nokoua et Abadou).
> 1- Au sud, par les parties des rives de la lagune dite de Grand-Bassam ou Ébrié comprises.
> 2- Sur la rive gauche, entre la rivière Akba et Aéby
> a) Sur la rive droite,... y compris Abababou.
> b) A l'Est par la rive droite de la rivière Akba ou Comoé
> c) A l'Ouest par la rive gauche de la rivière Aéby d'autre part ».

Les deux premiers articles des traités des 9 et 13 décembre 1886 portent des germes de conflits dans la mesure où leurs dispositions n'agréent point les populations de l'hinterland. N'ayant aucun contact avec les Français, elles n'entretiennent pas non plus de relations de subordination avec les habitants des villages côtiers. En outre, le fait de négocier et de conclure un traité avec un acteur social ne détenant aucune légitimité politique propre ne peut que provoquer une crise entre les Français et les populations cibles. Prenons l'exemple de celles du pays tchaman. Éclatée en 12 *goto* (phratries), indépendantes les unes des autres[570], la société tchaman a adopté, depuis le XVIIIe siècle, un système de gouvernance politique reposant sur le phénomène de la classe d'âge. Le pouvoir politique étant réparti entre les quatre classes d'âge et faisant l'objet d'un exercice collégial, les Tchaman n'intègrent pas la figure du chef de village[571] dans leur nomenclature. Ce terme n'existe que dans le vocabulaire des Alladian. En conséquence, Akouassi, originaire de Petit-Bassam, ne peut parler au nom de tous les Tchaman. Il en résulte le rejet du traité par les Tchaman-Gwa qui ont repris le sentier de la guerre et décident, jusqu'en 1900, de faire des Français des interdits de séjour dans leur terri-

569 Ibid.,
570 G. NIANGORAN-BOUAH, *op. cit.*, p. 26.
571 E. J.-M. LATTE, *op. cit.*, p. 238.

toire[572]. Les Odzukru-Oboru ont également rejeté le traité négocié et signé en leur nom. Ils ont remis en cause l'autorité des Français. Les Oboru donnent, en 1898, le signal de la défiance. Ils sont suivis, en 1909, par les Eusru[573].

Cependant, les traités de 1886-1891 ont eu le mérite d'instaurer une paix relative dans le bassin occidental de la lagune Ébrié. La période de paix qui débute en décembre 1886 est mise à profit par les Français pour asseoir leur domination dans le Sud-Est et dans la zone lagunaire et pour entreprendre la conquête de l'hinterland. Ce dernier projet est motivé par la quête de nouveaux espaces à offrir au commerce français. Offre qui ne peut réussir que par le contrôle des voies et des grands centres commerciaux[574]. La mission a été confiée en 1887 à Arthur Verdier. Il est appelé à créer une route commerciale reliant la côte maritime au bassin du Niger. Autrement dit, il s'agit d'établir des relations commerciales entre Grand-Bassam, le premier centre économique de la colonie de la Côte d'Or[575], et Kong, principal centre commercial du Soudan [576], point de départ des caravanes qui s'approvisionnent sur la côte en marchandises européennes (armes à feu, poudre à canon, étoffes, fer, verroterie, tabac, produits alimentaires et cosmétiques). Mentionnons rapidement que Verdier a aussi reçu de son supérieur hiérarchique la mission de stopper la progression anglaise. Ce qu'il parvient à réaliser sans beaucoup de difficultés[577]. La France réussit alors à barrer la route à l'Angleterre, dans son expansion vers l'ouest.

Les différents traités interdisent aux rois et chefs signataires d'en conclure un autre avec une quelconque puissance étrangère. Cette clause a été acceptée par les différents signataires de l'hinterland. Ce faisant, ils ont aliéné leur souveraineté[578]. En définitive, les Français parviennent par leur jeu diplomatique à contrôler théoriquement toute la côte maritime orientale depuis Assinie jusqu'à Grand-Lahou et les régions de l'Est, d'Assinie à Bondoukou.

Encore la mission d'exploration

La mission d'exploration a été confiée, en premier lieu, à Treich-Laplène, agent de la maison Verdier. Verdier, le nomme résident délégué de France et l'installe à Assinie. Treich-Laplène a reçu le mandat de se rendre et de conclure, au nom de la France, des traités d'amitié et de paix avec les autorités politiques des territoires

---

[572] *Id.*, p.332.
[573] ANCI, 1EE122 (1), pièce 17.
[574] ANS, 5G36, pièce 21.
[575] ANS, 5G31, pièce 12.
[576] ANS, 5G36, pièce 21.
[577] *Id.*, pièce 12.
[578] ANS, 5G36, pièce 25.

visités. Dans la rédaction des traités, il devrait s'inspirer du modèle produit par le secrétaire d'État aux Colonies. Treich-Laplène a visité Bondoukou, qui est situé au cœur du royaume Gyaman ou Abron. Les traités qu'il signe placent tous les pays situés à l'est de l'Ébrié sous la souveraineté de la France et accordent une coutume[579] aux signataires africains de ces textes.

La mission d'exploration de l'hinterland a, par la suite, été confiée à Gustave Binger. Parti du Soudan, il devait rallier la côte maritime et faire l'inventaire des ressources économiques des régions visitées et traversées. Il croise Treich-Laplène à Bondoukou. Les résultats obtenus étaient satisfaisants et promettaient un avenir glorieux pour la nouvelle colonie[580]. Les inquiétudes face à l'imminente occupation de la partie orientale par les Anglais étant réglées, les Français décident de se réinstaller dans le bassin occidental de la lagune Ébrié qui est la « mamelle » nourricière à l'économie de la nouvelle colonie.

De nouveaux moyens mobilisés

L'arme de la colonie

Avec le renforcement, en juillet 1886, des pouvoirs de Verdier, les Français décident de faire de la Côte d'Or, une véritable colonie. L'idée d'occuper les territoires d'Afrique a été projetée à la Conférence de Berlin. Depuis lors, la France cherche à revitaliser sur le plan commercial ses possessions du golfe de Guinée. Par le décret du 1er août 1889, elle réorganise ses colonies de la Rivière du Sud et du Sénégal. Pour ce faire, elle décide, par exemple, de l'érection de la Côte d'Ivoire en colonie autonome, le 10 mars 1893, et de lui accorder une autonomie administrative et

579 Le montant des coutumes est différent d'une région à une autre. Ainsi, celles destinées aux rois de N'Denyè et de Bettié sont de 1000 F et celle du monarque d'Alangoua est de 500 F. La fixation du montant de la coutume est arbitraire car elle ne dépend d'aucun critère. Mais, nous pensons que les Français sont néanmoins influencés par la grandeur du royaume, par sa stabilité politique et sociale et par l'autorité et le prestige du roi. En effet, depuis 1843, le roi du Sanwhi bénéficie d'une coutume qui s'élève à 6 000 F. Cette prime n'a jamais connu de modification. La coutume du roi du Sanwhi est élevée parce que la région d'Assinie est convoitée par les Anglais qui se trouvent à Axim. Assinie, principal débouché des voies caravanières dont le point de départ est situé au Soudan (ANS, 5G36, pièce 18). Les Français tiennent à avoir de bonnes relations avec le roi du Sanwhi afin que ce royaume, grand producteur d'or, ne bascule dans le camp anglais (ANS, 5G36, pièce 18). Le montant de la coutume est aussi fonction des intérêts du moment. Les coutumes sont payées deux fois dans l'année à partir des ressources locales. Celles destinées aux rois des régions de l'Est devraient être versées à partir de l'amende infligée aux Tchaman en 1886. Cette amende s'élève à 5 000 F, soit 25 000 manilles (ANS, 5G36, pièce 23).

580 ANS, 5G36, pièce 12.

financière[581]. Ainsi la colonie de la Côte d'Or est dirigée par un lieutenant-gouverneur investi de pouvoirs propres disposant d'un budget. Celui-ci est surtout chargé d'assurer le fonctionnement administratif de la nouvelle entité coloniale qui doit s'appuyer sur des ressources locales pour l'élaboration de son budget.

Entre dans la gamme des moyens mobilisés par les Français, pour rendre efficace leur pouvoir d'influence sur le commerce pratiqué dans l'Ébrié occidental, la réoccupation, en 1890, du fort Ducos[582], abandonné en 1871 par les Français. Verdier nomme, comme chef de poste à Dabou, M. Pean[583]. Ce dernier a pour mission de veiller sur la sécurité des commerçants européens, de contrôler les trafics commerciaux qui, depuis octobre 1850, échappent à la domination des Français[584] et de maintenir la paix dans l'Ébrié occidental. Pour atteindre ces objectifs, il revient, selon les responsables français de Grand-Bassam, aux nouvelles autorités du poste de Dabou de trouver la stratégie qui convient[585]. Il s'agit de s'appuyer sur les « amis fidèles » de la France dans l'Ébrié occidental (les populations de Dibrim et de Tukpa, pour le Haut-Ébrié, et sur Adjé Bonny et les habitants d'Emoquah ou Half-Jack)[586]. Mais, cette stratégie est devenue caduque en 1890 et en 1891 pour Treich-Laplène et Octave Péan. La cause d'une pareille inflexion est à chercher dans les attaques des colonnes françaises qui ont été l'œuvre des Alladian et des Odzukru de Dibrim[587]. En réaction, Octave Pean, chef de poste de Dabou et ensuite résident par intérim de la Côte d'Or, pratique une politique de terreur[588]. C'est dans cette situation de tension que les Français rencontrent les Anglais pour discuter du tracé des frontières dans le sud-est.

Les commissions de gestion des frontières

En 1892 et en 1898, plusieurs commissions franco-anglaises et franco-libériennes se sont rencontrées pour trouver des solutions aux tracés des frontières et régler définitivement les problèmes de circulation des personnes et des biens. Depuis la

---

581 ANS, 5G38, pièce 17.

582 La réouverture du poste de Dabou est jugée salutaire par les commerçants européens parce que, depuis l'année 1889, la France est confrontée à une révolte dans le pays alladian. Les populations de cette région se sont soulevées contre l'autorité de la France à cause de l'installation d'un poste de douane à Emoquah. La révolte a été réprimée sévèrement par le bombardement des principaux centres commerciaux alladian par Treich-Laplène, nouveau résident de France en Côte d'Or, depuis la retraite de Verdier, ANS, 5G38, pièce 21.

583 Avant la nomination de Péan, un poste provisoire a été créé à Emoquah. Il va être dirigé par Lassore de 1888 à 1889.

584 ANS, 5G38, pièce 22.

585 ANS, 5G37, pièce 20.

586 ANS, 5G38, pièce 12.

587 *Ibid.*

588 *Id.*, pièce 20.

Conférence de Berlin de 1884-1885, les possessions européennes dans le golfe de Guinée ne sont plus de simples comptoirs commerciaux, mais des territoires coloniaux sur lesquels s'appuient les Européens pour conquérir l'intérieur. Lorsqu'au cours de leur progression, il y a un obstacle, ces derniers se rencontrent pour trouver des solutions plus ou moins appropriées. C'est ainsi que la rencontre de 1892, entre les Anglais et les Français, qui s'est tenue à l'initiative de la France, a porté sur le blocus du centre commercial d'Assinie par les Anglais. En effet, depuis 1843, la convention entre la France et le royaume de Sanwhi faisait d'Assinie, ancien port, du royaume d'Assoko un territoire français. Jusque-là, il n'y avait pas eu de tracé de frontières, car ni les Français ni les Anglais n'ont songé à exercer leurs droits de souveraineté sur les territoires situés au nord de l'embouchure du fleuve Tanoé[589]. Mais, cette région devient importante à l'occasion de la guerre entre les Ashanti et les Anglais. En effet, au cours de ce conflit, les Ashanti situés, au centre du pays akan, grands producteurs d'or, s'approvisionnaient en armes à feu, en munitions et en marchandises nécessaires à leurs besoins, à Assinie[590]. Pour empêcher le commerce entre l'Ashanti et Assinie, profitable aux Français, les Anglais décident un blocus contre ce centre commercial. C'est ce qu'atteste Verdier en ces termes :

> « Avant cette époque, qui a suivi de peu d'années la guerre des Ashantee, aucune frontière n'existait à l'intérieur. Les Européens ne quittaient pas le littoral et des autorités des deux colonies ne songeaient aucunement à exercer des droits de souveraineté sur les territoires inconnus qui s'entendaient au nord du fleuve Tanoué.
> La guerre des Ashantee vint changer cet état de choses. Les Anglais, s'apercevant que les Ashantee tiraient des possessions françaises d'Assinie leurs munitions de guerre et une plus grande partie des objets nécessaires à leurs besoins, opérèrent, malgré, les protestations du résident français, le blocus illégal d'Assinie… »[591].

Avec la rencontre de 1892, la France entend régler tous les problèmes liés aux mouvements de population de cette région. L'on remarque surtout la mobilité des N'zima d'Assinie. Faisant la navette entre les centres commerciaux de la Côte d'Or et Axim, ils entretiennent de bonnes relations avec les commerçants et douaniers anglais, établis dans les villages frontaliers[592]. Paris compte les fixer dans leur aire géographique et empêcher, à partir d'un tracé accepté par toutes les parties, l'éclatement de conflits frontaliers[593]. L'accord franco-anglais du 12 juillet 1893,

---

[589] A. VERDIER, *op. cit.*, p. 128.
[590] *Ibid.*
[591] *Ibid.*
[592] ANS, 5G35, pièce 17.
[593] ANS, 5G38, pièce 22.

conçu conformément à l'esprit des décisions de Berlin et qui sanctionne la rencontre, considère le fleuve Tanoé, qui fait figure' obstacle naturel, comme la frontière entre les deux colonies.

Le 8 décembre 1892, l'accord franco-libérien fixe les frontières occidentales de la Côte d'Ivoire et du Libéria. La présence des cours d'eau facilite le tracé des frontières de cette colonie française en gestation.

Les Anglais et les Français, en 1898, se sont également appuyés sur l'arrangement du 12 juillet 1873[594] pour chercher des arrangements relatifs au tracé de la frontière orientale. Ce tracé est discuté au cours de la Convention franco-britannique, tenue à Paris le 14 juin 1898[595], portant sur la délimitation définitive des possessions françaises de la Côte d'Ivoire, du Soudan et du Dahomey de celles des Anglais, situées sur la Côte d'Or, à Lagos et à l'ouest du Niger, entre les possessions françaises et britanniques et les sphères d'influence des deux pays à l'est du Niger.

La commission franco-britannique pour le tracé des frontières, co-présidée par Gabriel Hanotaux, ministre des Affaires étrangères français, et Edmund Monson, ambassadeur anglais, a abouti à la rédaction et à l'adoption d'un protocole, le 14 juin 1898. Ses articles 1, 5 et 9 sont suffisamment informatifs[596]. L'article I configure ainsi le tracé :

> « La frontière séparant les colonies françaises de la Côte d'Ivoire et du Soudan de la colonie britannique de la Côte d'Or partira du point terminal de la frontière déterminée par l'arrangement franco-anglais du 12 juillet 1893, c'est-à-dire l'intersection du thalweg de cette rivière vers le Nord jusqu'à son intersection avec le 11e degré de latitude Nord.
> De ce point, elle suivra dans la direction de l'Est ledit parallèle de latitude jusqu'à la rivière qui est marquée sur la carte n° 1 annexée au présent protocole comme passant immédiatement à l'Est des villages de Souaga (Zwaga) et Sebilla (Zebilla). Elle suivra ensuite le thalweg de la branche occidentale de cette rivière, en remontant son cours jusqu'à son intersection avec le parallèle de latitude passant par le village de Sapeliga. De ce point, la frontière suivra la limite septentrionale du terrain appartenant à Sapeliga jusqu'à la rivière Nouhan (Nuhan) et se dirigera ensuite par le thalweg de cette rivière, en remontant ou en descendant suivant le cas jusqu'à un point situé à 3 219 à l'Est du chemin allant de Gambaga à Tingourskou par Baukou. De là, elle rejoindra en ligne droite le

---

594 R. VILLAMUR et F. CLOZEL, *Notre colonie de la Côte d'Ivoire*, Paris, Auguste Challamel, 1903, p. 28.
595 Ibid.
596 Ibid.

> point d'intersection du 11e degré de latitude Nord avec le chemin indiqué sur la carte n° 1, comme allant de Sansanné, Mango à Pama par Djébiga».

L'article V dispose que :

> « Les frontières déterminées par le présent protocole sont inscrites sur les cartes n° 1 et 2 ci-annexées. Les deux gouvernements s'engagent à désigner dans le délai d'un an ou pour les frontières à l'est de ce même fleuve, à compter de la date de l'échange des ratifications de la convention qui doit être conclue aux fins de confirmer le présent protocole, des commissaires qui seront chargés d'établir sur les lieux, les lignes de démarcation entre possessions françaises et britanniques en conformité et suivant l'esprit des stipulations du présent protocole».

Quant à l'article IX, il est bien précisé ce qui suit :

> « A l'intérieur des limites tracées sur la carte n° 2, annexée au présent protocole, les citoyens français et protégés français, les sujets britanniques et citoyens britanniques pour leurs personnes comme pour leurs biens, les marchandises et produits naturels ou manufacturés de la France et de la Grande-Bretagne, de leurs colonie »s, possessions et protectorats respectifs, jouiront pendant trente années à partir de l'échange des ratifications de la convention mentionnée à l'article 5, du même traitement pour tout ce qui concerne la navigation fluviale, commerce, le régime douanier et fiscal et les taxes de toute nature.
> Sous cette réserve, chacune des deux puissances contractantes conservera la liberté de régler sur son territoire et à sa convenance le régime douanier et fiscal et les taxes de toute nature. Dans le cas où aucune des puissances contractantes n'aurait notifié, douze mois avant l'échéance du terme précité, de cesser les effets du présent article, il continuera à être obligatoire jusqu'à l'expiration d'une année, à partir du jour où l'une ou l'autre des puissances contractantes l'aura dénoncé».

Cette convention donne à la nouvelle colonie de la Côte d'Ivoire, des frontières « intangibles » et évite les éventuels conflits frontaliers aux puissances occupantes[597].

Le tracé des frontières, débuté en 1892, est achevé en 1898. Celui de la frontière orientale de la Côte d'Ivoire obéit à des préoccupations économiques et sécuritaires : contrôler les mouvements de cette région productrice du métal précieux, favoriser une meilleure perception des taxes douanières, limiter la contrebande entre les deux colonies (notamment les trafics illicites d'armes à feu et de poudre à

---

597 R. VILLAMUR et F. J. CLOZEL, *op. cit.*, p.168.

canon)[598], discipliner les activités des commerçants ambulants circulant entre les deux territoires[599], pacifier les territoires devenus des foyers de vives résistances[600].

Ce tracé engendre pour les populations akan habitant sur ces espaces des problèmes politiques et sociaux[601]. En effet, on note la division de ces peuples entre la Côte d'Ivoire et la Gold Coast. Ce sont le cas des Abron de Bondoukou, des N'zéma d'Assinie et de tous les peuples frontaliers. Les clans et les lignages connaissent également des difficultés de fonctionnement parce que divisés entre les deux territoires. Pour les assemblées de lignage, les populations oublient l'existence des frontières pour passer d'un territoire à un autre. Ce tracé provoque également de graves problèmes fonciers étant donné que les populations continuent d'exploiter les terres qui se trouvent de l'autre côté de la frontière. Par exemple, les Abron localisés en Côte d'Ivoire continuent d'exploiter des terres situées en Gold Coast. Les produits sont vendus en Côte d'Ivoire. Les problèmes fonciers entraînent la perméabilité des frontières. Pour mieux gérer les problèmes liés à leur tracé, les puissances coloniales créent des commissions mixtes. Elles sont chargées de veiller au respect par les États du tracé frontalier et d'informer les autorités compétentes en cas de modification.

La création d'une chefferie supérieure

Pour une meilleure gestion de la colonie, qui passe par le fait de combler le déficit en agents administratifs, la France choisit des auxiliaires parmi les Africains censés être loyaux et réceptifs à sa politique d'occupation et de domination. C'est dans cet esprit qu'en 1897, un chef supérieur a été nommé dans l'Ébrié occidental. S'impose comme tâches à la nouvelle colonie, l'administration des régions déjà sous contrôle, la conquête et la colonisation des terres de l'intérieur. La France se dote d'un personnel administratif africain composé d'auxiliaires[602], d'agents directs (interprètes, commis, gardes) et d'agents indirects (chefs supérieurs, chefs de canton, chefs de village). C'est dans ce cadre, qu'en février 1897, elle introduit la chef-

---

598 La peur de voir les Africains se doter de moyens de défense efficaces a conduit les puissances coloniales à réglementer le trafic des armes à feu surtout de la poudre à canon dans leur territoire. La France, par exemple, a interdit le négoce des munitions qui était très rentable pour des commerçants africains. Le commerce des armes à feu et de munitions alimente des réseaux qui s'étendent sur plusieurs territoires. Ce négoce rapporte tous les ans, au moins 100 000 manilles (soit 20 000 F) aux négociants du bassin occidental de la lagune Ebrié. Lorsque les populations sont bien équipées, elles infligent de cuisantes défaites aux armées coloniales. Ce sont les cas des Odzukru-Oboru contre les Français en Côte d'Ivoire et des Ashantee contre les Anglais en Gold-Coast. Lire : ANS, 5G37, pièce 23.

599 ANS, 5G38, pièce 21.

600 Depuis 1701, l'Ashante était la première puissance politique du monde akan.

601 ANS, 5G38, pièce 16.

602 *Journal officiel de la Côte d'Ivoire* (J.O.C.I), 1897, p. 374-380.

ferie supérieure dans le Haut-Ébrié et nomme à ce poste Kètèkrè, un commerçant, du village de Dibrim[603],

Kètèkrè, membre du matrilignage Otobro-Laël, est un riche négociant de Dibrim. Il possède un élevage de bovins[604]. Depuis 1853, il fait office de chef de quartier de Gningn'Ikn Ewe. Il est étiqueté ami fidèle et loyal de la France. En effet, lorsqu'en 1891, Octave Péan a organisé une expédition militaire punitive contre le village de Dibrim, Kètèkrè s'est désolidarisé des autres Dibrim-Ejn et s'est rendu à Dabou, avec 191 porteurs de fusils pour la défense du Fort.

La nomination de Kètèkrè en qualité de chef supérieur des Odzukru, des Ahizi et des Abidji suscite le mécontentement de la population oboru et d'une partie de Dibrim hostile à cette promotion qui subvertit le dispositif politique local marqué, d'ailleurs, dans la seconde moitié du XIXe siècle, par l'institution du rituel de l'*eb-eb* ou sacre des gouvernants. Ceux-ci président collégialement les assemblées de village, exercent les pouvoirs religieux, se font assister par la classe d'âge des *adzroffi* qui s'occupent de la politique extérieure et de la justice, par la troisième classe d'âge à qui sont confiées les affaires économiques, la direction de la chasse collective et de la guerre, la quatrième ou la cinquième classe d'âge chargée de la sécurité intérieure.

La nomination de Kètèkrè qui est une récompense pour sa fidélité et pour sa loyauté à l'égard de la France est aussi considérée par la majorité des Odzukru comme une violation de leur dignité. Ils refusent de le reconnaître comme leur chef supérieur. Kètèkrè meurt un mois après sa nomination. Il est remplacé par son frère cadet Mel Kpekpi qui prend le nom de Kètèkrè II comme nom de règne. Afo, l'un des traitants de Dibrim, hostile à la présence des Français dans le Haut-Ébrié, est accusé d'avoir mystiquement assassiné Kètèkrè I. Il est déporté, en 1897, au Gabon et incarcéré à la prison de N'jolé[605].

Dans le pays alladian, la nomination aux fonctions de chef supérieur échoit à Adjé Bonny d'Emoquah, l'un des riches commerçants du pays alladian. La nomination de Bonny Adjé est intervenue, en 1890, à la suite de la destitution de M'boua Djragbo, en sa qualité de chef supérieur des Alladian[606]. Cette destitution est liée à des incidents intervenus à Grand-Jacques (Bodo-Ladja) lors de l'installation du service des douanes en 1889 sur le littoral alladian. L'opposition des Alladian, conduite par leur chef supérieur, a été sévèrement réprimée. Après la destitution du

603 Il est l'un des signataires du traité du 10 octobre 1853 par lequel, le village de Dibrim a concédé aux Français un terrain, dans la baie de Dabuatchi pour y construire le fort Ducos.

604 D. L. FLEURIOT, *op. cit.*, p. 388.

605 ANCI, 1EE122 (2), pièce 22.

606 *Id.*, p. 90.

chef supérieur, la capitale du pays alladian a été transférée à Emoquah qui devient sous la colonisation française le premier centre économique et politique du monde alladian.

Adjé Bonny, que Fleuriot de Langle désignait en 1867 comme le chef du village d'Emoquah, est très apprécié par les Français qui voient en lui un leader très dévoué à la France[607]. Tous les administrateurs français en mission dans le pays alladian passent chez lui. Sa demeure est une maison moderne à étage. Clozel témoigne en ces termes : « la maison de Bonny est construite à l'européenne, à étage »[608], ce qui correspond à un signe extérieur de réussite sociale, de richesse[609]. Cet informateur évoque également les draps en soie qui couvrent les lits de son domicile.

Les chefs supérieurs sont chargés de présider les tribunaux dits « indigènes », de veiller à la sécurité de leurs territoires et de recevoir les officiels de l'administration de passage dans leurs régions. Ils accueillent, hébergent et nourrissent les officiels français. Ce qui prévaut dans les relations qu'ils entretiennent avec les administrateurs français, c'est la solidarité. Il est d'ailleurs de tradition en Afrique d'accueillir et de recevoir un étranger avec tous les honneurs, car il est considéré comme envoyé des dieux ou dieu lui-même[610]. Fidèles à cette croyance, les chefs supérieurs mettent tout en œuvre pour réserver un accueil chaleureux aux administrateurs français en visite dans leur localité[611].

Dans le bassin occidental de la lagune Ébrié, ils viennent des milieux marchands. Leur aisance matérielle est réelle. On distingue dans leur patrimoine des élevages de volailles, de bovins, d'ovins, de caprins et de porcins, ainsi que de grandes exploitations agricoles de produits vivriers. Kètèkrè II et Bonny Adjé en font partie. Fleuriot de Langle témoigne, déjà en 1867, que Bonny Adjé est l'un des plus grands commerçants du pays alladian[612]. Le Herissé, qui a repris Clozel, indique que pour les funérailles de son fils, Bonny Adje avait dépensé la somme de 20 000 francs[613], ce qui constitue une véritable fortune pour la période.

L'influence du chef supérieur pouvait être étendue. Celle des Odzukru englobait le pays abidji. Un autre exemple est constitué par le pouvoir de Kètèkrè II. Il s'est renforcé avec le tracé des routes Dabou-Alepé et Dabou-Tiassalé. Toutes les cara-

---

[607] LE HERISSE, *op. cit.*, p. 125.
[608] *Id.*, p. 145.
[609] Enquêtes orales réalisées le 12 août 2003 à Dibrim.
[610] Enquêtes orales réalisées le 12 août 2003 à Dibrim.
[611] *JOCI*, année 1915, pp. 387-388.
[612] D. L. FLEURIOT, *op. cit.*, p. 390.
[613] L. HERISSE, *op. cit.*, p. 165.

vanes en provenance du nord et de l'est passaient par Dibrim avant de se rendre au port lagunaire de Dabou faisant office depuis 1896, de capitale du cercle des Lagunes.

Selon les traditions alladian et odzukru, les chefs supérieurs ont joué un rôle important dans l'avènement de la paix dans leurs pays[614]. C'est le cas de Bonny Adjé d'Emoquah qui s'est alors impliqué dans le rapprochement entre les Odzukru-Oboru et les Français. C'est sur ses conseils que ceux-là, conduits par le chef du village de Bobor se sont rendus, en 1896, à Bingerville pour faire allégeance au lieutenant-gouverneur de la Côte d'Ivoire. Kètèkrè II a aussi joué un rôle important dans le rapprochement entre les Oboru et les Français. Mais, il a surtout soutenu les missionnaires catholiques dans l'évangélisation du pays odzukru. Kpekpi Mel dit Kètèkrè II a été le second croyant baptisé du pays odzukru. Son baptême est intervenu en 1897.

Le relais des chefs supérieurs et de village

Les chefs de canton, depuis 1850, avaient pour mission d'aider les Français à asseoir leur politique commerciale dans le bassin occidental de la lagune Ébrié. Jouant le rôle de courroie de transmission, ils devaient aussi inciter leurs concitoyens à commercer avec les Français en vendant leurs produits aux factoreries et en achetant les marchandises importées de la France. De 1850 à 1890, l'action des autorités locales en faveur de la promotion du commerce français fut très limitée, car elles eurent peu d'emprise sur les populations. Cependant, à partir des années 1890, les chefs supérieurs furent les artisans du succès de la politique commerciale de la France. En effet, ces derniers parcouraient villages, hameaux et campements pour inviter les producteurs d'huile de palme et autres produits à porter leurs productions aux factoreries françaises. Ce fut les cas de KètèkrèI et II qui conseillèrent les Dibrim-Ejn et les populations des autres villages de Lodzukru oriental à commercer avec les factoreries françaises installées à Dabou. Bonny Adjé incita les commerçants alladian à suspendre tout commerce avec les Oboru, hostiles à la France.

Les chefs de canton bénéficiaient d'un salaire de 1 200 francs par an. Leur revenu salarial était jugé dérisoire. Il ne couvrait pas les différentes charges assumées par ces gouvernants subalternes. Face aux difficultés financières rencontrées, ils furent obligés de s'offrir d'autres sources de revenus. Ainsi tous les commerçants ambulants, de passage dans leurs régions, payaient une taxe, appelée taxe de sécurité pour un montant de 25 manilles, soit 5 francs[615]. Au niveau des tribunaux « indigènes », le plaignant et l'accusé, avant que le procès ne s'ouvre, s'acquittent

[614] Enquêtes orales réalisées le 18 août 2004 à Emoquah.

[615] ANCI, 1EE122 (4), pièce 19.

d'un droit appelé « droit de siège »[616] qui varie d'une région à une autre. Il a été fixé à 50 manilles dans le Lodzukru, soit 10 F. Le « droit de siège » a été jugé très élevé par les justiciables, mais il a un but de dissuasion. En effet, le chef supérieur doit veiller au maintien de la paix dans sa région en œuvrant pour la réduction des conflits, voire son élimination. C'est dans ce cadre que Kètèkrè. II faisait des tournées dans les villages de sa circonscription.

Les chefs de village furent à l'origine dans l'Ébrié occidentale du développement de l'économie de plantation. Au nom de l'administration coloniale, ils étaient, dès 1908, chargés de distribuer dans les villages les cabosses et d'aider leurs concitoyens à faire les pépinières. Ils étaient les premiers à mettre en pratique les circulaires de l'administration coloniale en créant eux-mêmes de vastes plantations de cacao et de café. Ils conseillaient même à leurs administrés d'accepter les bas prix proposés par les factoreries françaises.

Les chefs de village et les chefs supérieurs jouèrent intensément leur rôle d'agents de promotion du commerce français dans l'Ébrié occidental. Ils contribuèrent par leurs actions à l'exploitation de leurs régions et de leurs concitoyens par la France. Cependant, de nombreux chefs s'étaient distingués par leur opposition à l'exploitation de leurs régions par les Français. Ce furent les cas de Youssess de Bobor et de Gnagne de Kpâdâ. Ces derniers invitaient leurs concitoyens à éviter tout commerce avec les factoreries françaises installées à Dabou et à Tukpa. Cela entraîna la paralysie du négoce français dans le Lodzukru occidental, grande zone de production de l'huile de palme.

---

616 *Id.*, pièce 22.

L'érection de sièges du pouvoir politico-administratif

Dabou, chef-lieu de cercle en 1896

Carte n° 2 : Le cercle de Dabou à la fin du XIXe siècle

CERCLE DES LAGUNES AU XIXè SIECLE

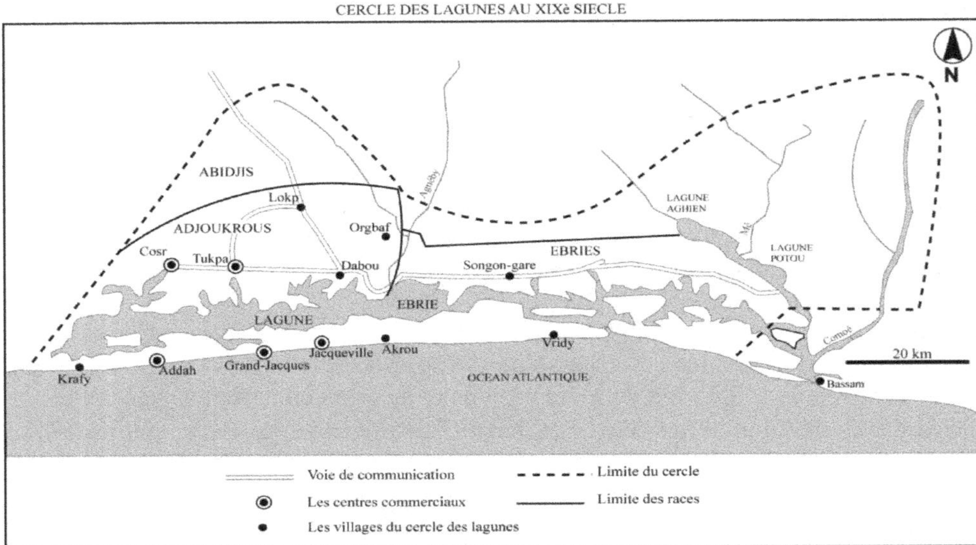

Source : A.N.C.I 1EE122(1) Réalisation : Loba Akou

À la suite du traité du 10 octobre 1853 au cours duquel Dibrim a admis la souveraineté de la France, les Français ont érigé dans la même année un fort dans la baie de Dabuatchi. Le fort, appelé fort « Ducos » et rénové en 1855, était le symbole de la présence française dans le bassin occidental de la lagune Ébrié. Il abritait le seul comptoir des commerçants français établis en dehors du littoral maritime. En 1871, à la suite des difficultés politiques et économiques, la France a évacué ses possessions de la Côte d'Ivoire. Le fort de Dabou fut alors abandonné et fermé[617].

Après la Conférence de Berlin, la France décide de revenir en Côte d'Ivoire. Dans l'Ébrié occidental, le chef-lieu de poste a été transféré dès 1889-1890 à Emoquah (Jacqueville)[618]. Il abrite, depuis 1890, le bureau des douanes du littoral alladian. Ce dédoublement fonctionnel rend compte de l'immensité des espoirs placés par

---

617 ANS, 5G34, pièce 12.

618 ANS, 5G36, pièce 17.

l'administration française en l'efficacité stratégique des taxes douanières. En effet, faut-il rappeler que le budget de la colonie repose sur les ressources locales[619].

En 1890, Treich-Laplène, résident de France en Côte d'Ivoire, décide le transfert du chef-lieu de poste de l'Ébrié occidental à Dabou. Octave Péan, successeur de ce dernier, a réalisé ce transfert vers la fin de cette année. Ainsi, les locaux du fort Ducos furent ouverts et de nouveau occupés. Le retour des Français à Dabou obéit à des raisons à la fois politiques et économiques. Sur le plan politique, Dabou sert de tête de pont à la conquête de l'intérieur. En effet, depuis leur retour en Côte d'Ivoire, le désir le plus profond des Français est de conquérir les régions forestières et savanicoles afin d'étendre l'autorité de la France, de contrôler les principales routes caravanières et d'élargir les espaces commerciaux[620]. Ensuite, sur le plan économique, Dabou se situe au cœur de la production de l'huile de palme. En dépit de l'effondrement des cours en 1889, l'huile de palme demeure le principal produit d'exportation de la nouvelle colonie. Bien que, depuis 1890, l'administration locale, pour des raisons de sécurité économique, ait décidé une politique de diversification des exportations[621]. Ainsi, le bois, le caoutchouc de cueillette et d'autres produits sont exportés depuis les ports ivoiriens vers la France et les autres pays européens. Ce qui s'est traduit par une augmentation des recettes d'exportation des oléagineux. En 1891, elles sont de 2 667 200 francs pour 3334 tonnes[622]. En 1896, malgré la nouvelle baisse des cours de l'huile de palme sur le marché international, les recettes d'exportation étaient de 2 216 000 francs[623] pour 4 318 tonnes. Au cours de cette période, les exportations du bois (d'acajou) et du caoutchouc de cueillette ont respectivement rapporté à la nouvelle colonie 1 000 000 francs et 440 000 francs. Rappelons que les exportations du bois et du caoutchouc, depuis 1890, proviennent de toutes les régions sous domination française, mais celle de l'huile de palme vient essentiellement du bassin occidental de la lagune Ébrié[624]. L'érection de Dabou en chef-lieu de cercle permettrait aux auto-

---

[619] Tous les ans sont exportés du littoral alladian près de 6.500 tonnes d'huile de palme et de produits exotiques en direction des pays européens. Lire : ANS, 5G38, pièce 17.

[620] ANCI, 1EE122 (2), pièce 23.

[621] ANCI, 1EE122 (2), pièce 28.

[622] F.J, CLOZEL, *Dix ans à la Côte d'Ivoire*, Paris, Augustin Challamel. Librairie, 1910, 350 p.

[623] *Id.*, p. 181.

[624] Cette région se présente pour les débuts de la nouvelle colonie comme le poumon économique. Au cours de l'année 1891, on enregistre également les premières exportations des palmistes ou amandes de palme qui sont de l'ordre de 258 tonnes. Desaille, résident de France en Côte d'Ivoire, indique que le commerce des amandes de palme a aussi un bel avenir si les prix sont suffisamment rémunérateurs. Dans cette correspondance adressée au Ministre le 26 mars 1892, Desaille reconnaît implicitement la place importante qu'occupent les oléagineux dans l'économie de la Côte d'Ivoire. Voir ANS, 5G38, pièce 22.

rités françaises de contrôler les exportations de l'huile de palme dont l'essentiel provient du Haut-Ébrié[625].

Par le décret du 2 février 1890, repris le 17 décembre 1891, le gouvernement français décide l'éclatement de la colonie des Rivières du sud en trois entités coloniales distinctes et autonomes : la Guinée française, la Côte d'Ivoire et le Dahomey[626]. Par le décret du 10 mars 1893, la colonie de la Côte d'Ivoire est créée avec comme lieutenant-gouverneur, le capitaine Louis-Gustave Binger. L'un de ses premiers actes a été d'ordonner la restauration du fort de Dabou et d'y installer un administrateur. Cette agglomération possède une bâtisse moderne avec tous les conforts pour recevoir un administrateur. Les autorités de la nouvelle colonie n'ont pas eu à faire d'importantes dépenses pour trouver une résidence stylée qui réunit toutes les conditions de sécurité. En effet, le pays odzukru est constamment en révolte à cause de l'expédition punitive entreprise par Octave Péan contre les quartiers Esr et Dzadzem du village de Dibrim[627]. En raison de l'insécurité récurrente, consécutive aux révoltes des populations de l'Ébrié occidental[628], et consistant souvent en des attaques de postes [629] (comme celui de Dabou en 1894), la résidence de l'administrateur colonial ne doit pas être une simple résidence, mais une citadelle, une forteresse qui pourrait accueillir tous les Européens de la région et résister à toute situation de siège en attendant l'arrivée des renforts.

Dabou, qui servait déjà en 1889 de résidence aux chefs de poste, a toujours accueilli les officiels français en visite ou de passage dans le bassin occidental de la lagune Ébrié. En 1891, son chef de poste résidait au fort Ducos[630]. À cette époque, Dabou était la capitale de l'Ébrié occidental. C'est pour cette raison, qu'en 1896, le lieutenant-gouverneur de la Côte d'Ivoire, Mouttet successeur de Louis-Gustave Binger, a érigé de nouveau Dabou en chef-lieu du cercle de Dabou, puis des Lagunes[631]. Dabou fait alors partie, avec Grand-Bassam, des tout premiers cercles créés en Côte d'Ivoire.

En 1896-1897, le cercle de Dabou regroupait tous les peuples du bassin occidental de la lagune Ébrié. Les Tchaman situés à l'est de Dabou forment une communauté de cinquante mille habitants[632]. Les Alladian qui occupent la langue de terre sa-

---

625 ANS, 5G37, pièce 12.

626 Bulletin officiel de la Côte d'Ivoire, année 1891, p. 210.

627 Centre des Archives d'Outre-Mer (C.A.O.M), Fonds ministériels, Section Côte d'Ivoire, Dossier IV, p. 112.

628 C.A.O.M., Section Côte d'Ivoire, Dossier IV, p. 118.

629 *Id.*, p. 119.

630 C.A.O.M., Section Côte d'Ivoire, Dossier IV, p.123.

631 ANCI, 1EE122 (2), pièce 25.

632 ANS, 5G34, pièce 19.

blonneuse séparant l'océan Atlantique et la lagune Ébrié représentent une communauté de près de dix mille à douze mille habitants[633]. À l'ouest, les Avikam avec près de 10 000 habitants, les Ahizi dans le sud-ouest avec le même effectif, les Abidji au nord et les Odzukru au centre avec des effectifs de population qui oscillent entre 30 000 et 35 000 habitants. Ce qui donne une population totale de 117 000 habitants.

Lors de la restructuration administrative, le cercle des Lagunes éclate en deux nouvelles entités administratives : le cercle des Lagunes et celui de Lahou. Le chef-lieu du cercle est ensuite transféré, au début du XXe siècle à Abidjan qui doit abriter la tête de pont du chemin de fer et le port en eau profonde. Mais, avant la fondation de la ville d'Abidjan, Akwê-Adjamé a été choisie pour être la capitale de la Côte d'Ivoire.

Photo 3 : Siège de l'administration et résidence de l'administrateur de cercle de Dabou

Cliché : Latte Égue Jean-Michel

Bingerville, nouvelle capitale de la Côte d'Ivoire

De 1843 à 1900, les possessions françaises en Côte d'Ivoire ont eu pour capitales Grand-Bassam et Assinie. De 1843-1886[634], la capitale des possessions françaises de la Côte d'Or est Grand-Bassam, situé à l'embouchure du fleuve Comoé, débouché naturel des caravanes venant des régions forestières et savanicoles[635] et où vi-

633 *Id.*, pièce 21.

634 ANS, 5G36 pièce 22.

635 *Id.*, pièce 25.

vent les Abouré et les N'Zéma qui jouaient le rôle d'intermédiaires et d'interlocuteurs entre les populations de l'intérieur et les capitaines des navires européens. C'est à partir de Grand-Bassam que la France a entrepris la conquête du bassin occidental de la lagune Ébrié et des régions du fleuve Comoé. Grand-Bassam était le centre politique et commercial des possessions françaises de la Côte d'Or.

Mais en 1886, lors de la réorganisation des possessions françaises dans le golfe de Guinée, Assinie fut choisie pour abriter la capitale de la Côte d'Or. Débouché des caravanes en provenance des pays akan, cette ville située à l'embouchure du fleuve Tanoé (c'est-à-dire dans l'extrême-est de la Côte d'Ivoire) est un important centre commercial. Grand-Bassam a néanmoins, conservé son rôle de capitale économique[636].

Par le décret du 10 mars 1893 et sur rapport du ministre du Commerce, de l'Industrie et des Colonies, la Côte d'Ivoire jusque-là rattachée à la Guinée française devient colonie autonome. Grand-Bassam est de nouveau choisie comme capitale de la nouvelle colonie[637]. Elle remplit cette fonction de mars 1893 à novembre 1900. Elle perd le statut de la capitale de la Côte d'Ivoire à la suite de l'épidémie de fièvre jaune de 1899 qui a fait de nombreuses victimes parmi les Africains et les Européens[638]. Cette perte s'explique aussi par le fait que Grand-Bassam a été étiqueté ville infecte et insalubre. Une pareille stigmatisation prospère en raison de la présence sur son site de formations marécageuses. L'administration coloniale décide le transfert de la capitale politique dans une autre localité. Plusieurs propositions ont été faites, soit sur la côte occidentale, sur le plateau de Sassandra ou à Drewin, soit au fond de la baie d'Abidjan, près du point choisi en principe par le capitaine Houdaille comme tête de ligne de la voie ferrée. Mais l'administration a finalement décidé de bâtir la nouvelle, capitale sur le plateau d'Akwê-Adjamé situé à une dizaine de kilomètres de la baie d'Abidjan[639]. Akwê-Adjamé, dans l'esprit des administrateurs coloniaux, va exercer les fonctions de capitale politique et Grand-Bassam, celles de capitale commerciale[640].

Les Odzukru-Oboru et les Tchaman rejetant la souveraineté de la France sur leur région et l'Ébrié occidental étant devenu depuis 1850, date de la signature du premier traité entre les peuples du Haut-Ébrié et lieutenant Boullay, une zone de tensions, les Français ont été obligés d'engager des négociations pour pouvoir organiser le transfert de la capitale à Akwê-Adjamé. Les négociations sont conduites par

636 ANS, 5G38 pièce 25.
637 Bulletin officiel de la Côte d'Ivoire, année 1893, p. 210.
638 R. P. J. GORJU, *op. cit.*, p. 31.
639 L. HERISSE, *op. cit.*, p. 159.
640 *Id.*, p. 170.

l'administrateur adjoint des colonies, Lamblin en service à Dabou. Ce dernier, dès son arrivée, a jugé nécessaire de connaître les populations du Haut-Ébrié. L'objectif était de réussir à les administrer tout en réduisant les heurts[641]. Par le transfert de la capitale à Akwê-Adjamé, il compte parvenir à une paix totale et à une soumission sans condition des Tchaman à la France[642]. Après quelques mois de négociations, Lamblin réussit à obtenir des Tchaman d'Akwê-Adjamé l'autorisation d'édifier la capitale de la Côte d'Ivoire sur le plateau salubre[643] qui surplombe la lagune Ébrié sur la rive septentrionale. Il est indiqué, dans l'accord auquel Français et Tchaman d'Akwê-Adjamé sont parvenus, que la capitale est construite sur le plateau distant de quelques kilomètres du village[644]. Les populations conservent leurs palmeraies principales sources de revenus de la région. Les administrateurs et les commerçants européens sont autorisés à circuler dans la région.

Les études pour la création de la ville débutent en avril 1900. En mai de la même année, commencent les travaux de défrichement de la forêt et la construction des édifices. Le palais du gouverneur de la colonie est bâti sur pilotis avec le pavillon central à étage[645]. En novembre, le lieutenant-gouverneur Roberdeau est installé dans le nouveau chef-lieu avec les services de son cabinet et du secrétariat général[646]. Un arrêté du 26 décembre de cette même année donne au nouveau siège politico-administratif le nom de Bingerville en hommage au premier explorateur, au premier gouverneur, au créateur de la colonie[647].

La nouvelle capitale, qui s'élève sur un plateau dont les pentes descendent presque à pic jusqu'à la lagune, comprend une haute et une basse ville[648], qui correspondent à deux quartiers, reliés entre eux par une large avenue de 1200 mètres de long et 30 mètres de large. La ville basse, où vivent les ouvriers et les miliciens, abrite les chantiers, les ateliers, les hangars à marchandises et les entrepôts[649]. C'est la ville africaine. Quant à la ville haute, qui abrite les services administratifs (dont les locaux du gouvernement, du secrétariat général) et l'hôpital, elle fait figure de lieu de résidence de tous les Européens[650]. Elle est assimilée à la ville européenne. L'existence de ces quartiers renvoie à la ségrégation socio-résidentielle portée par

---

641 CLOZEL, *op. cit.*, p. 160.

642 L. HERISSE, *op. cit.*, p. 170.

643 *Id.*, p. 170.

644 L. HERISSE, *op. cit.*, p. 172.

645 *Id.*, p. 173.

646 Ibid.

647 L. HERISSE, *op. cit.*, p. 170.

648 *Idem.*, p. 172.

649 R. VILLAMUR et F. J. CLOZEL, *op. cit.*, p. 117.

650 *Id.*, p. 118.

le projet colonial et à la volonté des administrateurs français d'affirmer la supériorité de la « race blanche » sur celle dite « noire ». Bingerville abrite également le Jardin botanique de la colonie qui était précédemment installé à Dabou[651]. À côté de ce jardin se trouve un potager créé pour les besoins des habitants européens du chef-lieu.

Un petit chemin de fer, Decauville, funiculaire à traction humaine, relie la ville au port sur la lagune Ébrié[652]. Il sert à monter sur le plateau, les matériaux de construction (bois puis tuiles et briques dans d'excellentes conditions). Ce qui a permis d'accélérer la construction de la nouvelle cité[653].

Bingerville a été une capitale provisoire. En effet, dès 1898, l'administration coloniale, informée des études du capitaine Houdaille, choisit la baie d'Abidjan non seulement pour abriter la tête de ligne du chemin de fer, le port en eau profonde, mais aussi et surtout pour être la capitale de la colonie de la Côte d'Ivoire. Ainsi, un nouveau transfert de capitale est programmé au cours des années 1930.

Abidjan, promu chef-lieu du cercle des Lagunes

Après la soumission des peuples du bassin occidental de la lagune Ébrié, la France décide de passer à l'étape essentielle de sa présence en Côte d'Ivoire : l'exploitation de leurs immenses richesses. Mais, pour une meilleure exploitation de la Côte d'Ivoire, la puissance occupante est contrainte de mettre en place des infrastructures économiques telles qu'un port en eau profonde, une ligne de chemin de fer et des routes praticables en toute saison. À partir des années 1890, pour une meilleure gestion des services de douane installés sur le littoral maritime d'Assinie à Grand-Lahou, des lignes télégraphiques et téléphoniques ont été créées. De 200 kilomètres, en 1895, la ligne télégraphique atteint 2062 kilomètres, en 1904. Celle du téléphone qui était de 50 kilomètres s'étend, en 1904, 150 kilomètres. Les pistes aménagées, en 1905, étaient de 3200 kilomètres. Durant cette même décennie 1890, la France aménage un wharf à Grand-Bassam pour lutter contre la barre qui emportait une partie des marchandises à débarquer. Mais, les tarifs du wharf de Grand-Bassam étaient jugés très élevés par les autorités françaises[654].

Pour réaliser le port en eau profonde, le choix est porté sur la baie d'Abidjan. En effet, depuis le XVIIe siècle, les capitaines des navires européens ont constaté l'existence d'un trou très profond au large du village tchaman de Piquiny-

---

651 R. VILLAMUR et F. J. CLOZEL, *op. cit.*, p. 172.

652 *Id.*, p. 175.

653 F. J. CLOZEL, *op. cit.*, p. 122.

654 L. HERISSE, *op. cit.*, p. 135.

Bassam[655]. Dans cette zone, l'océan Atlantique et la lagune Ébrié ne sont séparés que par une bande de sable de 800 mètres de largeur. La barre y est relativement faible. Le courant de la lagune est à peu près nul[656]. En 1898-1899, le capitaine de génie Houdaille, assisté des capitaines Crosson-Duplessis, Thomasset et du lieutenant Macaire, réalise les premières études pour la percée de l'isthme de Piquiny-Bassam. Celles-ci proposent la création d'un chenal pour relier la mer et la lagune, le tracé du chemin de fer qui partirait d'Abidjan pour le Soudan en vue d'assurer la liaison entre la côte maritime et les régions forestières et savanicoles. En 1903, la nouvelle mission dirigée par le capitaine du génie Crosson-Duplessis et M. Lefort confirme le choix d'Abidjan comme tête de ligne[657]. Concernant le port en eau profonde, les travaux réalisés par l'ingénieur Michel, aidé du lieutenant de vaisseau Van Graver, retiennent Abidjan et confirment, avec quelques amendements, les études faites en 1899 par Houdaille et son équipe. En 1903-1904, débutent à la fois les travaux de la construction du chemin de fer et du port en eau profonde[658] et la fondation de la ville d'Abidjan.

La fondation de cette nouvelle cité a entraîné le départ des Tchaman des villages d'Anoumanbo et de Locodjoro de la plaine bordant la rive septentrionale de la lagune Ébrié[659]. Leur déguerpissement participe de la volonté de l'administration coloniale de faire d'Abidjan la ville européenne de la Côte d'Ivoire. Ce plateau est choisi pour abriter la ville européenne[660]. Située à 15 kilomètres de Grand-Bassam et à 45 kilomètres de Dabou, elle a été créée pour être le centre économique et le cœur des activités commerciales et des décisions politiques. En 1910, quelques années après sa création, l'administration coloniale décide par l'arrêté du 12 juillet 1910[661], portant réorganisation administrative de la coloniale de la Côte d'Ivoire, le transfert du chef-lieu du cercle des Lagunes de Dabou en Abidjan. Ainsi, dès 1910, Abidjan, la ville européenne de la Côte d'Ivoire, créée de toute pièce, s'initie à la gestion administrative.

La création de la ville d'Abidjan est la preuve que le bassin occidental de la lagune Ébrié est le centre des activités économiques de la nouvelle colonie. Tous les pouvoirs politiques et économiques sont concentrés autour de ce cours d'eau assimilable à une véritable mer intérieure. La percée du cordon sablonneux de Piquiny-Bassam a pour but de permettre aux navires marchands de venir s'amarrer au port

---

655 O. DAPPER, *op. cit.*, p. 277.
656 L. HERISSE, *op. cit.*, p. 135.
657 F. J. CLOZEL, *op. cit.*, p. 179.
658 *Id.*, p. 182.
659 R. P. J. GORJU, *op. cit.*, p. 70.
660 *Id.*, p. 72.
661 J.O.C.I, année 1911, p. 217.

d'Abidjan[662]. Dans ce nouveau port, les navires sont à quai, ce qui met fin au problème de la barre qui tourmentait les commerçants. L'éclatement du cercle des Lagunes, en 1910, a également permis la création du cercle de Lahou avec pour chef-lieu Grand-Lahou.

Grand-Lahou, chef-lieu du cercle de Lahou

La création de nouveaux cercles répond à deux objectifs majeurs : contrôler les activités politiques des régions soumises et procéder à leur mise en valeur. Il s'agit donc pour l'administration coloniale d'être proche des administrés et de les encadrer sur le plan économique en développant l'agriculture d'exportation appelée à se substituer au commerce de l'huile de palme[663]. L'encadrement des paysans devant se faire sous la direction des administrateurs de cercle. C'est dans cet esprit qu'à partir des années 1900, de nombreux cercles et postes ont été créés. Ainsi, Grand-Lahou, abritant depuis 1889, un service des douanes est érigé en chef-lieu de cercle.

La ville de Grand-Lahou, située à l'embouchure du fleuve Bandama, est l'un des grands centres commerciaux du littoral ivoirien. Dès sa création au XVIIe siècle, elle entre en relations commerciales avec les populations des régions forestières et savanicoles. L'existence du Bandama facilite ses échanges avec l'intérieur du pays dont les caravanes longent le grand fleuve ivoirien[664]. Au XVIIIe siècle, elle devient le principal port maritime du littoral[665]. Au XIXe siècle, les activités de son port ralentissent au profit de Bodo-Ladja (Grand-Jacques) puis d'Emoquah (Jacqueville)[666]. Ce ralentissement procède de l'avènement de la traite de l'huile de palme dont la première zone de production est le Haut-Ébrié. Mais la ville de Grand-Lahou a toujours gardé son envergure de centre commercial de premier plan. Son port qui contrôle également les mouvements commerciaux des pays godiés, dida, bété et baoulé[667], est fréquenté par les navires anglais. Y sont embarqués l'huile de palme, l'ivoire, les amandes de palme, le caoutchouc et le bois. Il devient à partir des années 1900, le premier port du bassin occidental de la lagune Ébrié et troisième du littoral ivoirien. Nous proposons un tableau des exportations et des

---

662 R. P. J. GORJU, *op. cit.*, p. 70.

663 ANS, 5G38, pièce 22.

664 *Id.*, p. 135.

665 C. WONDJI, *op. cit.*, p. 133.

666 ANS, 5G38, pièce 25.

667 Ces mouvements portent sur l'huile de palme du Lodzukru occidental, l'ivoire des pays dida et bété, l'or du Baoulé-sud, les cotonnades des pays sénoufo, kouéni et du Baoulé-nord, le caoutchouc de cueillette des régions forestières et savanicoles ainsi que les exportations du bois d'acajou. Cf. E. J.-M. LATTE, *op. cit.*. p. 365.

importations des cinq premiers *ports* maritimes ivoiriens : Grand-Bassam, Assinie, Grand-Lahou, Jacqueville et Sassandra.

Tableau n° 3 : Exportations et importations de la Côte d'Ivoire, 1903-1904

Ports	1903		1904	
Grand-Bassam	2 805 327	3 637 057	1 501 869	3 942 967
Assinie	2 084 838	2 937 072	4 217 589	4 687 589
Grand-Lahou	2 706 885	3 039 169	3 211 240	4 541 196
Jacqueville	566 784	820 240	1 166 943	1 110 957
Sassandra	225 296	232 852	548 711	449 495

Source : ANS 2 G4, Colonie de Côte d'Ivoire, service des douanes.

Lorsqu'on observe le tableau, on constate que le port de Grand-Lahou est très actif. Le trafic commercial y est très dense. Le cumul des opérations commerciales faites à Grand-Lahou, Jacqueville et Port-Bouët fait du bassin occidental de la lagune Ébrié, la première plate-forme économique et commerciale de la Côte d'Ivoire[668].

Pour en revenir au port de Grand Lahou, fréquenté par 170 navires par an, retenons que, suite à l'effondrement des cours de l'huile de palme sur les marchés européens, il devient le principal point d'exportation du caoutchouc et de l'acajou. En 1909, on y a exporté 535 355 kg de caoutchouc, pour une valeur de 2 002 113 francs et 3 704 849 m^3 de grumes d'acajou pour une valeur de 185 424 francs. Ce faisant, il occupe le second rang après Assinie, pour l'exportation du caoutchouc après Assinie et après Grand-Bassam pour celle du bois[669]. L'importance de ce dernier port réside dans le fait que, depuis 1890, il bénéficie d'un équipement moderne[670] en se dotant surtout d'un wharf, qui permet aux navires d'accoster, de débarquer et d'embarquer les diverses marchandises. Outre cette concurrence se manifeste celle du chemin de fer qui est utilisé pour évacuer une partie des produits de la région du centre qui traditionnellement aboutissait à Grand-Lahou[671]. Mais son port est demeuré le principal débouché des pays dida, bété, godié, kouéni et gagou.qui sont situés sur la rive droite du Bandama. Toutefois, Grand-Lahou est contraint de partager avec le port de Sassandra, en plein développement les mouvements commerciaux, les productions du Bété nord et du pays kouéni[672].

---

668 ANS, 5G38, pièce 25.
669 *Id.*, p. 64.
670 ANS, 2G9, Côte d'Ivoire, Rapport d'ensemble, 1909, p. 83.
671 ANS, 2G9, Côte d'Ivoire, Rapport d'ensemble, 1909, p. 85.
672 R. VILLAMUR, *op. cit.*, p. 285.

L'essor économique de Grand-Lahou a attiré de nombreuses factoreries européennes ainsi que de nombreux commerçants appoloniens, sénégalais, bambara, fanti et sierra-léonais. Les Appoloniens, spécialisés dans le commerce de poisson fumé entre Grand-Lahou et Tyasalé[673] et dans l'exploitation du bois d'acajou et établis à Grand-Lahou aux environs de 1890, forment dans cette localité une grande communauté[674]. Au début du XXe siècle, Grand-Lahou, avec sa population de négociants, ses puissantes colonies apolloniennes et soudanaises et ses dix maisons de commerce européennes (dont cinq françaises), était l'un des grands centres commerciaux de la Côte d'Ivoire. Plusieurs facteurs sont à la base de son développement commercial. Mais nous en retenons deux. Le premier, déjà souligné dans les pages antérieures, a trait au fait que Grand-Lahou est le débouché de la route du Baoulé et du Soudan par le Bandama. Le second facteur est relatif à la sécurisation par les troupes françaises de la route Tyasaslé-Kong[675]. La fin des guerres samoriennes a favorisé le calme et la sécurité sur les routes. Pour en finir avec le portrait économique du nouveau chef-lieu de pouvoir administratif, intéressons-nous aux recettes douanières qui y sont générées.

[673] Depuis sa création au XVIIIe siècle, Tyasalé a été le premier centre commercial du Baoulé sud. Au début du XXe siècle, le rayonnement de ce centre commercial s'est renforcé. En témoigne le nombre des traitants noirs que par l'importance des maisons de commerce européennes qui s'y sont installées. Il a fallu suppléer à la pénurie des vivres qui entravait le développement de la ville. Ainsi, Tyasalé devient un débouché commercial pour le poisson de Lahou. La pirogue de poissons frais vendus à 40 F à Grand-Lahou une fois fumés et portés sur le marché de Tyasalé sont vendus à 70 F, soit un bénéfice de 75%. Lire in supra.

[674]. Les Appoloniens exportent par an, par le port de Grand-Lahou, au moins 3000 tonnes de bois d'acajou. Voir le même auteur.

[675] R. VILLAMUR, *op. cit.*, p. 298.

Tableau n° 4 : Recettes douanières du poste de Grand-Lahou de 1892 à 1904

Années	Recettes (en francs)
1892	57 103,11
1893	78 134,53
1894	61 609,42
1895	124 381,68
1896	157 217,65
1897	140 519,90
1898	181 678,43
1899	333 395,42
1900	332 247,60
1901	303 908,83
1902	427 348,23
1903	423 438,67
1904	642 594,39

Source : R. VILLAMUR, *op. cit.*, p. 300.

Ce tableau indique que les recettes douanières sont en perpétuelle augmentation, surtout à partir de 1899. Cette période coïncide avec la fin de plusieurs conflits armés. Mentionnons ainsi les guerres samoriennes[676]. Les voies commerciales ayant retrouvé la sécurité, les caravanes venant des régions septentrionales, précisément du cercle de Kong, descendent de Tyasalé avec leurs cargaisons de caoutchouc naturel[677]. Signalons ensuite les guerres entre les Odzukru-Oboru et les Français également terminées depuis septembre 1898. Grand-Lahou bénéficie alors des exportations d'huile de palme de la région ouest de Lodzukru[678], de la présence des maisons de commerce important les produits européens écoulés dans l'arrière-pays de Grand-Lahou et à partir des années 1900, du boom des exportations du bois.

En 1892, les recettes douanières étaient de 57 103,11 F. Elles atteignirent en 1904, 642 594, 39 F, soit une hausse de près de 125 %. Cela témoigne de la vitalité la région de Grand-Lahou. Étant donné que l'objectif de la présence des Français en Côte d'Ivoire est l'exploitation des ressources et la création de débouchés pour l'industrie métropolitaine[679], Grand-Lahou ne peut que faire figure de pièce essen-

---

676 C.A.O.M, Fond ministériel, Section Côte d'Ivoire, Dossier VI, pièce 125.

677 ANCI, 1EE122 (7), pièce 12.

678 ANS, 2G9, Côte d'Ivoire, Rapport d'ensemble, année 1909, p. 83.

679 R. VILLAMUR, *op. cit.*, p. 123.

tielle du dispositif colonial. C'est pourquoi, par un arrêté du 12 juin 1903, cette cité a été érigée en chef-lieu du cercle de Lahou[680].

Les populations du cercle de Grand Lahou se composent des Avikam, des Baoulé Elomoin, des Dida, des Godiés auxquelles s'ajoutent les colonies appoloniennes et soudanaises. Les postes administratifs concernés sont Grand-Lahou, Lakota, Divo, Fresco et Tyasalé. En érigeant le 10 mars 1893, la Côte d'Ivoire en colonie autonome, la France qui tient à l'instauration de la paix, condition *sine qua non* pour une meilleure circulation des personnes et des biens, organise des opérations de police dont l'objectif est le maintien de l'ordre, de la paix dans les régions déjà soumises[681] et des expéditions militaires en vue d'éliminer les foyers de résistance tels que le Lodzukru occidental et d'entreprendre des conquêtes territoriales (régions forestières et savanicoles). La domination du bassin occidental de la lagune Ébrié devient ainsi une priorité[682]. La réussite de la France dans ce pays en dépend. Elle a donc recours à la force pour s'y imposer.

Les initiatives militaires

La création d'une armée coloniale

La vocation d'une armée

Dans leurs rapports avec les peuples du bassin occidental de la lagune Ébrié, les Français ont utilisé deux méthodes d'approche. La première est celle de la méthode pacifique. Elle est caractérisée par le recours aux traités pour imposer l'autorité de la France à toute la région et avoir l'exclusivité commerciale[683]. Les traités conclus au cours des décennies 1850 et 1860 ont inauguré leur politique d'imposition, tandis que ceux signés en décembre 1886 et en décembre 1891 participent du renforcement de leur l'autorité[684]. La seconde approche est celle de la méthode qui indique bien la politique de puissance de la France. Elle est inaugurée dans l'Ébrié occidental par le lieutenant Boullay[685]. Elle s'est traduite par des expéditions militaires punitives contre les villages hostiles à la présence française. Ces opérations étaient conduites par les éléments des garnisons des forts Nemours de Grand-Bassam, Joinville d'Assinie et Ducos de Dabou. Pour les opérations délicates et de

[680] ANCI, 1EE39, pièce 19.
[681] ANS, 5G 37, pièce 22.
[682] ANCI, 1EE122 (2), pièce 18.
[683] ANS, 5G 23, pièce 12.
[684] ANS, 5G35, pièce 17.
[685] ANS, 5G23, pièce 13.

grande envergure, une compagnie venait du Sénégal renforcer l'existant[686]. Les expéditions militaires contre les populations guerrières du Haut-Ébrié étaient préparées par la Division navale établie à Gorée au Sénégal. En 1898, la campagne contre les Odzukru-Oboru a été menée par un détachement de 500 tirailleurs sénégalais placés sous le commandement du capitaine Gallet[687].

Mais, le départ de la France de la Côte d'Or, en 1871, laisse la région sans force. Pourtant la France n'a pas abandonné l'Ébrié occidental. Alors l'idée de créer une force de maintien de l'ordre s'est imposée aux autorités françaises afin de mieux assurer le contrôle des trafics commerciaux et de protéger les commerçants contre les attaques des Odzukru-Oboru et des Tchaman[688].

Il ne s'agit pas d'une armée conçue comme une en tant qu'institution républicaine chargée d'assurer la défense d'un territoire. Sa mise en place est précédée par la création d'un corps de police. Le décret du 16 juin 1886 porte la création d'une police indigène dont la mission est le maintien de l'ordre. Pour cette activité, elle bénéficie d'une indemnité d'un montant de 6 000 francs[689]. La direction de cette police, qui comprend près d'une trentaine d'éléments ressortissants du Sénégal et du Soudan, est confiée à un sous-officier africain ayant servi dans l'armée coloniale et connaissant plus ou moins le pays. Il touche une solde de 600 francs par an et bénéficie de la gratuité du logement et de la nourriture[690]. Les policiers bénéficient comme leur responsable d'une solde annuelle allant de 350 à 400 francs par an[691]. Tous ces agents du maintien de l'ordre ont servi auparavant dans l'armée coloniale.

Les personnels militaires

En 1890, pour le maintien de la paix en Côte d'Or, la France ordonna de nouveau, la mise en place d'un corps de garde civile. Composée de vingt-six gardes armés de fusils à répétition, la garde est dirigée par un sergent, secondé par deux raux[692].En 1892, un corps de miliciens est créé. Les miliciens, composés surtout de Sénégalais et de Bambaras[693], sont chargés des opérations de police et des campagnes militaires. Ils portaient comme tenue militaire, une vareuse bleue et une

---

686 ANS, 5G35, pièce 17.
687 ANCI, Série 1EE122 (2), pièce 36.
688 ANS, 5G37, pièce 11.
689 ANS, 5G35, pièce 21.
690 *Id.*, pièce 22.
691 *Id.*, pièce 23.
692 CAOM, Section Côte d'Ivoire, Dossier IV, pièce 127.
693 *Id.*, pièce 129.

chéchia rouge[694]. Lors des opérations de police ou à l'occasion des campagnes militaires, ils bénéficiaient du soutien logistique des bâtiments de guerre utilisés pour bombarder les villages côtiers qui se révoltaient contre l'autorité française. Ce fut le cas de Bodo-Ladja qui fut bombardé en 1890, sur les ordres du résident de France en Côte d'Ivoire, Treich-Laplène[695].

La loi de 1900 portant réorganisation de l'armée coloniale avait placé les miliciens dans chaque colonie, sous les ordres du commandant supérieur des troupes[696]. Ainsi, pour une opération de police, un administrateur ne pouvait requérir un milicien sans la permission de l'autorité militaire. Cette situation a été source de conflits entre les administrateurs de cercle et les autorités militaires chargées de coordonner les opérations de police. C'est pour cette raison que, par une loi de 1902, les miliciens ont été transformés, dans la colonie, en gardes de police. Mais le changement de nom n'a modifié en rien les missions des miliciens. En effet, en temps de paix, ils sont des agents de l'autorité civile. En temps de guerre, ils passent sous les ordres directs de l'autorité militaire pour participer à la formation des colonnes. La garde de police, composée de 200 éléments[697], était placée sous le commandement d'un administrateur-officier de réserve[698]. La garnison de Dabou était composée de vingt éléments et celle de Bingerville de 100 personnes.

Un semis de garnisons

Avant les reformes de l'armée coloniale, en 1892, tous les grands centres économiques du bassin occidental de la lagune Ébrié étaient, en 1890, dotés d'une garnison de miliciens. Ainsi, Grand-Lahou bénéficiait d'un détachement de 40 miliciens, Tyasalé de 22 éléments[699]. Chaque milicien recevait comme solde journalière 750 g de riz et 250 g de viande fraîche ou conservée[700]. Les miliciens avaient des rapports difficiles avec les populations de l'Ébrié occidental, car ils méprisaient les peuples autochtones. Cela est attesté par LeHérissé qui rapporte les propos d'un milicien sénégalais de Dabou : « Parlant d'un noir de Dabou, un Sénégalais vous dit : « ça y est buschman ; ça y est sauvage : ça y a pas civilisation[701] ». Proches des administrateurs français, les miliciens sénégalais et bambara, qui se considéraient comme le groupe intermédiaire entre les Européens et les Africains, n'étaient pas appréciés par les populations locales. Lors des expéditions militaires, elles en fai-

---

694 L. HERISSE, *op. cit.*, p. 129.

695 ANS, 5G36, pièce 22.

696 L. HERISSE, *op. cit.*, p. 127.

697 *Id.*, p. 128.

698 Ibid.

699 CAOM, Section Côte d'Ivoire, Dossier IV, p. 130.

700 *Id.*, p. 131.

701 L. HERISSE, *op. cit.*, p. 129.

saient leurs cibles favorites. Dans le Haut-Ébrié, précisément dans le Lodzukru occidental, on avait dénombré pour la période 1898-1909, près de 100 miliciens massacrés au terme des embuscades et guets-apens pratiqués à la suite des expéditions punitives[702].

L'impact d'une mise en service

La création de l'armée coloniale a favorisé l'essor du commerce français dans l'Ébrié occidental. La présence d'une garnison de miliciens dans un centre commercial rassurait les opérateurs économiques qui ouvraient les factoreries[703]. Ainsi, nous pouvons affirmer que l'armée coloniale dès sa création était au service du commerce[704]. Elle devint le bras séculier des commerçants français[705].

Pour s'imposer dans l'Ébrié occidental, l'armée coloniale a utilisé plusieurs méthodes qui se sont traduites par les abus, les vexations, les prises d'otage, les amendes. Il s'agit de détruire chez les Africains toute volonté de révolte, de rejet de l'ordre colonial. Le but d'une telle politique est de dépouiller les Africains de leur dignité, de leurs richesses et de toute volonté de résistance. Bref, elle est utilisée pour appliquer une politique de répression[706].

L'application d'une politique de répression

Cette politique n'est pas née, au cours de la période de 1887-1909. Elle n'a fait que s'amplifier. Ce faisant, les Français vont symboliser la terreur, pour les peuples du bassin occidental de la lagune Ébrié. Le recours à la répression répond à une autre préoccupation : montrer que la France est souveraine de tout le bassin occidental de la lagune Ébrié et de toute la Côte d'Ivoire. Peut-il en être autrement si l'on sait qu'en dépit de l'existence de traités signés dans les années 1850 et 1860, puis 1886 et 1891 et conférant à la France la souveraineté pleine sur l'Ébrié occidental, les populations se sont toujours opposées à la volonté de puissance des Français ?

Les figures de la répression

Pour briser la résistance des populations de l'Ébrié occidental, l'administration coloniale instaure une politique de répression. Celle-ci vise à humilier les populations, à déporter au Gabon les responsables des villages, les incarcérer à la prison de N'Jolé et infliger des amendes aux villages afin de les dépouiller de leurs ri-

---

[702] ANS, 5G38, pièce 25.
[703] ANCI, 1EE122 (3), pièce 17.
[704] *Id.*, pièce 11.
[705] ANCI, 1EE122 (4), pièce 17.
[706] ANS, 5G37, pièce 12.

chesses et de les appauvrir[707]. Les déportations ont pour but de briser le moral des hauts dignitaires, de provoquer en eux la peur et de les réduire ainsi au silence. Il s'agit de détruire chez les Africains toute volonté politique. Les amendes ont été appliquées dans le but de détruire chez les Africains tout esprit d'indépendance et de liberté[708]. Introduites dans une conjoncture économique difficile, elles visent à les appauvrir, à les ruiner. Il s'agit de briser toute opposition des traitants, principaux leaders politiques et économiques des communautés villageoises[709]. Avec la répression économique, les Français essaient de redéfinir les rôles au niveau de tous les acteurs. Les Africains doivent être confinés dans un rôle de producteurs et les Européens dans celui de commerçants. Mais cette politique dans son ensemble est rejetée par les Africains, surtout par les commerçants. Les autorités françaises du poste de Dabou procédaient aux arrestations des femmes et enfants de la région de Bobor qui se rendaient dans la cité de Lodzukru oriental pour obliger les Oburu à reconnaître l'autorité de la France,

La politique répressive a été inaugurée dans la période 1887-1909 par Treich-Laplène. Ainsi, en 1890, il prend prétexte de l'opposition des Alladian à l'installation d'un bureau de douane à Emoquah pour faire bombarder les grands centres commerciaux du pays alladian[710], prendre en otage les principaux chefs de Bodo-Ladja et infliger au peuple alladian, une amende d'un montant de 250 000 francs[711], piller les richesses de cette région. En 1891, Octave Péan, chef de poste de Dabou, assurant, depuis la mort de Treich-Laplène, en mars 1890, les fonctions de résident par intérim de la France en Côte d'Or, à la surprise générale entreprend une expédition punitive contre le village de Dibrim, pourtant fidèle allié

---

707 Lire : ANCI, 1EE122 (2), pièce 18. L'incarcération de M. Gnagne, chef de Kpada au début de l'année 1898 pousse les Oboru à rompre la trêve et à prendre les armes contre les Français. De nombreux chefs de Lodzukru et du pays ahizi opposés à la mainmise du commerce du Haut-Ebrié sont arrêtés et déportés au Gabon où ils sont incarcérés à la prison de N'Jolé. Ainsi, Afo, commerçant du village de Dibrim, N'guessan Kpami de Tiagbe dans le pays Ahizi ont été déportés au Gabon et retenus en captivité à la bâgne de N'Jolé. Cf. ANS, 2G1 (28) pièce. 22 et ANCI, 1EE122 (2), pièce 19.

708 En 1890, Octave Pean inflige une amende d'un montant de 250 000 F aux Alladian (ANS, 5G38, pièce 22). En 1898, c'est au tour des Oboru de se voir infliger une amende d'un montant de 200 000 F (ANS, 2G1 (28)). L'incarcération de M. Gnagne, chef de Kpada au début de l'année 1898, pousse les Oboru à rompre la trêve et à prendre les armes contre les Français. De nombreux chefs de Lodzukru et du pays ahizi opposés à la mainmise du commerce du Haut-Ebrié sont arrêtés et déportés au Gabon où ils sont incarcérés à la prison de N'Jolé. Ainsi, Afo, commerçant du village de Dibrim, N'guessan Kpami de Tiagbe dans le pays Ahizi ont été déportés au Gabon et retenus en captivité à la bâgne de N'Jolé. Voir ANS, 2G1 (28) pièce. 22 et ANCI, 1EE122 (2) pièce 19.

709 ANCI, 1EE122 (2), pièce 22.

710 ANS, 5G38, pièce 23.

711 *Id.*, pièce 24.

de la France dans Lodzukru[712]. Nous avons reconstitué ci-dessus les péripéties de l'histoire des rapports entre les populations de ce village et la puissance française[713].

La politique répressive inaugurée par les Français, en 1890, a eu un succès économique limité dans le bassin occidental de la lagune Ébrié[714]. Ils n'ont pas réussi à appauvrir les commerçants. Ces derniers ont consolidé leurs relations commerciales avec Tyasalé, créé, en plus des voies traditionnelles, des nouveaux réseaux portés sur le commerce de poissons fumés, de vivriers et d'armes à feu[715]. Le commerce français, quant à lui, évoluait en dents de scie. Les amendes ont entravé le bon fonctionnement du commerce. La politique répressive a également rapproché les peuples de l'Ébrié occidental et les Anglais. Les insuccès économiques enregistrés par les Français ont été plus éclatants. Ce qui contraste avec les succès rencontrés sur le terrain politique. En effet, ces derniers parviennent à écraser, en septembre 1898, la résistance conduite par les Odzukru-Oburu[716]. En 1904, ils obtiennent la soumission des Tchaman Akwê et en 1909 celle des Odzukru-Eusru. Un tel contraste caractérise, en définitive, la politique répressive qui s'est abattue, par exemple, sur les populations du littoral quaqua[717].

Un exemple de répression : l'expédition punitive contre les peuples de la côte des Quaqua

Les Alladian et les Avikam, établis sur le littoral maritime quaqua, ont fait du commerce, depuis le XVIIe siècle, l'une de leurs principales activités économiques. Ainsi, ils se sont imposés comme intermédiaires entre les peuples de l'intérieur et les navires européens[718]. Tous les lignages quaqua ont participé, au fil des siècles, à l'essor du commerce[719]. Au XIXe siècle, à la suite de la traite de l'huile de palme, les relations commerciales entre les commerçants de la Côte des Quaqua, principal débouché des régions de l'intérieur[720], et les capitaines des navires anglais se renforcent et se consolident. Trois éléments sont à l'origine de ces bonnes relations. Il s'agit de la confiance, de la fidélité et du respect. Sur ces bases, les Anglais accor-

712 ANS, 5G23, pièce 19.

713 On peut aussi lire : ANS, 5G29, pièce 21 ; 5G29, pièce 22 ; ANCI, 1EE122 (2), pièces 17, 18, 21 et 22, ANS, 5G38, pièces 21 et 23.

713 ANS, 5G1 (28), pièce 21.

714 E. J.-M. LATTE, *op. cit.*, p. 360.

715 CAOM, Fonds ministériels : Section Côte d'Ivoire, Dossier IV, p. 118.

716 ANS, 2 G1 (28), pièce 28.

717 ANS, 5 G31, p. 25.

718 O. DAPPER, *op. cit.*, p. 217.

719 E. J.-M. LATTE, *op. cit.*, p. 227.

720 ANS, 5G34, pièce 22.

daient des avances aux traitants quaqua, ce qui leur permettait de disposer d'importantes ressources et de mener à bien leur tâche d'intermédiaire[721]. Ainsi, plus de six mille tonnes d'huile de palme sont exportées en direction des ports anglais de Bristol de Liverpool[722].

Au cours des décennies 1850 et 1860, la France obtient avec la signature de nombreux traités avec les villages alladian[723] la pleine souveraineté sur le pays alladian et le droit d'y faire du commerce. La France tient à contrôler tous les mouvements commerciaux de la Côte des Quaqua. Les commerçants français, installés depuis 1853 dans le Haut-Ébrié, ne réussissent pas à ébranler les négociants quaqua très habiles et capables d'assurer, individuellement, le chargement de deux à trois navires[724]. C'est le cas de Digrè de Bodo-Ladja. Fleuriot de Langle témoigne que pendant la saison commerciale plus d'une trentaine de navires fréquentaient les ports alladian[725]. Avec l'accroissement tous les ans de la production de l'huile de palme, le nombre de navires a également augmenté dans ces plates-formes portuaires avikam. Sur les plages alladian, tout navire en rade paie un droit d'encrage estimé à 768 F et correspondant à un moyen d'expression de la souveraineté des communautés sur les eaux territoriales[726]. Tout marin qui descend de son navire et foule le sable de ces plages paie 96 F à ces groupes sociaux qui utilisent les ressources issues de la perception d'une pareille obligation fiscale[727], pour s'équiper en poudre en canon, acheter des offrandes pour le culte de Gbègré ou les répartir entre les lignages[728]. À chaque saison commerciale, les Alladian réalisent un droit d'encrage d'une valeur de 24 416 F.

La France, en établissant sa souveraineté sur la Côte d'Or, décide, en 1886, d'installer dans la région maritime des postes de douane[729]. Mais cette action, initiée sur la Côte d'Or par le résident, Arthur Verdier, connaît un échec. Il a donc fallu attendre l'année 1889 pour que soit réalisé ce projet. En effet, par le décret du 1er août 1889, la France institue, dans toutes ses colonies, les services de douane, en vue d'aider celles-ci à disposer de ressources budgétaires propres[730], de devenir financièrement autonomes, de détruire les activités des commerçants quaqua et d'empêcher toute transaction commerciale entre ces derniers et les navires an-

---

721 E. J. -M. LATTE, *op. cit.*, p. 279.
722 ANS, 5G23, pièce 18.
723 ANS, 5G29, pièce 17.
724 D. L. FLEURIOT, *op. cit.*, p. 390.
725 *Ibid.*
726 Enquêtes orales réalisées le 24 août 2004 à Bodo-Ladja (Grand-Jacques)
727 Mêmes enquêtes.
728 Enquêtes orales réalisées le 22 août 2004 à Addah.
729 ANS, 5G36, pièce 21.
730 *Id.*, pièce 27.

glais[731]. Pour atteindre ces objectifs, le résident de France en Côte d'Or, Treich-Laplène, propose que le tarif douanier frappe les produits d'exportation de la colonie : huile de palme (6 000 tonnes exportées par an), graines de palme, ivoire (en provenance des régions de l'Ouest et du Centre-Ouest), caoutchouc, bois (3 000 tonnes exportées annuellement)[732] et or des pays baoulé et anyi[733]. Pendant longtemps, les réseaux commerciaux de ces produits ont été contrôlés par les commerçants anglais[734].

Le 11 octobre 1889, la France installe les services de douane de Jacqueville et de Grand-Lahou[735]. Mais en janvier 1890, les populations alladian et avikam se révoltent contre la présence des postes de douane. À Jacqueville, la baraque de planches qui abritait le service des douanes est saccagée par un certain Bogui[736]. À Grand-Lahou, les cinq agents du poste des douanes sont molestés et leur bâtiment démoli. Face aux révoltes des populations quaqua, la réaction des autorités françaises de la Côte d'Or est violente[737]. Treich-Laplène exige que des sanctions sévères soient prises contre les peuples de la côte des Quaqua. Ainsi, la France dépêche deux navires de guerre pour bombarder le littoral alladian, destitue le chef supérieur des Alladian au profit d'Adjé Bonny considéré comme un fidèle ami de la France, transfère la capitale du pays alladian de Bodo-Ladja à Emmoquah (Jacqueville), inflige une amende aux révoltés d'un montant de 250 000 F. Pour ramener la paix dans leur région et sauver ainsi le commerce, principale source de revenus des lignages, les Alladians versent aux autorités françaises de la Côte d'Or des bijoux en or d'une valeur de 152 onces et 220 paquets de manilles[738]. Les bijoux en or pesant 8, 385 kg et « qui appartiennent aux familles sont placés en gage et seront récupé-

---

[731] ANS, 5G37, pièce 25.
[732] ANS, 5G38, pièce 17.
[733] C.A.O.M, Fonds ministériels, Section Côte d'Ivoire, Section XIII, pièce 182.
[734] C.A.O.M, Fonds ministériels, Section Côte d'Ivoire, p. 192.
[735] ANS, 5G37, pièce 20.
[736] ANS, 5G38, pièce 25.
[737] *Id.*, pièce 28.
[738] *Id.*, pièce 31.

rés après restitution des 250 000 F »[739]. Le total des versements représente un montant de 15 692. En février 1891, une rançon de 262 onces d'or, soit 25 152 F, a été exigée pour obtenir la libération de Bogui (considéré comme le principal instigateur de la révolte) et de ses amis et des chefs des villages alladian incarcérés à la prison de Conakry[740].

La volonté réelle des Français en infligeant une amende aux Alladian est de les dépouiller de toutes leurs richesses, de les appauvrir et de détruire toute leur économie. L'or donné en rançon appartient aux lignages. Il s'agit là du résultat de plusieurs années de travail effectué par ces structures sociales.

Les bijoux en or sont placés en gage et sont repris après paiement de l'amende. Cela est attesté par les documents français. *« Ces bijoux qui appartiennent aux familles sont placés en gage et seront récupérés après restitution des 250 000 F ».* Mais, cette disposition n'est pas respectée par les autorités françaises qui s'approprient les biens des lignages alladian. En effet, Octave Péan, résident intérimaire de la France en Côte d'Or, depuis le décès de Treich-Laplène, en mars 1890, a fait main basse sur les bijoux des Alladian. Il a envoyé au sous-secrétaire d'État aux colonies à Paris 8 385 g de bijoux en or soit 8, 385 kg. Cela est attesté par un courrier de Péan au sous-secrétaire d'État aux colonies :

> « J'ai l'honneur de vous faire connaître que je vous adresse ce jour par l'intermédiaire de Monsieur le Chef du service colonial à Marseille une caisse contenant 8 385 kg de bijoux en or. La caisse d'or est la fin de l'affaire des Jacks. C'est la rançon du chef Bodui que j'ai heureusement arrêté au mois de février dernier à Grand-Jack en le faisant tomber dans une embuscade ».

Cette rançon, payée en février 1891, équivaut à 262 onces d'or soit 25 152 francs. Elle n'est pas intégrée à l'amende globale infligée au peuple alladian. Cette rançon a été exigée pour la libération de Bogui et de ses amis et des chefs des villages alladian incarcérés à la prison de Conakry. Bogui est considéré comme le principal

---

[739] Lire ANS, 5G38, pièce 31. Précisons que cette disposition n'est pas respectée par les autorités françaises qui s'approprient les biens des lignages alladian. En effet, Octave Péan, résident intérimaire de la France en Côte d'Or, depuis le décès de Treich-Laplène, en mars 1890, a fait main basse sur les bijoux des Alladian. Il a envoyé au sous-secrétaire d'Etat aux colonies à Paris huit mille trois cent quatre-vingt cinq grammes de bijoux en or. Cela est attesté par un courrier de Péan au sous-secrétaire d'Etat aux colonies : « J'ai l'honneur de vous faire connaître que je vous adresse ce jour par l'intermédiaire de Monsieur le chef du service colonial à Marseille une caisse contenant 8,385 kg de bijoux en or. La caisse d'or est la fin de l'affaire des Jacks. C'est la rançon du chef Bodui que j'ai heureusement arrêté au mois de février dernier à Grand-Jack en le faisant tomber dans une embuscade » (C.A.O.M, Fonds Ministériels, Section Côte d'Ivoire, p. 192).

[740] ANCI, 1EE122 (2), pièce 18.

instigateur de la révolte des Alladian en janvier 1890 contre la présence du service des douanes sur leur territoire. Lors de cette crise, les Alladian ont payé au total 40 844 F francs, dont 414 onces d'or et 220 paquets de manilles.

Pour payer la rançon, les Alladian ont levé une cotisation. Par cet acte, ils tenaient à affirmer à tous ceux qui ont été déportés à Conakry et à leurs lignages leur solidarité et à montrer aux Français qu'ils étaient toujours unis. Les bijoux, mis en gage comme nous l'avons indiqué plus haut, appartenaient aux différents lignages. Il s'agit d'une partie des trésors lignagers, résultats de plusieurs années de travail. C'était donc une partie de l'héritage des familles. Les bijoux en or provenaient des pays baoulé, apollonien et abouré où les populations sont de grandes productrices d'or. Ce sont elles qui transforment le métal précieux en bijoux qu'achètent les peuples du Bassin occidental de la lagune Ébrié. Le fleuve Bandama et la lagune Ébrié sont les voies empruntées par les produits en or pour aboutir dans l'Ébrié occidentale.

À partir de la seconde moitié du XIXe siècle, l'établissement de relations commerciales entre l'Ébrié occidentale et la région centrale de la Comoé a favorisé aussi la descente de l'or des pays anyi et abron. Les orfèvres appoloniens établis à Dabou et à Grand-Lahou transforment également le métal précieux en produit fini. Pour rembourser une partie de l'amende et de la rançon, les Alladian ont fixé des cotisations et contracté des dettes auprès des factoreries installées sur leur territoire et également auprès des capitaines anglais, leurs amis de tous les jours. Le remboursement de ces emprunts s'est fait à l'ouverture de la nouvelle saison commerciale. Les intérêts selon les traditions alladian s'élevaient à 120 barriques, soit 27 tonnes d'huile de palme reparties entre les différents créanciers. Au cours de cette crise qui a duré de janvier 1890 à mars 1891, les autorités françaises ont ordonné le blocus de la lagune Ébrié, interdisant toute relation commerciale entre les deux rives. Pour celles-là, le prolongement du blocus devrait déboucher sur l'asphyxie de l'économie alladian, la ruine des négociants de ce pays, une cessation des relations commerciales entre les commerçants alladian et les capitaines des navires anglais. Le blocus a eu un résultat satisfaisant parce que, pendant cette période de tension, l'huile de palme et les palmistes du Haut-Ébrié étaient drainés à Grand-Bassam tandis que le littoral alladian ne recevait plus de produits oléagineux du pays odzukru, son premier fournisseur. Cette situation entraîne une récession économique du littoral alladian et une plainte des factoreries installées à Emoquah contre Octave Péan.

Le peuple alladian, après les répressions sauvages perpétrées par la France contre le monde alladian, contre ses commerçants, a accepté de se soumettre à l'autorité de celle-ci sur leur territoire et de considérer les agents du bureau des douanes comme les représentants de l'administration française à Jacqueville. Les Alladian ont accepté de se soumettre pour éviter la paupérisation[741], les incendies, les exactions, les abus et les amendes.

Mais, ils n'ont pas été les seuls à réagir contre l'installation des postes de douane sur le littoral des Quaqua. Les Avikam, hostiles à la présence française à Grand-Lahou, attaquent, le 19 août 1890, le poste de douane. L'attaque fait, du côté français, deux morts dont un sergent, le chef des miliciens. Les autorités françaises envoient, pour châtier les Avikam, l'aviso Ardent, accompagné d'un détachement de l'infanterie de la marine. Sa mission consiste précisément à bombarder les villages de Grand-Lahou et de Petit-Lahou[742]. Les Avikam, malgré leur équipement en fusils à deux coups et en cartouches de type calibre 12, n'ont pu résister aux assauts des soldats français. La guerre s'est terminée avec la victoire des Français, la mort de quinze villageois, un soldat et trois blessés graves du côté de l'armée envahissante[743], le paiement obligatoire d'une amende de 30 000 F[744] et la signature, en 1891, d'un traité de paix.

De 1892 à 1898, le taux de croissance des recettes douanières était de l'ordre de 2 à 3 %. Elles deviennent importantes à partir de 1890 où elles avaient atteint 333.395, 42 francs et, en 1904, 642 598,39 francs. Le taux de croissance de 1899 à 1904 est de l'ordre de 50 %. Cette situation est attestée par l'administrateur du cercle de Lahou qui écrit ceci :

> « En 1890, Lahou n'était qu'un poste de douane et la sécurité de ce poste était loin d'être parfaite. Qu'étant fermées à toute idée de progrès, les populations ne voyaient qu'une chose : que grâce à la douane, ils payaient quarante pour cent de majoration sur les prix des marchandises. Cette mauvaise impression ne se dissipa que difficilement et pendant dix ans et plus, les administrateurs ont lutté contre l'inertie voulue et l'opposition sournoise des principaux chefs. Peu à peu cependant, les plus vieux étant morts, les plus jeunes ayant des idées moins traditionnelles et des besoins nouveaux, les difficultés se sont aplanies »[745].

Installés à l'embouchure du fleuve Bandama, les Français, dans le but de contrôler et de réorienter[746] les trafics commerciaux entre la côte maritime et le Soudan, décident la conquête de Tyassalé, porte d'entrée des caravanes chargées d'or, d'ivoire, d'esclaves ou de caoutchouc en provenance des pays soudanais et des

---

741 *Id.*, pièce 18.
742 C.A.O.M, Fonds ministériels, Section Côte d'Ivoire, dossier IV, p. 124.
743 *Id.*, p. 129.
744 *Id.*, p. 128.
745 R. VILLAMUR, *op. cit.*, p. 367.
746 C.A.O.M, Fonds ministériels ; Section Côte d'Ivoire, Dossier IV, pièce 125.

contrées du Centre-Ouest et de l'Ouest[747]. Pour réaliser ce projet, la France diligente une étude dans le but de déterminer avec certitude les potentialités économiques du centre commercial des Elomoin. L'étude est confiée à deux jeunes français, Voituret et Papillon, assassinés aux environs du village de Broubrou au moment où ils se rendaient à Tyassalé[748]. En conséquence, l'autorité française de la Côte d'Ivoire confie au capitaine Marchand le soin de conquérir Tyasalé.

À la tête d'un détachement de près de 500 tirailleurs sénégalais, Marchand brise la résistance de près de 3000 combattants baoulé elomoin. Ces derniers, armés de fusils à silex, avaient déjà fait échec à une colonne française qui se rendait à Broubrou pour châtier les populations. Défaits les Baoulé Elomoin délèguent, le 12 décembre 1892, à Grand-Lahou, ses chefs et hauts dignitaires pour présenter leur soumission à la France. Ils acceptent de payer ainsi une amende d'une valeur de 100 onces d'or[749], s'engagent à remettre à l'administrateur de Grand-Lahou, les restes des corps de Voituret et Papillon, quatre otages (tous fils de chef dont N'guessa fils d'Eky) comme garantie de la sincérité de leur soumission[750]. Désormais, tout le pays élomoin est sous le protectorat français. La France, qui a atteint son objectif en reliant cette région à Grand-Bassam[751], installe une milice à Tyasalé composée de 22 éléments. Le capitaine Marchand, par arrêté du résident intérimaire de Grand-Bassam, est nommé responsable des affaires politiques de Tyasalé.

Les Elomoin se sont acquittés de leur amende grâce aux « crédits » consentis par les commerçants alladian et avikam qui tiennent à la paix de la région de Tyasalé, par où transitent l'ivoire, la poudre d'or, les esclaves et les cotonnades[752] vendus au commerce anglais[753]. Les gestes d'allégeance des Baoulé de cette région ont donné lieu au retour à la paix, à la réouverture des voies commerciales[754] et à l'installation de nombreux commerçants bambara ainsi que de maisons de commerce euro-

---

747 ANCI, 1EE28, pièce 19.

748 C.A.O.M, Fonds ministériels, Section Côte d'Ivoire, Dossier IV. pièce 121.

749 C.A.O.M, Fonds ministériels, Section Côte d'Ivoire, Dossier IV, p. 128.

750 *Id.*, p. 129. Signalons que la remise d'otages n'est pas le signe d'une absolue soumission des Baoulé Elomoin aux Français. En Afrique, il est de tradition qu'un père ou une mère confie son fils ou sa fille à un parent ou à un ami pour son éducation. C'est donc dans cet esprit que les enfants ont été remis aux Français. L'administration française a pour mission de s'occuper et de se charger de l'éducation des quatre jeunes. Les Français, dans leurs documents, parlent d'otages (ANCI, 1EE122 (1), p. 12).

751 C.A.O.M, Fonds ministériels, Section Côte d'Ivoire, Dossier IV, p. 133.

752 *Id.*, p. 131.

753 ANCI, 1EE122 (1), p. 23.

754 ANS, 5G39, pièce 18.

péennes spécialisées dans le commerce du caoutchouc pratiqué en Côte d'Ivoire depuis 1890[755].

Le contrôle de Tyassalé étant assuré, les Français organisent d'autres expéditions militaires pour s'assurer le contrôle des centres, des axes commerciaux et des foyers de production de l'huile de palme, des palmistes, du caoutchouc, du bois d'acajou, de l'or en poudre et de l'ivoire. Ainsi, en 1898 et en 1909, ils jettent leur dévolu sur les Oboru et les Eusru[756]. L'objectif de ces campagnes est la pacification du Lodzukru.

La pacification du Lodzukru

De lourds contentieux

Les Odzukru font partie des sociétés qui ont fait douter les Français de leur supériorité. Le courage et le refus de se laisser dominer par un autre peuple ont amené les Odzukru de la confédération de Bobor à rejeter la souveraineté de la France sur leur territoire. Ainsi, deux ans après la signature des premiers traités entre les Tukpa Ejn, les Dibrim Ejn et les Français en octobre 1850, débutent les cycles de conflits armés entre les Odzukru-Oboru et les Français[757]. Ces conflits prennent fin en 1909, avec la victoire des Français sur les Eusru.

Le Lodzukru, qui est la première région productrice de l'huile de palme, n'a jamais connu depuis la réalisation de son unité (fin XVIIe-début XVIIIe s.) la domination d'une puissance étrangère[758]. C'est ainsi qu'y ont échoué les tentatives des Baoulé Elomoin, observées au XVIIIe siècle et portant sur le contrôle de la route du sel (traversant les régions odzukru, abidji et baoulé sud)[759]. En atteste le fait que les Elomoin ont été battus par les Odzukru lors de la bataille de Gbadzn[760]. Très jaloux

---

755 C.A.O.M, Fonds ministériels, Section Côte d'Ivoire, Dossier IV, p. 129.

756 ANCI, 1EE122 (7), p. 12.

757 ANCI, 1EE122 (1), p. 5.

758 F. H. MEMEL, « Le système politique de Lodjoukrou, une société lignagère à classes d'âge (Côte-d'Ivoire) », Abidjan, université d'Abidjan, thèse de doctorat de 3e cycle, 1969, p. 142.

759 Une partie de l'armée élomoin décide, après la bataille, de rester dans le Lodzukru. Elle fonde dans le village de Lokp, le quartier Ayimanbou. Ayimanbou serait la déformation de la phrase *ayim ma ba* qui signifierait dans la langue baoulé « on viendra demain ». Ces informations ont été obtenues lors des enquêtes orales réalisées en 1984 à Orgbaff, auprès de Sylvestre AFFI.

760 Enquêtes orales réalisées en 1986 à Orgbaff, auprès de Latte Benoît ESSOH.

de leur indépendance et de leur liberté[761], les Odzukru-Oboru sont plusieurs fois entrés en guerre contre les Français.

Malgré le climat de tension permanente, en 1886, un traité de paix a été signé entre Bobor et la France[762]. Cette convention accordait la possibilité aux négociants français de se rendre dans le Lodzukru occidental et d'y faire du commerce. Auparavant, les Odzukru-Oboru avaient interdit aux Français de pénétrer dans leur zone. Le commerce français dans le Lodzukru se limitait à la zone orientale, autour de Dabou. La normalisation entre les deux parties n'est intervenue qu'en 1896. En effet, le 23 avril de cette année, à la grande surprise générale, tous les chefs du groupe de populations de Bobor conduits par Yousses, chef du village de Bobor, se présentent à Dabou pour se soumettre à l'administrateur de cercle[763]. Le 27 août 1896, pour montrer à l'administration coloniale leur bonne foi dans l'acte posé, les Odzukru-Oboru remettent à cette autorité coloniale la chevelure et la barbe de Lelache, responsable du Jardin botanique de Dabou ainsi que le fusil qu'il portait par-devers lui au moment de sa mise à mort en 1893 avec une vingtaine de personnes (dont des soldats et des commerçants européens) lors de l'attaque-surprise du fort Ducos. Notons, en passant, que la barbe et la chevelure de cet agent de la colonie ont été transformées en trophées de guerre.

Les Odzukru-Oboru s'enorgueillissaient d'être les seuls à pouvoir tuer des Européens et à boire dans leurs crânes[764]. En raison de la prégnance de cet imaginaire guerrier, ils ont été considérés comme la terreur des Français. Les soldats et commerçants français avaient peur de se rendre dans le Lodzukru occidental contrôlé par les Oboru[765]. De 1852 à 1896, ils ont massacré près de 100 soldats et commerçants français en leur tendant des guets-apens et des embuscades. Aussi, dans ce climat de tension, le commerce de la partie ouest de Lodzukru était sous la direction des commerçants alladian d'Addah, d'Adjakouté et de Bodo-Ladja.

La soumission des Odzukru-Oboru, intervenue au cours de l'année 1896, a-t-elle entraîné le développement du commerce français dans le Lodzukru, surtout dans les villages débarcadères tels que Mopoyem, Tiaha et Kpàdà[766]. Les activités commerciales menées dans le Haut-Ébrié deviennent florissantes. Les maisons de commerce établies à Dabou réalisent d'importants bénéfices[767]. La détente entre les Odzukru-Oboru et les Français entraîne une croissance de la production de l'huile

---

761 Enquêtes orales réalisées le septembre 1987 à Lokp.

762 ANS, 5G39, pièce 18.

763 ANS, 2G1 (25), pièce 3.

764 ANS, 5G33, pièce 21.

765 Ibid.

766 ANCI, 1EE122 (1), p. 19.

767 *Id.*, p. 22.

de palme malgré le prix très faible proposé par les commerçants français[768] et l'essor commercial des deux rives de la lagune Ébrié, de l'arrière-pays et de tous les acteurs économiques.

D'ailleurs, la chute du prix de l'huile de palme a conduit les producteurs odzukru, en 1896, à former la ligue commerciale pour protester contre la cherté des produits importés et le soutien de l'administration française aux commerçants européens. La reprise des activités commerciales dans l'Ébrié occidentale s'est également traduite par le tracé de la route Dabou-Tyasalé. Longue de près de 100 kilomètres et praticable en toute saison[769], elle relie les pays odzukru, abidji et baoulé Elomoin, permet le drainage des produits des régions de savane à Dabou et facilite la descente des caravanes sur la côte maritime[770]. Profitant de la stabilité politique de l'Ébrié occidentale à la suite de la soumission des Oboru, les Français avaient déjà, en 1896, ouvert une route praticable en toute saison reliant Dabou-Alépé. Il s'agit de la route lagune Ébrié-fleuve Comoé. Grâce à cette route, les produits des régions nord et centre de la Comoé sont drainés à Dabou[771]. De nombreux commerçants africains y installent des factoreries.

Mais, le rapprochement entre les Odzukru-Oboru et les Français n'a duré que deux ans. En effet, au cours du 2e semestre de l'année 1898, les Oboru déclenchent une nouvelle révolte. Plusieurs faits sont à l'origine de la rupture de la bonne entente entre ces deux parties. Invoquons d'abord, le problème des porteurs. En 1898, l'administrateur du cercle de Dabou a donné l'ordre à tous les villages odzukru de fournir des porteurs à la mission d'exploration Monteil qui se rendait en exploration dans le Baoulé et dans le Soudan[772]. Il somme les huit groupements du Lodzukru de mettre à sa disposition 560 volontaires »[773]. À la différence de Dibrim, les autres villages ont refusé de se soumettre à l'injonction de cet administrateur. Ce refus s'explique avant tout par le fait qu'ils lui reprochaient d'être à l'origine de leurs difficultés économiques consécutives à la baisse des prix de l'oléagineux et de la protection des commerçants européens en favorisant la hausse du prix de vente des marchandises importées. Autant de décisions qui entraînent la dégradation du pouvoir d'achat des populations du Haut-Ébrié et l'augmentation des gains du commerce français[774].

---

768 *Id.*, p. 18.
769 ANS, 2G1 (25), pièce 5.
770 ANCI, 1BB3, p. 12.
771 ANCI, 1EE122 (2), p. 12.
772 ANCI, Série 1EE122 (2), p. 11.
773 *Id.*, p. 20.
774 ANS, 2G1 (28), pièce 17.

Le refus d'obtempérer des populations du Lodzoukru est à rapporter à la récurrence des prises d'otages faites par les agents des factoreries françaises en dépit des consignes de l'administrateur du cercle portant sur le respect des populations locales et des protestations des communautés villageoises. Ces derniers ont continué de cibler les femmes et les enfants des villages de l'intérieur qui se rendaient dans les débarcadères pour y vendre l'huile de palme[775]. Aucune sanction n'étant prise à l'encontre des auteurs de ces enlèvements[776], les populations ont décidé de ne plus supporter les abus et les humiliations des commerçants français.

L'exaspération manifestée par les Oboru consécutivement aux arrestations et aux emprisonnements de villageois explique également l'opposition à « l'effort de portage ». Parmi les derniers abus des autorités françaises, on note l'arrestation, en avril 1898, de Gnagne, chef de Kpàdà à la suite de l'assassinat de Voas et Eudes, mis aux arrêts, emprisonnés pendant trois jours[777] et assassinés. Pour la libération de ce notable, l'administration française a exigé le paiement d'une rançon de 200 000 francs, la restitution des restes mortels des sieurs Voas et Eudes et la remise des assassins[778]. Mais, sous la pression commerciale des Oboru, qui ordonnent le gel de toutes les activités commerciales de Lodzukru, les autorités françaises ont relâché les prisonniers[779] et réduit le montant de l'amende à payer à 6 000 F.

Les moyens et les façons de faire des belligérants

L'incarcération des notables a été ressentie par les Odzukru-Oboru comme une humiliation, une provocation, un affront à laver en expulsant les Français du Lodzukru. Ces derniers, pour leur part, assimilent le refus des Oboru de fournir des porteurs à un acte d'insubordination qu'il importe de réprimer sévèrement afin que l'exemple ne soit pas suivi par les autres populations de l'Ébrié occidental presque tous les jours en effervescence. C'est pour cette raison que le colonel Monteil décide, à la tête d'une colonne, une expédition punitive contre la confédération de Bobor. Les habitants de ce groupement prennent au même moment la décision d'aller en guerre contre les Français dont l'équipement militaire plus impressionnant se compose de fusils à répétition et de cartouches de type calibre 12[780]. Les Oboru ont mis à profit la période de paix et de collaboration observée entre 1896 et 1898 pour se préparer à la guerre. Comme lorsqu'il y a en vue une campagne militaire, les paysans-guerriers viennent de tous les villages du groupe de population.

---

[775] ANCI, 1EE122 (2), p. 12.
[776] ANCI, 1EE122 (1), p. 22.
[777] ANS, 2G27 (1), pièce 17.
[778] ANS, 2G1 (27), pièce 20
[779] ANS, 2G1 (28), pièce 21.
[780] CAOM., Fonds ministériels, Section Côte d'Ivoire, Dossier IV, p. 122.

L'effectif des hommes en âge de porter un fusil subit une hausse. Désormais, l'on mobilise 5 000 guerriers, tous hommes valides âgés de 21 à 56 ans et armés de fusils, de ceintures à munitions, d'un coutelas[781] et de barres de fer coupées en angles aigus[782]. Les fusils sont d'origine anglaise, danoise, soudanaise et de fabrication locale[783]. Les ceintures en cuir, fabriquées en pays baoulé, comptent entre 15 et 20 compartiments où sont logées les munitions consistant en de petits flacons de poudre. Mais, on retiendra qu'en 1898, contrairement aux autres années, les Odzukru-Oboru ont été sous-équipés.

Pour se rendre au combat, les Oboru et leurs alliés, escortés par les olifants et les tambours parleurs[784], portaient des *abrakou* ou cache-sexes faits de trois à quatre bandes de cotonnade et un fétiche protecteur[785]. Le départ en guerre est précédé d'un sacrifice au génie protecteur (un chien ou quelques fois un esclave[786]). Les préparatifs sont également organisés à l'échelle familiale grâce à la mise à contribution du fétiche appelé *bansa* ou *kabra*[787] qu'il faut distinguer du *krakra*, un fé-

---

[781] Le coutelas, quant à lui, sert à décapiter l'ennemi et à lui couper la tête. Les crânes des vaincus sont attachés aux branches du grand arbre qui fait office de siège de parlement. Tous les villages en possèdent. La présence de ces crânes a fait dire à tous les explorateurs français, de passage dans le Lodzukru, que les Odzukru étaient anthropophages. Lire : D. L. FLEURIOT, *op. cit.*, p. 380.

[782] Cela avait la particularité de rendre les blessures plus profondes et difficiles à guérir. Cf. ANCI, 1EE122 (1), p. 12.

[783] *Id.*, p. 13.

[784] Enquêtes orales réalisées le 12 août 1988.

[785] E. J.-M. LATTE, *op. cit.*, p. 364.

[786] Ibid.

[787] Le fétiche protecteur est placé sous un boisseau ou sous un mortier sur lequel s'asseoit la mère ou la sœur jusqu'au retour du combattant. Elle ne doit ni boire, ni manger. Toute violation des interdits met en péril la vie du combattant. Les guerriers, pour leur protection, ont recours à leurs parents pour échaapper aux risques de trahison. Ainsi, ils écartent leurs conjointes. En effet, avec l'épouse, le guerrier peut être trahi. Une femme adultère devient, en pareille occasion, un danger pour son époux. L'adultère et le vol constituent des contre-indications des fétiches. La garde des fétiches est confiée aux femmes qui ont atteint la ménopause. En d'autres termes, les menstrues sont contre-indiquées pour les candidates à l'exercice de cette fonction prestigieuse.

tiche individuel que chaque combattant pouvait acquérir auprès des populations baoulé, anyi ou soudanaises[788].

Avant d'engager la guerre ou de mener une opération militaire contre les Français, les Oboru, qui se barbouillaient le visage et le corps de raies rouges et noires[789], s'informent toujours sur les mouvements, les effectifs, les positions et les équipements de leurs troupes. Cela leur donnait l'avantage d'évacuer, dans les villages voisins et surtout dans le pays avikam, femmes, enfants, personnes âgées et les malades.

La tactique de guerre utilisée par les Odzukru est l'embuscade. Cette technique consistait à creuser sur les sentiers qui mènent dans le village des fosses de deux mètres de profondeur et de deux mètres de large. Des ronces, des épines, des scorpions et des serpents venimeux étaient placés à l'intérieur des fosses. Elles sont ensuite recouvertes de nervures de palmes sur lesquelles sont déposées les feuilles de banane. Sur ces feuilles sont répandus du sable et des feuilles mortes. Les guerriers se cachaient dans les sous-bois pour attendre le passage des colonnes françaises. Cette tactique a rendu les Odzukru-Oboru invisibles durant une longue période.

Du côté français, avant l'expédition punitive contre les Odzukru-Oboru, d'importantes dispositions militaires ont été prises. En effet, après l'échec de la colonne française dans la baie de Kpâda, en avril 1898, l'administrateur du cercle de Dabou a demandé au gouverneur de la colonie l'envoi de 500 hommes de troupe. Les autorités françaises de la Côte d'Ivoire sont convaincues que seuls des soldats de métier peuvent venir à bout des Oboru. C'est pourquoi l'armée coloniale a bénéficié du renfort d'un détachement de tirailleurs sénégalais venus du Sénégal[790], de 190 guerriers de Dibrim, tous porteurs d'un fusil[791] et dévoués au chef Kètèkrè II (qui est le chef supérieur des Odzukru), de guerriers alladian, (ressortissants du village d'Emoquah administrés par Adjé Bonny), abidji et ahizi faisaient

---

[788] D'après nos enquêtes orales, réalisées le 22 août 1988 à Dibrim, les migrations baoulé et soudanaises dans le Lodzukru pendant le boom de l'huile de palme, ont favorisé la descente et l'introduction de nombreux fétiches dans la région. Les plus connus sont le *gangani* et *le tanou*. Il s'est alors développé dans le Haut-Ebrié un mystérieux commerce portant sur les fétiches. L'entretien oral que nous avons eu le 17 août 1988 à Orgbaff avec Latte Benoît ESSOH nous renseigne sur le fait que de nombreux commerçants recherchaient de puissants fétiches pour accroître leur prestige et faire partie de l'élite afin de posséder des pouvoirs économiques et politiques.

[789] Enquêtes orales réalisées le 22 août 1985 à Bobor.

[790] ANCI, 1EE122 (1), pièce 5.

[791] *Id.*, pièce 8.

également partie des effectifs français. Le détachement français, fort de 800 à 1000 hommes, était placé sous les ordres du capitaine Gallet[792].

La collecte du renseignement militaire a été exécutée, en partie, pour le compte de la France par des espions de Dibrim Ejn et d'Emoquah qui connaissaient mieux la région de Bobor et ses environs, effectue des relevés topographiques de la zone[793]. Ils ont indiqué aux autorités françaises de Dabou, le nombre de fusils dont dispose la ligue de Bobor, formée au début de l'année 1896 et comprenant les Oboru, les Eusru et les Orgbaffu[794].

L'armée française opère nuitamment par surprise. Le village dont les cases sont en nervures et feuilles de raphia est incendié. Les issues de sortie sont fermées et contrôlées par les soldats français. Il s'agit d'empêcher toute évasion de la population.

Les villages du bassin occidental de la lagune Ébrié étaient fortifiés. Pour ce faire, les populations utilisaient les planches du parasolier. En effet, une ligne de pieux bien reliés entre eux à l'aide de traverses solidement fixées par de souples lianes[795]. C'est ce que note Fleuriot de Langle : « Les approches des villages sont défendues par des ouvrages extérieurs qui dominent tous les sentiers »[796]. L'existence de ces fortifications rendait impénétrable le village de Bobor, capitale des Oboru.

Les séquences d'une guerre

Les guerres de 1898, entre Oboru et Français, se sont déroulées en deux phases. La première correspond à la guerre d'avril 1898. Elle s'est soldée par la victoire des Oboru. Les Français ont été défaits. Ils ont eu neuf soldats tués et de nombreux

---

[792] ANCI, 1EE122 (4), pièce 7.

[793] *Id.*, pièce 17.

[794] Mais, les Orgbaffu, redoutant un affrontement avec les Français se retirèrent en 1898. Après leur défection, ils furent sommés, par l'administrateur de Dabou de reconnaître Kètèkrè II comme le chef supérieur des Odzukru et de lui verser une somme de 2 500F. de fournir des guerriers contre les Oboru. Mais, cette exigence a été rejetée par les Orgbaffu qui ne peuvent quelle que soit la gravité de l'offense ou du problème, prendre les armes contre les Oboru. Un pacte d'assistance mutuelle et de non-agression a été conclu entre les deux groupes de population, au début du XVIIIe siècle. Les Orgbaffu considèrent Bobor comme leur grand village, leur premier village. En effet, c'est de Bobor que sont partis les *EB Owren Ejn*, fondateurs du village d'Orgbaff. Les Orgbaffu Edzem Ejn, en provenance de Amès-Kpâdâ, dans la région de Grand-Lahou, y ont séjourné pendant quelques années, avant d'aller s'établir à Orgbaff pour former le troisième groupe de quartiers. Voir E. J.-M. LATTE, *op. cit.*, pp. 366 et 368; AN.C.I., 1EE122 (1), pièce 18 et notre entretien oral qui s'est déroulé le 22 août 1983, à Orgbaff avec Sylvestre AFFI.

[795] D. L. FLEURIOT, *op. cit.*, p. 379.

[796] Ibid.

blessés[797]. Le village de Bobor, situé à deux (2) kilomètres du rivage lagunaire, dans la forêt et très fortifié, n'a pas été atteint par les détachements français. La seconde phase se résume à la guerre de septembre 1898. Elle a été une occasion pour les Français de briser la résistance des Oboru qui se sont défendus avec énergie et courage infligeant aux assaillants de nombreux blessés graves et des morts[798]. Les rapports français ont estimé à 1 000 le nombre de personnes tuées du côté de Bobor.

Cette information appelle deux réserves. La première veut que Bobor qui est un village moyen à cette époque n'affiche pas, en 1898, un effectif de population supérieur à ce nombre. La seconde réserve renvoie à la mémoire collective. En effet, les pertes enregistrées, au cours de cette guerre, n'ont pas laissé de traces indélébiles au sein de la communauté. Or l'on sait qu'en pareille circonstance, les chansonnières ou autres artistes composent des chants et des poèmes pour condamner la guerre et inviter les générations futures à œuvrer pour la paix. Après toutes les analyses, nous estimons à quelques dizaines de personnes, le nombre de tués. Notre position s'appuie sur les éléments suivants. Depuis le massacre de la colonne française qui se rendait à Kpàdà, les Français ont pris l'habitude de bombarder fréquemment les villages de la zone de Bobor qui sont pour la plupart situés en bordure de la lagune[799]. L'échec de l'expédition française, d'avril 1898, a conduit les Oboru à vider les villages[800], à utiliser pour dormir les sous-bois et à transformer en cachettes et postes d'observation les troncs de fromagers et d'Iroko[801]. L'opération s'étant déroulée la nuit et pour profiter de l'effet de surprise, les Français n'ayant pas allumé de torches pour pouvoir viser juste leurs cibles, à cause de l'obscurité. Et le village de Bobor n'ayant pas totalement été encerclé par les soldats du détachement français, l'on peut dire que pour les guerriers locaux qui se sont servis des palissades comme remparts n'ont pu enregistrer de lourdes pertes. Cela est également attesté par nos informateurs de Dibrim[802].

Septembre 1898 marque la fin de la résistance oboru à la colonisation française. La défaite des Oboru est accompagnée du paiement d'une amende de 200 000 manilles. Ce qui équivaut à 50 000 francs[803]. L'amende de guerre a été payée sans difficulté. Les Oboru ont procédé à une collecte publique au cours de laquelle

---

797 ANCI, 1EE122 (1), pièce 5.

798 *Id.*, p. 23 et 25.

799 *Id.*, p. 12.

800 L'évacuation, selon nos informateurs de Bobor, des populations dans les villages avikam et tchaman, avait permis à Bobor de sauver une bonne partie de ses fils et filles du massacre. Cf. Enquêtes orales réalisées le 22 juin 2004 à Dibrim.

801 Enquêtes orales réalisées le 22 août 1984 à Bobor.

802 Enquêtes orales réalisées le 22 juin 2004 à Dibrim.

803 ANCI, 1EE122 (1), p. 8.

hommes et femmes ont été sollicités en vues d'éviter à leur village une nouvelle guerre[804]. La population de Bobor a été aidée et soutenue par les villages de Bobor et environs ou encore par les Eusru, leurs fidèles alliés. Ces derniers, enrichis par la traite de l'huile de palme, ont payé la moitié de l'amende[805].

Les conséquences immédiates d'une guerre

La guerre de septembre 1898 entre les Odzukru-Oboru et les Français a été lourde de conséquences pour le Haut-Ébrié[806]. Elle a entraîné la baisse du commerce à Dabou[807]. Les Odzukru orientaux faisant partie des soutiens de la France évitaient de se rendre à Dabou par peur des représailles des Oboru qui décrétèrent une rupture des relations politiques avec les Alladian et un embargo commercial contre tous leurs villages, sauf Addah[808], pour les punir de leur « traîtrise ». L'embargo fut surtout dirigé contre les commerçants d'Emoquah qui avaient apporté leur soutien aux troupes françaises et marché avec elles contre Bobor[809]. Des commerçants alladian furent aussi pris comme otages par les Oboru. Leur libération obtenue au terme de négociations menées par l'administrateur de Dabou ou à l'issue de pressions militaires[810] intervient à un moment où prend corps le recul des exportations vers le littoral alladian[811], devient effective la perte par la côte alladian sa place de premier point d'exportation de l'huile de palme à Grand-Bassam[812] et s'établit un trafic direct entre les factoreries européennes installées à Tukpa, à Dabou et les populations du Lodzukru occidental qui se passent ainsi des services des intermédiaires africains, surtout alladian. Dabou est donc en relation avec les pays de savane et de forêt d'où descendent l'ivoire, les cotonnades, le caoutchouc, l'or et quelquefois les esclaves acheminés en direction de Grand-Bassam. Une liaison directe par la lagune Ébrié transforme en pôles Dabou et cette dernière capitale économique[813]. En somme s'opère la transformation de Dabou en avant-port ou entrepôt de cette plate-forme commerciale. Autrement dit s'y déplace le centre

---

804 ANS, 2G1 (28), pièce 9.

805 ANCI, 1EE122 (1), p. 10.

806 *Id.*, p. 17.

807 *Id.*, p. 12.

808 ANS, 2G1 (28), pièce 12.

809 ANCI, 1EE122 (1), p. 18.

810 ANS, 2G1 (28), pièce 22.

811 En effet, les exportations d'huile de palme du littoral alladian qui étaient avant la guerre de 6 500 tonnes sont passées en 1904 à 3 230 tonnes. En 1904, elles étaient de 1.454 tonnes. Les exportations d'huile de palme du pays alladian enrégistent une baisse. Cf. ANS, 2G1, Côte d'Ivoire, Série des douanes. Rapport annuel sur le commerce et la navigation pendant l'année 1904, p. 82.

812 Ibid.

813 ANS, 2G1, Côte d'Ivoire, Rapport d'ensemble pour l'année 1909, pp. 62-63.

économique du bassin occidental de la lagune Ébrié. Dabou s'érige, à la fin du XIXe siècle, comme la capitale économique du Haut-Ébrié.

Parmi les réactions enregistrées du côté des Oboru, on note, en octobre 1898, la prise comme otages de membres d'une caravane de femmes de Dibrim qui transportaient de l'huile à Dabou. Il s'en est suivi une exacerbation de la tension sécuritaire dans le Lodzukru, une atmosphère préjudiciable au développement du commerce. Face à cette situation, les maisons de commerce installées à Dabou protestèrent auprès du gouverneur de la colonie contre les fortes amendes de guerre infligées aux populations. Cette situation, aux dires des maisons de commerce, constitue un obstacle à la promotion du commerce dans le Haut-Ébrié.

La défaite des Oboru en septembre 1898 a renforcé les liens de solidarité entre les membres de la ligue de Bobor. Cette solidarité a rendu incertaine la pacification de Lodzukru. En effet, les Eusru, membres de cette ligue de Bobor prennent la tête de la résistance odzukru à la colonisation française. Toutes les méthodes de conquête utilisées par l'administration française pour venir à bout des Odzukru occidentaux sont des échecs. Ce qui pousse les Français, pour renforcer leur autorité sur la côte des Quaqua et empêcher toutes transactions commerciales entre le Lodzukru occidental et cette région, à signer de nouveaux traités de paix et d'amitié avec les villages alladian puis à entreprendre une opération punitive contre le village d'Usr. Grosse agglomération de plus d'un kilomètre de long situé en pleine forêt, distant de 15 kilomètres du poste de Tukpa, comptant, au début du XXe siècle, près de 3 200 habitants[814] et étiqueté grand producteur d'huile de palme et de palmistes ou encore grenier de tout le Lodzukru[815], Usr a été perçu comme étant le porte-flambeau de la résistance odzukru.

C'est en décembre 1909 qu'un détachement français, fort de 250 hommes, placés sous les ordres du capitaine Lalubin, appuyé par des guerriers venus des villages de Dibrim, Tupka, d'Emoquah et du pays Ahizi, se lance à l'assaut des Eusru, dont les guerriers, au nombre de 2 000, sont mal équipés[816]. Avec un effectif de 2000 porteurs de fusils à silex, Lalubin attaque, par surprise, nuitamment, les Eusru qui résistent. La bataille dura toute la nuit jusqu'au petit matin. On enregistre de part et d'autre de nombreux blessés et de nombreux morts. Les Français, qui disposaient de fusils à répétition et de cartouches, ont reconnu la bonne organisation de la résistance Eusru[817]. Sortis victorieux de la confrontation armée, grâce à la mobilisation des meilleurs éléments de la garde de police et de la cinquième compagnie du

---

814 ANCI, 1DD7, pièce 11.

815 ANCI, 1EE122 (7), pièce 25.

816 Usr ne disposait que de cinq (5) barils de poudre à canon, d'ailleurs avariée. Lire : ANCI, 1EE122 (7), pièce 12.

817 ANCI, 1EE122 (7), pièce 15.

4ᵉ Régiment des Tirailleurs sénégalais, ils infligent aux vaincus une amende d'un montant de 75 000 F[818]. Cette dernière défaite signe la fin la résistance des Odzukru occidentaux à la pénétration coloniale, l'irréversibilité de la victoire du commerce français[819]. Comme conséquences de cette action, de nombreuses maisons de commerce installent leurs succursales soit à Dabou, soit à Tukpa. De nombreux Soudanais, en particulier des Bambara, des Sénégalais s'installent eux aussi dans les débarcadères secondaires de Lodzukru, à Dabou et à Tukpa[820]. Avec la fin de la conquête des Odzukru occidentaux et celle de la pacification politique de Lodzukru, il ne reste plus aux Français qu'à poursuivre le grignotage territorial qui préfigure une politique répressive lourde de conséquences, à une échelle plus grande que celle du pays des Oboru.

L'occupation du pays Abidji (1891-1892)

Le pays abidji, situé au nord du bassin occidental de la lagune Ébrié, est le passage obligé pour toute caravane qui se rend dans le Baoulé sud, précisément à Tyasalé[821]. Grande région de production de produits vivriers, il entretient avec le reste des territoires de ce bassin des échanges commerciaux[822]. Exportant la banane plantain, les escargots séchés, les légumes, les épices[823], ils importent des produits halieutiques, du sel marin et des marchandises européennes. L'importance du pays abidji réside aussi dans le fait que cette région constitue non seulement la porte d'entrée des pays baoulé-élomoin et abbè[824]. L'Abidji est donc un important carrefour commercial[825]. En sus, il a fourni, depuis le XVIIIᵉ siècle, aux négociants alladian et odzukru se rendant dans les régions savanicoles, des interprètes maîtrisant couramment les langues baoulé et abbè[826].

Au début des années 1890, les Français nourrissent le projet de conquérir la région de Tyasalé, principal carrefour du Baoulé sud afin de contrôler les trafics commerciaux entre la côte maritime et le Soudan, de drainer les produits en direction de Grand-Bassam et d'éviter que les différentes caravanes se rencontrant à Tyasalé, longeant le Bandama et aboutissant à Grand-Lahou n'atterrissent chez les capitaines anglais qui ont transformé leurs navires en factoreries flottantes[827]. Ainsi, il

---

818 Journal officiel de la Côte d'Ivoire, 1910, p. 370.
819 ANCI, 1EE122 (7), pièce 12.
820 *Id.*, pièce 17.
821 E. J.-M. LATTE, *op. cit.*, p. 361.
822 ANCI, 1EE122 (2), p. 18.
823 E. J.- M. LATTE, *op. cit.*, p. 368.
824 Ibid.
825 Enquête orale réalisée le 25 janvier 2005 à Bécédi.
826 E. J.-M. LATTE, *op. cit.*, p. 371.
827 P. ATGER ,*op. cit.*, p. 452.

est donc important de dévier ces trafics commerciaux de Tyasalé à Grand-Bassam[828].

La réalisation de ce projet de détournement de flux commerciaux suppose pour les Français le contrôle des régions situées au sud de Tyasalé. Dès lors, au cours de la période 1891-1892, ils envahissent le pays abidji par le sud, en passant par Bécédi, la porte d'entrée de la région éyimbé. L'occupation du pays abidji par les Français s'est faite sans heurts. Les Abidji ont suivi les escarmouches entre les peuples lagunaires et les colonnes françaises[829]. Ils ont accueilli de nombreuses personnes venues de Lodzukru, précisément de la région de Bobor. Les amendes de guerre ont ruiné l'économie des régions lagunaires et appauvri les populations. Conscients de leur sous-équipement en armement, car ne disposant pas suffisamment de fusils et de poudre à canon et dans le souci d'éviter à la communauté des guerres qui auraient endeuillé les lignages, les Abidji ont accepté de se soumettre à la France[830]. Mais cela n'est pas le cas pour les Tchaman-Akwé qui se révoltent en 1904 contre les Français.

La soumission des Tchaman-Akwê

Les Tchaman-Akwê qui occupent la partie orientale du pays tchaman constituent le plus important peuplement de la région en question. Organisés en classes d'âge au nombre de quatre et assimilées à des organisations politico-militaires[831], ils forment une société homogène et solidaire, parviennent à maintenir leur équilibre politique et sont foncièrement attachés à leur liberté.

Dans les relations tchaman-akwê et français, nous distinguons deux grandes phases. La première est faite de tensions entre 1849 et 1899, tandis que la seconde est celle du rapprochement survenu entre 1900 et 1904. La période 1849-1899 a été marquée par des tensions[832] : arraisonnement de navires marchands français en circulation sur la lagune Ébrié, institution du péage à payer par les Français sur ce cours d'eau[833], refus d'obtempérer des agents de la maison Régis réclamant la libre circulation, divergences d'interprétation du traité de 1843 censé placer sous la souveraineté française les territoires situés à l'ouest du pays abouré[834].

---

828 C.A.O.M., Section Côte d'Ivoire, Dossier IV, p. 125.

829 ANS, 5G 39, pièce 17.

830 ANCI, 1EE122 (1), p. 11.

831 Les femmes dans le pays tchaman n'exercent pas de fonctions politiques.

832 ANS, 5G22, pièce 12.

833 ANS, 5G23, pièce 17.

834 ANS, 5G22, pièce 15.

L'armée coloniale française a eu du mal à s'imposer face aux Tchaman-Akwê capables d'aligner au cours d'une bataille près de 5 000 à 10 000 hommes, tous armés de fusils à silex[835]. Les administrateurs français, pour leur sécurité, avaient peur de se rendre dans les villages tchaman réputés gros producteurs d'huile de palme[836] et ouverts aux traitants bassamois au début du commerce de cet oléagineux puis à partir de 1849, aux négociants alladian jouant aux intermédiaires pour les capitaines de navires anglais[837]. En somme, le commerce de cette région a échappé aux commerçants français redoutant le caractère belliqueux attribué aux Tchaman. Les Français n'exercent sur eux aucun contrôle politique, même s'ils sont théoriquement, depuis 1850, les maîtres, de la Côte d'Or[838].

À partir de 1900, on note un rapprochement entre Français et Tchaman[839]. Cela s'est fait à la faveur du transfert de la capitale de la colonie, de Grand-Bassam, à Akwê-Adjamé. Cette entente a été l'œuvre de l'administrateur adjoint des colonies, Lamblin. Sous les ordres du lieutenant-gouverneur, il a négocié la cession du territoire devant accueillir les bâtiments et le personnel de l'administration auprès des autorités politiques d'Akwê-Adjamé[840]. L'obtention de ce territoire est un succès politique. Par leur présence à Akwê-Adjamé[841], les Françaisn qui s'imposent aux Tchaman sans combattre, renforcent non seulement leur autorité sur toute la région méridionale, mais aussi, et surtout contrôlent également toutes les transactions commerciales de l'Ébrié et ses environs[842].

La France nourrit de grands projets de développement économique pour le pays tchaman, en particulier Abidjan choisi pour abriter la tête de la ligne du chemin de fer et le port en eau profonde. Ainsi, de 1900 à 1904, l'entente entre Français et Tchaman est une réalité palpable[843]. Mais, en 1904, à la faveur de la perception de l'impôt de capitation, institué dans la colonie depuis 1901, ces derniers se révoltent. Les Français brisent sans beaucoup de difficultés cette résistance[844], car les combattants locaux, mal équipés, ne disposaient pas de poudre à canon en raison de l'interdiction de vente de ce produit datant de 1892. L'armée tchaman-akwê fut battue dans la baie d'Akoué par une compagnie de miliciens forte de 250 éléments.

---

835 ANS, 5G23, pièce 18.
836 ANS, 5G26, pièce 11.
837 ANS, 5G23, pièce 18
838 *Id.*, pièce 12.
839 ANS, 5G46, pièce 7.
840 *Id.*, pièce 12.
841 ANS, 5G39, pièce 17.
842 ANS, 5G46, pièce 17.
843 ANS, 5G39, pièce 22.
844 ANS, 5G46, pièce 25.

Conséquences de la politique répressive

Le bilan humain des expéditions dites « punitives »

Ce bilan est difficile à établir au niveau des belligérants. De 1890 à 1909, les Français auraient perdu, lors des différentes expéditions punitives, près de 120 personnes. L'année 1898 a été une année meurtrière pour les troupes françaises. En effet, outre le bilan des 54 tués (dont deux officiers)[845] enregistré, en février 1898, par une colonne française qui se rendait dans le village d'Usr et celui des mois d'avril et septembre au cours desquels celles-ci ont perdu à Bobor et de l'année 1898, les Français auraient perdu dans les baies de Tiaha et de Kpâdâ plus de soixante soldats[846], l'on constate que les Français ont eu plusieurs blessés graves. Cette situation a provoqué chez les soldats africains une psychose de peur[847] et une multiplication des désertions. Du côté des populations africaines, les pertes humaines sont difficiles à établir également à cause du manque de statistiques fiables[848]. Outre le chiffre exagéré de 1 000 morts censé ponctuer la bataille de septembre 1898, entre Français et Oboru, les guerriers tombés aux combats peuvent être estimés à plusieurs centaines de personnes. C'est ce qui ressort de nos enquêtes orales effectuées, en 1988, à Abata, à Akwê-Adjamé en pays tchaman, à Bobor et à Dibrim dans le Lodzukru, à Grand-Lahou et à Emoquah en pays avikam et alladian. Les différentes guerres ont été meurtrières pour les belligérants.

La ruine financière

Les amendes de guerre ont enrichi l'administration coloniale française qui a perçu, de 1890 à 1909, près de 120 000 F[849] et appauvri les populations africaines incapables d'acheter beaucoup de marchandises importées[850]. Cette situation a suscité des plaintes et des protestations des commerçants français contre l'administration coloniale. Ces derniers voient désormais en l'amende guerre une sorte d'entrave au développement de leurs activités professionnelles[851]. La guerre a aussi entraîné la ruine des traitants africains qui supportaient le poids des cotisations publiques fixées pour payer les amendes. En 1890, sur les 12 500 F payés par les Alladian, au titre de l'amende de guerre pour la libération des chefs de Bodo-Ladja, incarcérés à Grand-Bassam, les douze grands négociants de la région ont versé au moins la

---

[845] ANS, 2G1 (28), pièce 17.
[846] *Id.*, pièce 22.
[847] *Id.*, pièce 23.
[848] ANCI, 1EE122 (1), p. 17.
[849] ANS, 5G46, pièce 12.
[850] C.A.O.M., Section Côte d'Ivoire, Dossier IV, p. 123.
[851] C.A.O.M., Section Côte d'Ivoire, Dossier IV, p. 124.

moitié de la somme[852]. En 1890, les Alladian pour payer l'amende de guerre qui leur a été imposée par Octave Péan, le résident par intérim, ont offert tout ce qu'ils avaient comme or[853]. En 1892, pour faciliter la descente des produits de Tyasalé sur la côte des Quaqua bloquée par l'armée coloniale, les commerçants alladian et avikam ont payé l'amende de guerre infligée aux Baoulé-Elomoin.

Ruinés par de fortes amendes de guerre, les négociants du bassin occidental de la lagune Ébrié ont été remplacés dans les centres commerciaux du Haut-Ébrié et de la Côte des Quaqua par les commerçants africains venus soit du Soudan, soit du Sénégal ou de la Gold Coast[854]. Ils y développent le commerce de détail, en créant de petites boutiques[855] et jouent, au XXe siècle, le rôle de pisteurs et de collecteurs de produits pour les factoreries européennes. Ce moment est mis à profit par les français qui instituent en 1901, de l'impôt de capitation. Son prélèvement n'intervient qu'en 1905 dans tout le pays tchaman[856] où les Français accélèrent l'exécution des projets de développement de la baie d'Abidjan[857] qui servait de centre de transit pour Grand-Bassam[858], débutent les travaux du chemin de fer qui doit favoriser le drainage des ressources de l'intérieur sur les bords de la lagune Ébrié.

La ruine commerciale des opérateurs africains, consécutive aux victoires françaises sur les Odzukru-Oboru, en septembre 1898, et les Tchaman-Akwê en 1904, a eu plusieurs impacts. Tout en facilitant le contrôle par la puissance coloniale conquérante des activités commerciales du bassin occidental de la lagune Ébrié et en garantissant la mainmise sur les centres commerciaux et les différentes voies qui ont fait, aux XVIIIe et XIXe siècles, la prospérité économique du bassin occidental de la lagune Ébrié, elle est à la base de la détermination des règles juridiques et commerciales à respecter pour une exploitation rationnelle et méthodique des ressources de la Côte d'Ivoire[859]. Dans cette colonie d'exploitation[860], s'exerce de façon nette, dès 1904, la domination de l'administration coloniale française qui introduit une nouvelle armature de dispositions juridiques.

---

852 *Id.*, p. 125.
853 C.A.O.M., Fonds ministériels, Section Côte d'Ivoire, Dossier IV, p. 125.
854 ANCI, 1EE122 (2), p. 17.
855 ANCI, Série 1EE122 (3), p. 15.
856 ANS, 5G46, pièce 22.
857 ANCI, 1EE122 (3), p. 17.
858 R. VILLAMUR et F. J. CLOZEL, *op. cit.*, p. 242.
859 ANCI, 1EE 122 (3), p. 12.
860 R. VILLAMUR, *op. cit.*, p. 132.

Les mesures juridiques

En s'établissant, en 1843, dans le sud-est de l'actuelle Côte d'Ivoire, l'objectif de la France est d'avoir à sa disposition des débouchés, en clair d'exploiter les ressources de cette région géographique pour alimenter ses industries. Pour réaliser cet objectif, elle décide de réglementer juridiquement les activités commerciales de la colonie.

L'uniformisation des textes d'expropriation foncière

Les codes fonciers

Dans les sociétés du bassin occidental de la lagune Ébrié, la propriété foncière est collective. En effet, la terre appartient aux vivants et aux morts[861]. Chacun a le droit d'user des fruits naturels de ce terrain. Mais lorsqu'un habitant met en valeur un espace de la forêt, il devient alors propriétaire de ce terrain et des fruits qu'il contient tant qu'il le cultivera. Il peut le transmettre à ses descendants, même s'ils ne le cultivent pas[862].

Au lendemain de l'érection de la Côte d'Ivoire en colonie autonome, l'administration coloniale décide d'uniformiser les textes d'expropriation des terres. En fonction des réalités du terrain, des dispositions juridiques sont prises. Ainsi, le 10 septembre 1893, l'administration coloniale promulgue le premier arrêté qui réglemente le régime des concessions[863]. Les décrets des 20 juillet et du 30 août 1900 définissent les régimes de type domanial, forestier et foncier. Les différents décrets affirment que l'État est le seul propriétaire du domaine foncier[864] et indiquent que la terre ne peut pas être cédée gratuitement au colon[865]. Le décret du 30 août 1900, dans son article 1, prévoit comme modes d'aliénation des terres domaniales l'adjudication, le gré à gré, la gratuité du titre et le titre onéreux[866]. Le décret du 23 août 1904, dans son article 10, stipule que les terres vacantes et sans maître appartiennent à l'État. Ce texte modifie l'étendue des concessions accordées soit par le pouvoir central soit par l'autorité locale[867].

---

861 ANCI, 1EE122 (7), p. 17.
862 VILLAMUR et CLOZEL, *op. cit.*, p. 183.
863 *Id.*, p. 192.
864 *Id.*, p. 197.
865 *Id.*, p. 201.
866 Ibid.
867 *Id.*, p. 193.

Les préoccupations du législateur colonial

Pour l'administration coloniale, la réglementation sur le foncier répond à quatre préoccupations. D'abord déterminer les terres communautaires ou villageoises et ensuite les terres du domaine public. Au XIXe siècle, à la suite de la traite de l'huile de palme, de nombreux villages maritimes et lagunaires sont devenus des centres commerciaux de premier ordre. Ce sont les cas de Grand-Bassam, Assinie, Emoquah, Grand-Lahou, Dabou, Tukpa et Cosr. Des maisons de commerce européennes désirent installer leurs factoreries dans ces localités. Au départ, le terrain était cédé par la communauté villageoise. Ainsi pour la construction du fort Ducos en 1853, les Dibrim-Ejn ont cédé la baie de Dabuatchi aux Français[868]. Mais à partir de 1893, l'administration coloniale réglemente l'acquisition de biens fonciers pour éviter les conflits entre les autochtones et les étrangers, faire entrer, par l'opération de cession des terres, des ressources numéraires supplémentaires dans les caisses de la colonie de l'argent et satisfaire la demande des opérateurs économiques désireux d'établir dans la colonie des factoreries[869] ou d'investir dans les domaines agricoles et forestiers[870]. Bref, par ces nouvelles dispositions juridiques, l'administration coloniale tient à uniformiser les textes régissant les activités économiques et à organiser le mode d'acquisition de terrains urbains et de terres rurales. Rappelons que l'on a observé, depuis la fin du XIXe siècle, un afflux de commerçants venus du Sénégal, du Soudan et d'Axim dans les centres commerciaux du bassin occidental de la lagune Ébrié[871]. Ils s'y installent dans le but de superviser, dans les débarcadères, les échanges de palmistes, d'oléagineux, de caoutchouc et de bois d'acajou[872]. Ce flux migratoire se déroule dans un contexte marqué par la politique coloniale de promotion du caoutchouc de cueillette et du bois d'acajou[873]. Concernant ce dernier produit,[874] nous pouvons dire que son exploitation est contrôlée par des opérateurs étrangers. C'est le cas des Appoloniens à Grand-Lahou. C'est ce que note l'administrateur du cercle de Lahou en ces termes : « La seule exploitation qui se fasse sur une certaine échelle, après celle du palmier à huile, est celle de l'acajou. Mais ce sont des étrangers qui s'y livrent. Des popula-

868 ANS, 5G26, pièce 12.
869 ANCI, 1EE122 (3), p. 17.
870 ANCI, 1EE122 (3), p. 12.
871 *Id.*, p. 17.
872 *Id.*, p. 20.
873 *Id.*, p. 17.
874 Depuis le début du XXe siècle, le bois est devenu le troisième produit d'exportation de la Côte d'Ivoire derrière l'huile de palme et les palmistes. En 1908, les recettes d'exportation de l'acajou ont atteint près d'un million de Francs. C'est pour garantir et protéger cette activité que l'administration coloniale intervient dans le domaine forestier par une réglementation des concessions.

tions autochtones répugnent aux violents travaux. Or le métier de coupeur de bois est dur ; aussi les grands exploitants de l'acajou sont-ils des Appoloniens »[875].

L'institution des concessions

La présence des étrangers et leurs demandes d'acquisition de terrains urbains ou ruraux[876] ont amené l'administration coloniale à déterminer le régime des concessions[877]. Nous parlons de concessions parce que l'État français s'est proclamé propriétaire de toutes les terres vacantes. Par conséquent, tout étranger qui exploite une terre le fait dans le cadre d'une concession, qui est accordée gratuitement ou moyennant le versement d'une somme d'argent déterminée[878].

Les textes de base

En Côte d'Ivoire coloniale, deux textes majeurs ont déterminé le régime des concessions. Il s'agit des arrêtés du 10 septembre 1893 et du 26 octobre 1904. Le premier texte fait du lieutenant-gouverneur le seul attributaire de concessions[879]. Cette réglementation a été adoptée afin d'attirer le plus possible de capitaux et d'investisseurs prêts à construire des factoreries, des usines, des docks, des maisons d'habitation[880]. Le second arrêté, émanant du gouverneur général de l'AOF, modifie l'arrêté local du 27 avril 1901 et réglemente le mode d'obtention des concessions de moins de 10 000 hectares[881]. Ainsi, il distingue trois catégories de concessions en prenant comme discriminants la superficie[882] et le profil de l'autorité qui les accorde[883] : les lots inférieurs à 200 ha et réductibles dans bien des cas à des terrains urbains à usage d'habitation[884], les concessions dont les surfaces sont com-

---

875 VILLAMUR et CLOZEL, *op. cit.*, p. 136.

876 Pour obtenir une concession, une simple demande est adressée au gouverneur de la colonie accompagnée d'un plan en double expédition et affichée pendant quinze jours. Les oppositions soulevées étaient tranchées par le gouverneur. La demande doit nettement individualiser et le pétitionnaire et le terrain demandé. Cf. *JOCI*, année 1898, p. 268.

877 *Id.*, p. 128.

878 *Id.*, p.132.

879 *JOCI*, année 1905, p. 148.

880 *JOCI*, année 1894, p. 128.

881 *JOCI*, année 1905, p. 162.

882 Une différence est faite entre les concessions urbaines et les concessions rurales.

883 Colonie de Côte d'Ivoire, Régime domanial, forestier et foncier de la Côte d'Ivoire, p. 68.

884 Ces concessions procèdent d'un plan de lotissement arrêté par le gouverneur en conseil d'administration. Les concessions rurales sont celles qui portent sur tous les autres terrains. Lire *JOCI* année 1898, p. 265.

prises entre 200 et 2 000 ha[885] et celles supérieures à 2000 ha. Pour les lots de terrains urbains, l'autorité compétente est le lieutenant-gouverneur. Ces concessions sont accordées, après avis du conseil d'administration, aux conditions déterminées par l'acte de concession lui-même dans chaque cas, suivant le lieu, la nature du sol et l'exploitation à entreprendre[886]. L'attribution des concessions de type intermédiaire est dévolue au gouverneur général de l'AOF sur proposition du lieutenant-gouverneur de la Côte d'Ivoire. Pour la dernière catégorie de concessions, leur attribution se fait par décret à la suite d'un rapport du ministère des Colonies. Il produit ce document à la suite de la proposition du gouverneur général et après l'avis de la commission des concessions coloniales. Lorsque plusieurs demandes concurrentes portent sur le même terrain, l'arrêté de 1901 prévoit une adjudication entre les concurrents[887]. Des restrictions sont apportées pour les concessions accordées dans la zone côtière. La surface seule est accordée par l'acte de concession, les mines, les carrières et tous les produits du sous-sol sont réservés au profit de l'État.

L'application du régime des concessions

C'est en 1890 que débute l'application du régime de concession dans le bassin occidental de la lagune Ébrié. Au cours de cette période, l'administration coloniale française a accordé de vastes hectares de forêt établis dans les débarcadères non loin des villages. Ainsi, la société commerciale française (SCF) a obtenu à Dabou une concession de 2 150 m^2 de terrain pour une exploitation agricole[888]. La Société française de Côte d'Ivoire (SFCI) a obtenu à Cosr une concession de 1 400 m^2 de superficie[889]. Au départ, les cessions de terrains étaient gratuites. Mais à partir de 1892, un droit de concession de 20 F le m^2 est perçu dans les territoires affectés à la poste de la Côte d'Or[890] et un droit de location de terrain en raison de 0,20 F le m^2 pour l'occupation des terrains situés dans la zone réservée au commerce.

Les droits de cession ont connu une évolution depuis l'arrêté de juillet 1901 et portent sur les tarifs qui sont fixés en fonction du nombre d'hectares[891]. Ainsi, nous avons :

---

885 Les concessions rurales au-dessus de 200ha étaient accordées par le gouverneur en conseil d'administration à titre gratuit ou onéreux et à des conditions déterminées pour chaque concessionnaire.

886 *Id.*, p. 72.

887 *JOCI*, année 1921-1922.

888 J.O.C.I., année 1898, p. 218.

889 ANCI, EE122 (1), p. 16.

890 Ibid.

891 *JOCI*, année 1911-1912, p. 228.

> « 100 F pour 10 hectares ;
> 125 F + 2F/ha en plus des 10 premiers pour un lot étendu sur une superficie qui va de 10 à 100 ha ;
> 300 F + 1,50 F par hectare en plus des 100 premiers pour les lots de terrain dont les superficies sont situées dans la fourchette de 100 à 300 ha ;
> 1000 F + 1 F par hectare pour les concessions dont les surfaces varient de 500 à 1000 ha ;
> 1 000 F + 1 F par ha en plus des 500 premiers pour une concession dont la surface est égale au moins à 1000 ha ou dépasse 10 000 ha.
> Une augmentation de 50 F est prévue lorsque la propriété est bâtie et une autre de 5 F par borne figurée au plan et piquetée sur le terrain[892].

Grâce à cette réglementation, la plupart des maisons de commerce établies à Grand-Bassam et à Assinie installent des succursales dans les centres commerciaux du Bassin occidental de la lagune Ébrié. D'autres obtiennent des concessions pour la culture du sisal[893] ou pour l'exploitation du bois de grume. De nombreux commerçants africains, d'origine sénégalaise, soudanaise et de la Gold Coast, acquièrent des concessions urbaines et s'établissent dans les débarcadères du Haut-Ébrié.

Dans l'Ébrié occidental, l'expropriation des terres concerne les terrains situés dans les environs des littoraux lagunaire et maritime. Les palmeraies n'ont pas été ciblées[894]. L'administration coloniale reconnaît aux communautés villageoises leur droit sur les forêts situées dans leurs territoires. Ainsi, dans le Lodzukru, les maisons de commerce versaient chaque année, aux paysans dont les palmiers ont été détruits, des indemnités versées en espèce ou en nature[895]. Leur montant est discuté entre les paysans et les responsables de la factorerie[896].

Les différentes dispositions juridiques concernent aussi l'exploitation forestière, précisément le bois. Dans ce domaine, en se fondant sur le régime de la concession rurale, l'administration coloniale délivre des permis d'exploiter aux exploitants forestiers. Mais, les Appoloniens, grands exportateurs de bois de grume, préfèrent conclure avec les communautés villageoises des contrats qui portent uniquement sur le bois à exploiter. Une indemnité portant sur le bois coupé est accordée à la communauté villageoise contractante. Il s'agit en fait d'un dédommagement pour le bois qui est aussi utilisé pour la confection des pirogues. Dans un rapport, l'administrateur du cercle de Lahou indique en la matière ce qui est fait par les exploitants forestiers appoloniens :

---

892 ANCI, 1EE122 (2), p. 20.
893 *JOCI*, année 1898, p. 218.
894 ANCI, 1EE 122 (3), p. 26.
895 *JOCI*, année 1912, p. 128.
896 Ibid.

> « La seule exploitation qui se fasse sur une certaine échelle, après celle du palmier à huile, est celle de l'acajou. Mais ce sont des étrangers qui s'y livrent. Les populations autochtones répugnent aux violents travaux. Or le métier de coupeur de bois est dur ; aussi les grands exploitants de l'acajou sont-ils des apponiens. Ceux-ci installés à Lahou explorent minutieusement les bords des innombrables marigots. Lorsqu'ils ont reconnu les précieuses essences, ils s'assurent au moyen d'une indemnité au village le plus proche la propriété des arbres qu'ils ont remarqués »[897].

Par l'arrêté du 8 décembre 1903, l'administration coloniale impose à tous les exploitants forestiers étrangers une taxe dont le montant varie en fonction du volume des activités. Les taxes sont de 500 F ; 350 F ou 200 F. La taxe ne frappe pas les Africains exploitant les forêts situées aux alentours de leurs villages et pouvant aussi justifier d'un certain droit de propriété. Elle concerne exclusivement les étrangers qui exercent le commerce de l'acajou dans une circonscription autre que leur cercle d'origine[898].

L'acquisition, la circulation et l'exploitation des biens fonciers ont fait partie des préoccupations majeures des pouvoirs publics coloniaux. Il en a été de même pour les activités commerciales. Le maître mot a été de les réglementer.

La réglementation des activités commerciales

Le régime de la patente

L'objet de la réglementation des activités commerciales dans la colonie de la Côte d'Ivoire porte sur trois points essentiels. D'abord déterminer les différents types de patentes, ensuite identifier les différents groupes de colporteurs et enfin permettre à l'administration coloniale d'avoir un droit de regard sur toutes les activités commerciales. Ainsi, l'arrêté du 22 mai 1901 dispose que « les Africains voulant colporter dans la colonie devaient préalablement se munir d'une patente et verser un droit fixe, mais proportionnel à la valeur des marchandises transportées »[899]. Le 8 décembre 1903, par un arrêté, le lieutenant-gouverneur maintient les dispositions de cet arrêté. Mais, ces deux arrêtés ont été refondus dans l'arrêté du 26 février 1904 qui distingue la patente des commerçants établis, la patente des commerçants non établis ou de colportage et la licence[900].

---

[897] *JOCI*, année 1912, p. 128.

[898] *JOCI*, année 1920-1921, p. 220.

[899] E. MICHELLET et JEAN-CLEMENT, *La Côte d'Ivoire*, Paris, Challamel, 1906, p. 122.

[900] *Id.*, p. 126.

Comment est organisé le régime des patentes ? Il comporte trois catégories. Dans une catégorie de patente, on peut trouver des différences de traitement.

La patente des commerçants établis est définie en fonction de la nature du commerce exercé. Cinq classes ont été identifiées. La première est appliquée aux acteurs de l'import-export. La taxe est de 600 F. Le deuxième groupe porte sur les marchands de gros vendant à d'autres commerçants. Le montant de la taxe est de 400F. La troisième classe concerne les sous-traitants. La taxe est de 300F. Le quatrième groupe porte sur les marchands de demi-gros. La taxe est de 200F. La cinquième classe regroupe les détaillants. La taxe est de 50F.

La patente de colportage est appliquée à deux catégories de colporteurs : ceux qui achètent leurs marchandises dans l'étendue du gouvernement général et ceux qui reçoivent directement leurs marchandises de l'extérieur[901]. Le premier groupe paie un droit fixe déterminé selon la valeur des articles colportés. Les montants à verser par an pour un ballot sont ainsi fixés : 5 F, 10 F, 20 F, 30 F, 40 F ou 50 F par an pour un ballot. Quant au deuxième groupe, le montant de sa taxe est aussi variable. Il est échelonné ainsi : 200 F, 500 F, 1 000 F, 2 000 F, 3 000 F ou plus[902]. Pendant la durée de validité de sa patente, le colporteur peut indéfiniment renouveler son stock. Mais il n'est pas autorisé à transporter des produits pouvant représenter un prix plus élevé que le montant de sa patente. En frappant les colporteurs qui reçoivent directement leurs marchandises de l'extérieur, l'arrêté du 26 février 1904 a pris des mesures pour empêcher l'envahissement de la colonie par des commerçants d'origine asiatique. Il faut réserver les marchés de la colonie aux commerçants « métropolitains »[903]. Parmi les ressortissants asiatiques, seuls les Syriens sont autorisés à s'établir dans la colonie.

La patente de colportage est valable pour l'année pendant laquelle elle a été remise. Sa perception est assurée par les agents spéciaux. Les administrateurs de cercle délivrent les formulaires de patente sur le vu des récépissés des agents spéciaux. Les colporteurs dont la profession n'est pas exercée à demeure fixe sont tenus d'acquitter le montant total de leur prime au moment de la remise de la patente[904].

Le droit de licence est dû par toute personne vendant au détail une marchandise à consommer sur place comme les boissons alcooliques vendues par des aubergistes ou des restaurateurs. Les taxes sont fixées à 300 F pour un restaurateur et 200 F pour un gérant de cabaret[905]. Les taxes sont payables, soit en un seul terme au début

---

901 *Id.*, p. 172.

902 Ibid.

903 E. MICHELLET et JEAN-CLEMENT, *op. cit.*, p. 173.

904 Ibid.

905 Ibid.

de l'exercice, soit par trimestre. Le recouvrement des trimestres échu est poursuivi par voie de sommation, de commandement et de saisie conformément à la législation métropolitaine.

Un usage généralisé

À la suite de l'arrivée de nombreux Européens et Africains en Côte d'Ivoire pour le commerce, le gouverneur général a décidé de généraliser l'usage de la patente par l'arrêté du 26 février 1904[906]. Les différentes législations sur le commerce ont essayé de mettre de l'ordre dans l'exercice des activités commerciales. En effet, dès la fin du XIXe, début XXe siècles, les centres commerciaux de Dabou, Tukpa, Emoquah et Grand-Lahou ont été pris d'assaut par des commerçants venus du Soudan, du Sénégal, de la Gold Coast, de la Sierra Leone, de la Syrie et de la France[907]. Les Soudanais et les Syriens appartenaient au groupe des colporteurs. Ils faisaient la navette entre les centres commerciaux de l'Ébrié occidental et Tyasalé. Les Soudanais se rendaient dans les villages et hameaux pour vendre et acheter des produits tels que les tissus, les vêtements, les clous, les machettes, le sel et les produits de l'artisanat africain[908].

Les différentes dispositions qui définissent les droits et les obligations des commerçants étrangers ont favorisé leur installation dans les centres commerciaux de l'Ébrié occidental. Pour renforcer son autorité en Côte d'Ivoire et surtout dans les régions orientales et dans le bassin occidental de la lagune Ébrié, la France introduit la justice moderne dans la colonie.

L'armature juridictionnelle

Organigramme et compétences

Suite au rattachement en 1892 (décret du 11 mai) de la Côte d'Ivoire à la Guinée française, une justice de paix à compétence étendue fut instituée à Grand-Bassam. Mais l'appel des jugements en premier ressort devait se faire un conseil d'appel siégeant à Conakry[909]. À partir de cette période, deux justices se superposèrent dans l'Ébrié occidental la justice africaine et la justice française[910].La première se définit comme une justice clémente. Elle prône toujours la réconciliation, la paix et l'équilibre social. Les délits comme l'adultère se règlent à l'amiable dans le cadre

---

906 *Id.*, p. 174.

907 VILLAMUR, *op. cit.*, p. 218.

908 ANCI, 1EE 122 (4), p. 18.

909 E. MICHELLET et JEAN-CLEMENT, *op. cit.*, p. 142.

910 E. J.-M. LATTE, *op. cit.*, p. 473.

des clans, des amitiés ou des classes d'âges[911]. Les litiges fonciers, politiques et successoraux ressortissent du tribunal de la communauté villageoise. En sont membres des personnes âgées qui ont été sélectionnées en raison de leurs riches expériences. En pays odzukru, ce tribunal, présidé par les *eb-ebu*, aidés des *adzrofi* et des autres villageois « remplit un double rôle judiciaire et politique. Il s'agit de discerner le tort et la raison des parties et, en même temps, réconcilier les adversaires pour maintenir l'unité de la communauté »[912]. Cet organe juridictionnel applique au terme de ses délibérations des sanctions consistant en des réparations ou ordonne des sacrifices lorsqu'il s'agit d'homicides. Est ainsi implorée la clémence de la famille de la victime, mais aussi de la terre « mère nourricière, souillée par le sang humain »[913].

Les décrets du 11 mai 1892 et du 16 décembre 1896 se sont bornés, à maintenir au niveau de la justice africaine les juridictions existantes pour le jugement des affaires civiles, correctionnelles ou de simple police. Au niveau du tribunal africain, pour la période 1892, on distingue deux instances. La première, chargée de juger les conflits sociaux, est présidée par le chef de poste. La seconde instance, présidée par l'administrateur de cercle, s'occupe des litiges fonciers et des affaires politiques [914] . Ces contentieux sont réglés dans les chefs-lieux de poste. L'administration a aussi utilisé cette justice pour réprimer les leaders politiques locaux. Ainsi en 1899, par un jugement rendu par le chef de poste de Dabou, Gnagne, chef du village de Kpâdâ, a été déporté à N'jolé au Gabon[915].

Fonctionnement et personnels des organes juridictionnels

La justice française, pour sa part, est répressive, non clémente. La sanction suprême qu'elle applique est la privation totale de liberté[916]. Par décret du 16 décembre 1896, celle exercée, en Côte d'Ivoire cesse de relever du conseil d'appel de la Guinée française. Un conseil d'appel spécial à la colonie a été créé[917]. Les magistrats sont recrutés parmi les fonctionnaires. Les administrateurs étaient chargés de rendre la justice dans leurs circonscriptions. Dans l'Ébrié occidental, la justice est rendue par les chefs de poste et par les administrateurs des cercles de Dabou, puis des Lagunes et de Lahou. Les chefs de poste de Dabou et de Lahou sont assistés de quatre assesseurs choisis pour leurs compétences linguistiques (savoir parler

---

911 F. H. MEMEL, *op. cit.*, p. 252.
912 Ibid.
913 E. MICHELLET et JEAN-CLEMENT, *op. cit.*, p. 143.
914 JOCI, année 1904, p. 212.
915 ANS, 2G1 (28), pièce 22.
916 Ibid.
917 J.O.C.I, année 1906, p. 267.

et traduire le français) et parmi les chefs de village ou les notables[918]. Les affaires criminelles sont réservées à la juridiction française. Les citoyens français relevaient de la justice française.

Une nouvelle réorganisation de la justice coloniale

À partir de 1902, la justice en Côte d'Ivoire connaît une réorganisation. En effet, l'arrêté du 4 juillet 1902 crée un service judiciaire. Les fonctions judiciaires sont de carrière[919]. Des tribunaux de première instance sont institués dans les chefs-lieux. Au civil, leurs compétences portent sur les affaires intéressant les Européens et assimilés, les contestations entre Africains, concernant des actes passés sous l'emprise de la loi française et les affaires opposant des Africains que les plaideurs d'accord entre eux veulent faire trancher par les tribunaux français conformément aux coutumes locales[920]. En matière correctionnelle et de simple police, le tribunal tranche les affaires intéressant les Européens ou assimilés ou les Africains complices d'Européens ou assimilés. Au chef-lieu de chaque colonie siègent non seulement des cours criminelles connaissant de tous les crimes commis par les Africains dans l'étendue du ressort des tribunaux de première instance de chaque colonie[921], mais aussi des tribunaux de première instance, des justices de paix à compétence étendue et des tribunaux pour Africains[922]. Quant à la Cour d'Appel de l'AOF, elle étend sa juridiction sur tous les territoires qui révèlent du gouvernement général. Elle a son siège à Dakar. À son procureur général sont attribuées les fonctions de chef du service judiciaire[923].

Avec la réorganisation judiciaire, deux tribunaux sont créés. Il est créé pour les Français un tribunal de première instance ; son siège est à Bingerville, chef-lieu de la colonie[924]. Ce tribunal est composé d'un juge, d'un juge suppléant, d'un procureur de la république et d'un greffier. Le décret de novembre 1903 prévoit et permet dans les territoires non compris dans le ressort du tribunal de première instance, l'institution de justice de paix, à compétence étendue[925]. Sa création est du ressort du gouverneur général. Pour ce faire, et sur proposition du chef de la colonie comme après avis du procureur général, il prend un arrêté qui en fixe le siège et le ressort tout en désignant le fonctionnaire civil ou militaire, chargé de remplir les

918 E. MICHELLET et JEAN-CLEMENT, *op. cit.*, p. 144.
919 *Id..*, p. 145.
920 Ibid.
921 *Id.*, p. 145.
922 *Id.*, p. 146.
923 E. MICHELLET et JEAN-CLEMENT, *op. cit.*, p. 146.
924 JO.C.I., année 1906, p. 220.
925 *Id.*, p. 221.

fonctions du ministère public, c'est-à-dire de procureur de la République[926]. La compétence des justices de paix est *ratione materiae* à celle du tribunal de première instance. Leur compétence *ratione personae* est moins étendue[927]. Aussi bien en matière correctionnelle et simple police qu'en matière civile et commerciale, les juges de paix ne connaissent que des infractions commises par des Français. En application du décret de novembre 1903, deux justices de paix à compétence étendue ont été instituées en Côte d'Ivoire par l'arrêté du 6 juillet 1904, l'une ayant son siège à Grand-Lahou, chef-lieu du cercle de Lahou, l'autre à Dabakala. Le ressort de la première comprend le cercle de Lahou et le ressort de la deuxième le cercle de Kong. Le tribunal de Grand-Lahou couvre les régions du sud-ouest, du centre-ouest et une partie du centre[928].

La justice pour les Africains est administrée sous la haute surveillance et le contrôle du procureur général, chef du service judiciaire par des tribunaux de villages, des tribunaux de province et des tribunaux de cercle[929]. Le tribunal de village se compose d'un seul membre : le chef de village. En matière civile et commerciale, il n'a que des pouvoirs de conciliation[930]. Les sentences rendues ne lient pas les parties qui peuvent toujours porter leurs différends devant les tribunaux de province. En matière de simple police, le chef de village peut appliquer de 1 à 15 francs d'amende et d'un à cinq jours d'emprisonnement en premier et dernier ressort sur toutes contraventions prévues par l'autorité administrative et les coutumes locales[931].

Le tribunal de province ou de canton, institué au chef-lieu de la province, est composé du chef de province ou de canton, assisté de deux notables désignés par le gouverneur de la colonie sur proposition du procureur général[932] et d'un secrétaire chargé de la tenue du registre et de la rédaction matérielle du jugement. Ses décisions ont force exécutoire en premier ressort pour les affaires, civiles, commerciales et correctionnelles. Les jugements qui sont rendus doivent être motivés et contenir l'énoncé sommaire des faits, les déclarations et conclusion des parties, les dépositions des témoins et le nom des juges qui ont participé à la décision[933]. Ils doivent être également transcrits sur un registre spécial, coté et paraphé. Les tribunaux de province sont pour l'exécution des jugements rendus par les tribunaux de

---

926 E. MICHELLET et JEAN-CLEMENT, *op. cit.*, p. 146.
927 *Id.*, p. 147.
928 *JOCI*, année 1905, p. 128.
929 *Id.*, p. 129.
930 E. MICHELLET et JEAN-CLEMENT, *op. cit.*, p. 147.
931 Ibid.
932 *Id.*, p. 148.
933 *Id.*, p. 149.

province, soit en matière civile, soit en matière pénale, il suffit d'obtenir un simple visa, document délivré par l'administrateur[934].

Dans l'Ébrié occidental, le tribunal de province ou de canton était, au départ, dirigé par Kpekpi Mel dit Kètèkrè II[935]. Sa compétence ne s'étendait pas sur le Tchaman et l'Avikam. Cette province a été morcelée avec la création du canton alladian ; elle dispose donc de son propre tribunal de province présidé par le chef Adjé Bonny d'Emoquah considéré comme le vrai serviteur de la France sur la côte des Quaqua[936]. On dénombre après 1904, pour la seule région de l'Ébrié occidental, quatre tribunaux de province : Dabou, Emoquah (Jacqueville), Grand-Lahou et Bingerville[937].

Siégeant au chef-lieu de cercle, les tribunaux de cercle, qui constituent la haute instance de l'appareil judiciaire pour les Africains, sont présidés par les administrateurs du cercle assistés de deux notables à voix consultative. On y examine, outre les affaires de crime, les appels des jugements civils, commerciaux et correctionnels des tribunaux de province. Lorsque les peines prononcées sont supérieures à cinq ans d'emprisonnement, ces organes juridictionnels sont toujours tenus de les soumettre à l'homologation d'une chambre spéciale[938].

L'appareil judiciaire a fonctionné comme un moyen de répression, d'exploitation et d'intimidation des colonisés. Elle a aussi été un élément de démembrement social. Les différentes déportations des leaders des classes d'âge et des commerçants ont réussi à briser la résistance politique et économique des populations de l'Ébrié occidental[939]. La justice française a permis à l'administration coloniale de contrôler les activités commerciales, d'arbitrer les conflits entre négociants, de protéger les maisons de commerce ainsi que les négociants européens et africains étrangers. Son activation a été un élément d'encouragement pour les compagnies commerciales.qui ont été les principales bénéficiaires des chantiers de restructuration économique lancés par les responsables français.

934 *Id.*, p. 150.
935 ANCI, 1EE122 (6), p. 18.
936 ANCI, 1EE122 (5), p. 12.
937 *JOCI*, 1906, p. 228.
938 E. MICHELLET et JEAN-CLEMENT, *op. cit.*, p. 146.
939 ANCI, 1EE122 (1), p. 9.

CHAPITRE II

DES INITIATIVES ECONOMIQUES POUR REALISER LE PROJET COLONIAL

Les Français, en s'établissant dans le bassin occidental de la lagune Ébrié, dans la deuxième moitié du XIXe siècle, se sont rendu compte des immenses richesses économiques de cette région. Depuis le XVIIe siècle, cette région connaît une intense activité commerciale dominée par les navires anglais au XIXe siècle. Revenus dans cette région vers la fin du XIXe siècle, les Français décident de créer des infrastructures économiques pour contrôler toutes les activités commerciales.

La création de postes de douane sur la côte des Quaqua

Les tentatives antérieures

Après plusieurs tentatives qui se sont soldées par des échecs, la France parvient, en 1889, à installer des postes de douane sur le littoral oriental. Dans l'ancien régime commercial, l'interdiction a été faite aux navires marchands étrangers de s'établir dans les régions sous le contrôle français. Mais, en 1860, le gouvernement de Napoléon III se rallie au libre-échange et ouvre ainsi les possessions françaises aux navires étrangers, la franchise ayant été abolie[940]. Les établissements français de la Côte d'Or étaient demeurés des ports francs. L'ordre a été par la suite donné aux gouverneurs des possessions françaises de penser à une nouvelle réforme du régime douanier. Ainsi, plusieurs projets ont été proposés au gouvernement français. Les projets de réforme ont abouti, au Sénégal, à l'avènement d'un nouveau régime

940 SCHNAPPER, *op. cit.*, p. 202.

douanier qui élimine la discrimination entre les produits français et étrangers en vigueur depuis la période de l'ancien régime[941]. Des droits de douane ont été institués à l'entrée et à la sortie des ports sénégalais. Ces droits devaient fournir une grande partie des ressources budgétaires de ce territoire.

Des activités commerciales hors contrôle douanier français

Ce régime douanier, en vigueur au Sénégal, est en contradiction avec le régime commercial de la Côte d'Or où l'essentiel du commerce se fait en mouillage sur les rades et échappe ainsi au contrôle de l'administration coloniale[942]. Aucun port véritable n'existait en Côte d'Or. Dans cette région, la barre empêche les navires marchands de se rapprocher de la côte. L'essentiel des échanges commerciaux sur la Côte des Quaqua jusqu'en 1890 est dominé par les navires anglais qui sont de véritables « factoreries flottantes »[943]. Alimentés en produits de traite par les paquebots qui sillonnaient le Golfe de Guinée, les navires anglais, sur la Côte des Quaqua passaient au moins une année en rade[944]. Les capitaines des navires anglais entretenaient des rapports privilégiés avec les commerçants quaqua qui contrôlaient les trafics commerciaux de l'arrière-pays. Grâce à la qualité de leurs marchandises et aux contacts privilégiés entretenus avec les commerçants africains, les négociants anglais dominaient tous les trafics commerciaux de la Côte d'Or.

Avec le nouveau régime commercial, l'interdit qui pesait sur les factoreries étrangères en Côte d'Ivoire avait été levé. Mais cela entraîna la diminution des subventions pour le budget des « colonies » à la suite de la réduction du budget du ministère de la Marine[945]. La conséquence de cette mesure est que le budget des possessions françaises a été réduit d'un tiers[946].

Des réformes inefficaces

Les réformes douanières décidées, en 1861, pour la Côte d'Or n'ont été appliquées partiellement qu'en 1868, après l'échec des négociations entre la France et l'Angleterre[947]. Les hésitations observées relativement à l'application de ces réformes sont dues au fait que la France cherchait à ménager les nouvelles maisons

---

941 *Id.*, p. 203.

942 ANS, 5G33, pièce 6.

943 P. ATGER, *op. cit.*, p. 433.

944 ANCI, 1EE122 (1), p. 12.

945 SCHNAPPER, *op. cit.*, p. 216.

946 Ibid.

947 Ces négociations ont porté sur l'échange de la Gambie contre les comptoirs de la Côte d'Or. Voir P. ATGER, *op. cit.*, p. 445.

de commerce françaises et étrangères qui prenaient le risque de s'établir en Côte d'Or, après l'échec des maisons Régis, Renard et autres[948]. La France décide alors d'apporter son soutien à cette deuxième génération de maisons de commerce qui, à peine installées, commencent à connaître des difficultés[949]. Les différents décrets, promulgués en 1868, accordent la possibilité à celles établies en Côte d'Or d'importer des marchandises de toutes origines[950]. En lieu et place de l'ancienne règle de l'exclusivité commerciale, il est institué un droit de douane à l'exportation[951]. Les commerçants étrangers peuvent alors s'installer dans les possessions ou comptoirs français et y exercer librement leur négoce.

Mais tous les commerçants, avant leur établissement dans les possessions françaises, devraient obtenir une autorisation de l'administration française. Ce que Schnapper appelle une mesure policière et non une discrimination économique[952]. Mais pour la Côte d'Or, l'évacuation, en 1871, de la région par les Français n'a pas permis l'application de toutes les mesures tendant à ressusciter le commerce français en déclin. L'objectif de la France pour la Côte d'Or, à travers les taxes de douane, est la relance des activités commerciales des Français.

Un carré de postes de douane

Les droits de douane n'ont été effectivement appliqués en Côte d'Or qu'après le troisième retour des Français en Côte d'Ivoire. En 1878, la France, pour veiller sur ses intérêts en Côte d'Or, a nommé comme Résident, Arthur Verdier, un négociant originaire de La Rochelle[953].

Le décret du 9 janvier 1885 institue les droits de sortie à 5 francs la tonne[954]. C'est durant cette même année que la France, qui reconnaît l'importance économique de la Côte d'Or, décide l'érection de postes de douane dans certains centres commerciaux du littoral oriental[955]. Quatre d'entre eux, à cause de leur situation stratégique (débouchés des voies fluviales et caravanières, reliées à l'arrière-pays), furent retenus : Assinie, Grand-Bassam, Emoquah (Half-Jacques) et Grand-Lahou.

L'objectif des Français était de contrôler le trafic commercial de la Côte d'Or et de la Côte des Quaqua. Par le poste de douane d'Emoquah, ils pensaient pouvoir faire

---

948 SCHNAPPER, *op. cit.*, p. 218.
949 ANS, 5G35, pièce 18.
950 *Id.*, pièce 20.
951 SCHNAPPER, *op. cit.*, p. 216.
952 *Id.*, p. 218.
953 ANS, 5G35, pièce 19.
954 PELLETIER, *op. cit.*, p. 1183.
955 ANS, 5G34, pièce 9.

main basse sur toutes les activités commerciales du Haut-Ébrié, principale zone de production de l'huile de palme et éliminer du même coup la présence des commerçants anglais qui dominent les transactions commerciales de la Côte des Quaqua. Le poste de douane de Grand-Lahou devait permettre aux Français de contrôler l'intense trafic commercial qui s'opère entre les voiliers anglais et les commerçants soudanais qui descendent en caravanes sur la côte pour échanger les produits tropicaux contre les marchandises manufacturées européennes et le sel marin[956]. Nous avons décrit dans les pages qui précèdent les itinéraires de ces caravanes, pointé du doigt l'importance économique de certaines de leurs destinations ou lieux de transit. Cela nous a permis d'accorder une large place à l'examen d'un lieu d'activités économiques comme le village de Tyasalé.

La mise en forme du projet d'établissement des postes de douane conformément au décret du 9 janvier 1885 a été confiée à Charles Bour. Ancien sergent de l'infanterie de marine et administrateur de 3e classe, il a été nommé, en 1884, commandant particulier de la Côte d'Or[957]. C'est en février 1885, en pleine saison sèche qu'il débarque à Grand-Bassam, avec pour mission d'organiser les services de douane de la Côte d'Or. Les premiers postes de douane ont été construits à Assinie et à Grand-Bassam en octobre et décembre 1885[958]. L'édification de ceux d'Emoquah et de Grand-Lahou a été reportée parce que Charles Bour manquait de moyens financiers et de personnel. Les postes de douane de la Côte d'Or sont construits en matériaux modernes importés d'Europe (briques, tôles, chaux, etc.)[959]. Les exportations d'Assinie et de Grand-Bassam sont soumises à une taxe obligatoire de 5 francs la tonne. Cela entraîne une protestation des agents de la maison Verdier qui pensent que le régime douanier de la Côte d'Or favorise plus le commerce anglais que le commerce français[960]. Dans ces conditions, les commerçants français étaient obligés de vendre plus cher que les négociants anglais[961].

Le premier projet d'installation des services de douane en Côte d'Or ayant échoué, le résident de France a été chargé de proposer un nouveau projet en 1888[962]. Celui-ci porte sur deux points essentiels : créer quatre postes de douane pour réduire les agressions du commerce anglais et frapper les marchandises importées avec cette

---

956 ANS, 5G35, pièce 14.
957 P. ATGER, *op. cit.*, p. 97.
958 ANS, 5G34, pièce 18.
959 *Id.*, pièce 17.
960 *Id.*, pièce 21.
961 *Id.*, pièce 22.
962 Ibid.

réserve que les produits français importés par les maisons françaises ayant leur siège social en France seraient affranchies de tout droit[963].

Les quatre postes de douane ont été construits en matériaux modernes. Ce sont des ouvriers en bâtiments venus de la Gold Coast qui ont réalisé la construction des édifices[964]. L'organisation des services des douanes est confiée à un contrôleur de douane d'origine antillaise du nom d'Albert[965]. Le poste d'Emoquah (Half-Jacques), construit en 1889, a été placé sous son autorité. Ce contrôleur des douanes a été aidé dans sa mission par 19 collaborateurs qui assumaient les rôles de brigadier, de commis et de préposés de douane[966]. Le salaire des douaniers était fixé en fonction des grades. Le salaire annuel du contrôleur adjoint était de 8 200 francs, celui du brigadier de 2 364 francs et celui des préposés de 1 000 francs[967]. Les préposés de douane étaient tous d'anciens tirailleurs d'origine sénégalaise. C'est par manque de personnel que certains Africains ayant servi la France ont été, en guise de récompense pour loyaux services, incorporés dans l'administration des douanes. Ainsi l'arrêté du 8 mars 1894 crée, au sein des services de douane, une branche africaine comprenant des préposés, des sous-brigadiers et brigadiers. L'autorité des douaniers africains ne s'étend que sur les agents de la même race. Tous les douaniers africains sont placés sous les ordres des sous-officiers et préposés servant au titre européen[968]. L'érection de la Côte d'Or en zone douanière a permis aux Anglais sur la Côte des Quaqua de s'adonner tranquillement au commerce avec les traitants alladian. Les maisons de commerce établies à Assinie et à Grand-Bassam ont accusé Charles Bour de détruire le commerce français en Côte d'Or. Ainsi, le premier projet de service de douane fut un échec[969].

L'application du régime douanier élaboré par Verdier aurait assurément protégé dans une large mesure l'industrie française. Mais cela était inacceptable en présence de la convention du 10 août 1889 relative à la délimitation des possessions respectives de l'Angleterre et de la France sur la côte occidentale d'Afrique[970]. L'acquiescement du Royaume-Uni aux lignes de démarcation entre la Gold Coast et les établissements français de la Côte d'Or était en effet subordonné à la reconnaissance par la France d'une clause statuant qu'il ne pourrait être prévu entre ces

---

963 E. MICHELLET et JEAN-CLEMENT, *op. cit.*, p. 238.
964 ANS, 2G1 (25), pièce 12.
965 ANS, 5G36, pièce 12.
966 ANCI, 1BB3, p. 7.
967 ANS, 5G35, pièce 8.
968 E. MICHELLET et JEAN-CLEMENT, *op. cit.*, p. 78.
969 ANS, 5G34, pièce 9.
970 ANS, 5G36, pièce 12.

deux contrées aucun tarif différentiel en matière douanière[971]. La convention du 10 août 1889 impose des tarifs minima à percevoir sur les alcools, les tabacs, les tissus. Cette situation qui atteint le commerce français avec les Africains dans ses manifestations essentielles assurait par cette égalité de traitement, une clientèle commerciale aux ports anglais et détruisait ainsi tous les avantages dont les ports français auraient pu bénéficier[972]. Le projet de Verdier, dans sa grande globalité, fut rejeté.

Par décret du 3 septembre 1889, la France institue des postes de douane en Côte d'Or[973]. Ce texte stipule que le droit de douane serait perçu sur les marchandises de toute provenance, importées dans les possessions françaises allant d'Assinie à Grand-Lahou. La Côte d'Or est donc soumise aux droits d'importation prévus par le décret du 3 septembre 1889. Concernant l'autonomie financière de la Côte d'Or, elle est imposée aux différents groupes de négociants qu'ils soient Africains ou Européens. De ce fait, les ressources des colonies se composent des droits de douane, des patentes et autres taxes à l'importation[974]. Pour une rentabilité de l'opération, les droits de douane ont été étendus et élargis aux produits importés. En effet, comme indiqué plus haut, les droits de douane ne frappaient que les produits d'exportation. Avant le décret du 3 septembre 1889 instituant les services de douane en Côte d'Or, Treich-Laplène, alors résident de France dans cette région, avait proposé que le droit de douane ne frappât que les produits d'exportation de la colonie afin de protéger les activités commerciales des sociétés européennes concurrencées par les redoutables commerçants bassamois, alladian et avikam[975]. Cette nouvelle proposition, qui visait à la destruction du négoce des Africains, fut rejetée, car elle réduisait les rentrées de ressources de la colonie[976].

Fraude et récriminations des commerçants africains

Pour lutter efficacement contre la fraude, les Français ont délimité les territoires de 3 000 miles marins. Tous les navires en mouillage à l'intérieur de ces eaux payaient les frais portuaires[977]. Au-delà de ce périmètre se trouvaient les eaux internationales où aimaient opérer les navires anglais[978] afin de ne pas s'acquitter des droits de douane. Par le jeu de la contrebande, les Anglais voulaient contraindre les Français à l'échec, c'est-à-dire à abandonner pour la troisième fois la Côte d'Or ; ce qui

---

971 *Ibid.*
972 *Ibid.*
973 *Ibid.*
974 *Ibid.*
975 *Ibid.*
976 *Ibid.*
977 *Ibid.*
978 *Ibid.*

permettrait alors à l'Angleterre d'occuper la région[979]. On notait deux types de contrebande : la contrebande à terre et la contrebande par la mer[980]. La fraude à terre faite à la frontière de la Gold Coast est pratiquée à grande échelle par tous les commerçants parce que les populations africaines préféraient les produits anglais. C'est pourquoi les traitants africains se rendaient dans les villages frontaliers de la Gold Coast, précisément à New-Town et à Axim, pour se procurer les produits anglo-saxons[981]. De ces villages littoraux, la fraude a été étendue aux régions de l'intérieur. Tous les commerçants africains prenaient part à cette fraude, ce qui permit aux commerçants anglais d'étendre leur domination.

Les rapports commerciaux entre la France et ses colonies ont été régis par la loi du 11 janvier 1892. Les produits importés dans la « métropole » et provenant des colonies de la première catégorie sont frappés de certains droits et jouissent de certaines immunités[982]. Quant aux colonies de la seconde zone comme la Côte d'Ivoire, elles ne sont pas admises pour simple question de réciprocité à revendiquer les bénéfices. Partant de ces rapports, les produits de la Côte d'Ivoire sont considérés comme des produits étrangers, cependant, ils peuvent être l'objet à leur entrée dans la métropole d'exemptions ou de détaxes arrêtées par décret du Conseil d'État. C'est ainsi qu'un décret du 30 juin 1892 a exempté de tout droit, sans limitation le bois et l'huile de palme de la côte occidentale d'Afrique et réduit de moitié les droits métropolitains sur les cafés[983]. Un décret fixe annuellement les quantités qui bénéficient de cette mesure. Il s'agit pour le gouvernement français d'aider les colonies de la côte occidentale à peine créées de se constituer une personnalité financière à partir des recettes douanières. En fait, le gouvernement français tient par cette mesure à faire valoriser les activités commerciales des colonies.

Les droits de douane étaient jugés très élevés par les commerçants européens et africains. En effet, depuis l'interdiction en 1892 des importations des armes à feu et de la poudre à canon, les alcools et le tabac étaient devenus les produits de grande consommation. Les bénéfices des commerçants étaient réalisés à partir de ces produits. Les taxes sur ces produits étaient élevées[984]. Les fils de lin, de chanvre et de coton étaient frappés de 20 % de leurs valeurs et les tissus de lin, coton, soie et chanvre taxés à 15 % de leurs prix. Les autres produits, en particulier les matériaux de construction et les eaux de vie d'origine étrangères étaient frappés d'une taxe de

---

979 *Ibid.*
980 *Ibid.*
981 *Ibid.*
982 *Ibid.*
983 *Ibid.*
984 *Ibid.*

10 à 50 %. Tous les produits importés étaient accompagnés d'un bordereau qui permettait de mieux contrôler leurs origines et les prix d'achat[985].

Les commerçants de la Côte d'Ivoire accusèrent l'administration coloniale d'être à la base du déclin du commerce français. En effet, les taxes très élevées les obligeaient à vendre leurs marchandises à des prix prohibitifs. La cherté des marchandises offertes par les factoreries poussa les consommateurs africains à s'orienter vers les produits de la contrebande qui sont vendus à des prix abordables. Les tentatives de réduction des taxes souhaitées par les commerçants n'eurent pas de résultats satisfaisants, car les modifications de tarifs ne pouvaient être apportées que par un décret et non par un arrêté du gouverneur[986].

Aussi, pour faire cesser les inconvénients inhérents à la dualité de ce régime et accorder au commerce français une protection suffisante, André Le Bon présenta à la signature du chef de l'État français, le 11 août 1897, deux décrets. Le premier soumettait à une taxe de consommation certains produits sans distinction d'origine ou de provenance[987]. Dans ces droits généraux de consommation étaient comprises les taxes minima prévues par l'acte diplomatique du 10 août 1889. Le second décret portait création de droits de douane, mais, seules les marchandises étrangères devaient supporter la charge de cette contribution. Le 31 décembre 1897, un arrêté rendu par le gouverneur de la Côte d'Ivoire établissait à la même époque des droits d'exportation sur les bois sortant de la colonie[988].

Le régime fiscal inauguré par le décret du 11 août 1897 était à peine organisé que la France signait avec l'Angleterre la convention du 14 juin 1898, qui stipulait une nouvelle délimitation des possessions franco-anglaises de la boucle du Niger et interdisait dans son article 9 l'établissement pour les nationaux des deux puissances signataires de droits différentiels dans les territoires auxquels il s'appliquait[989]. Cet article 9 qui prévoyait au point de vue commercial l'égalité de traitement la plus complète entre les citoyens de ces deux États intéressait tout particulièrement la Côte d'Ivoire où les droits de douane et de consommation déterminés par les décrets du 11 août 1897 n'étaient perçus que sur les marchandises d'origine étrangère.

---

985 *Ibid.*

986 *Ibid.*

987 *Ibid.*

988 *Ibid.*

989 *Ibid.*

Fonctionnement du service des douanes et code douanier

Le fonctionnement du service des douanes en Côte d'Ivoire est réglementé par le décret du 26 janvier 1897. Ce texte traite, dans sa première partie, des importations et des exportations, des déclarations du transit, de la visite des marchandises, de l'acquittement des droits, des entrepôts fictifs et de la prescription fixée à un an. La seconde partie est consacrée aux règles spéciales de procédure en matière d'infraction douanière[990]. Au terme de son article 61, les négociants qui en font la demande peuvent être autorisés par le gouverneur à placer leurs marchandises en entrepôt fictif constituées dans les magasins conformément au décret du 12 mai 1896[991]. Les produits ne sont admis à l'entrepôt fictif que sur la base de deux choses : une déclaration faite conjointement par l'importation et une caution solidaire à accepter par le service des douanes. La durée de l'entrepôt fictif ne doit pas excéder le terme d'une année. Passé ce délai, les droits sont liquidés. Ce décret, promulgué en 1898, interdit toute importation de marchandises sans manifeste sur lequel seraient indiquées la nature du chargement et la quantité du ou des produits[992]. Les capitaines de navire qui refusent de montrer leurs manifestes sont punis d'une amende allant de 100 à 6 000 francs[993]. Ce décret fixe deux obligations aux commerçants en matière de débarquement et d'embarquement de marchandises : les faire en présence des douaniers et respecter scrupuleusement le créneau horaire retenu pour les manutentions (entre 6 h du matin et 18 h du soir). Ces différentes mesures ont été prises pour lutter contre la fraude. La convention du 14 juin 1898, complétée par la déclaration additionnelle du 21 mars 1899, n'en était pas moins ratifiée. Les décrets du 11 août 1897 étaient abrogés le 5 décembre 1899[994]. Un arrêté local, daté du 19 juin 1899, établissait en Côte d'Ivoire une taxe unique de consommation. Cet arrêté frappait de droits, soit spécifiques soit ad valorem, divers produits déterminés, quelles que soient leurs origines ou leurs provenances, lorsqu'ils sont consommés dans la colonie qu'ils y aient été importés, récoltés ou fabriqués[995].

Les produits non dénommés étaient soumis à une taxe de 100 %. Cet arrêté prohibait l'entrée des monnaies étrangères. Les taxes de consommation concernaient les alcools, les armes à feu et la poudre de traite, les tabacs, le sel et les matériaux de construction. Pour les alcools, les tarifs fixés par l'arrêté du 19 juin 1899 avaient connu une modification ultérieure. Au moment de l'établissement des droits sur les alcools, la colonie s'était trouvée liée par l'acte général de Bruxelles qui frappait

---

990 *Ibid.*

991 *Id*, p. 79.

992 ANS, 5G35, pièce 12.

993 *Id.*, pièce 14.

994 ANS, 5G36, pièce 12.

995 *Ibid.*

les spiritueux importés en Afrique d'un droit minimum de 15 F par hectolitre de 50 degrés[996]. En 1905, ce droit minimum a été relevé. En effet, la conférence de Bruxelles a décidé que le droit minimum à percevoir en Afrique serait de 70 F par hectolitre à 50 degrés au lieu de 15 F.

À la suite de cet accord international, les anciens tarifs du 19 juin 1899 sont révisés. L'arrêté du 30 juin 1900 fixe les droits à acquitter sur les spiritueux (alcools) à 156 F par hectolitre d'alcool pur[997]. Les droits d'exportation ou de sortie sur les bois établis le 31 décembre 1897 à raison de 6 F la bille ont été ramenés à 3 F par un arrêté local du 31 octobre 1901. Ainsi, les droits de douane institués en Côte d'Ivoire par les décrets du 3 septembre 1889 et du 31 décembre 1897 sont supprimés à cause de la convention franco-britannique[998].

Malgré les tergiversations de l'administration coloniale par rapport à l'adoption de textes juridiques sur les droits à prélever à l'exportation et à l'importation, les postes de douane créés en 1889 ont fonctionné de façon satisfaisante. Les recettes enregistrées par les quatre postes sont jugées encourageantes. En 1899 ; les recettes totales de la douane en Côte d'Ivoire ont été estimées à 1 337 902 F et, en 1903, à 955 878 F. Cela indique qu'il y a une croissance (tableau ci-dessous).

Tableau n° 5 : Recettes douanières de la colonie[999]

Années	1898	1899	1900	1901	1902	1903
Montant des recettes	1 337 902	1 548 246	1 762 565	1 528 577	1 923 217	1 955 878

Source : MICHELLET et JEAN-CLEMENT, *op. cit.*, p. 122.

La douane en Côte d'Ivoire se porte bien, car les recettes sont en pleine croissance. Le taux de croissance de 1898 à 1904 est de près de 6 %. Cela démontre une certaine vitalité de l'administration. Les taxes ne sont perçues que sur le littoral oriental. La croissance des recettes douanières démontre également la vitalité du commerce, surtout celui de la Côte des Quaqua qui domine les exportations de l'huile de palme, du palmiste et du bois. En 1903, le poste de douane de Grand-Lahou a enregistré 423 438,67 francs, soit plus du cinquième des recettes douanières totales. Le tracé des frontières entre la Côte d'Ivoire et la Gold Coast, à la suite de la convention de 1898, à contribuer à une réduction de la contrebande à la frontière entre les deux pays[1000].

---

[996] *Ibid.*
[997] *Ibid.*
[998] *Ibid.*
[999] *Ibid.*
[1000] *Ibid.*

La création de postes de douane, sur la Côte des Quaqua, a suscité l'hostilité des populations de cette région[1001]. Conduites par les commerçants qui voient leur négoce menacé, les populations alladian ont détruit le bureau des douanes qui, au départ, était construit en planches[1002]. L'administration a réagi en infligeant de fortes amendes aux Alladian et Avikam. Il faut noter que la présence des bureaux de douane dans l'Ébrié occidental a contribué au déclin, au début du XXe siècle, des négociants quaqua[1003]. Mais signalons qu'avant cette date, la France avait déjà engagé la construction d'infrastructures devant lui permettre d'asseoir sa domination tout en obtenant l'élimination de ces intermédiaires africains.

La mise en place de nombreuses infrastructures

La Côte d'Ivoire ne devait pas devenir une colonie de peuplement. Ce qui induit négativement sur les investissements à faire par la France dans ce pays. L'accent est mis sur le commerce, car le but du colonisateur est l'exploitation des immenses ressources de la Côte d'Ivoire. Pour atteindre un tel objectif, la puissance coloniale compte réaliser un minimum d'infrastructures économiques.

L'installation du télégraphe

L'idée de doter la Côte d'Or d'une ligne télégraphique a germé à partir de 1887 dans l'esprit des responsables français. Ce qui allait faciliter la communication entre les services de douane. Ainsi est créée une ligne télégraphique longue de 200 kilomètres. Elle relie Assinie à Grand-Lahou, en passant par Grand-Bassam et Jacqueville[1004]. Après Grand-Lahou, il doit être étendu à la région du Cavally et à Tyasalé. La construction de ce réseau télégraphique a été confiée à Baillon, agent de la compagnie anglaise de câble[1005]. Il réalisait trois kilomètres d'ouvrage par jour[1006]. Au cours des années 1900, qui se signalent aussi par la mise en service de la téléphonie entre Grand-Bassam à Assinie[1007], le réseau a été allongé ; désormais, il mesure 2062 km[1008].

Les matériaux utilisés pour la construction du réseau télégraphique sont d'origines française et locale. Le fil utilisé, d'un diamètre de 2 millimètres, est capable de longer la mer et de résister à toutes les actions de la brise de mer. Selon l'ingénieur

---

[1001] *Id.*, pièce 18.
[1002] ANS, 5G37, pièce 12.
[1003] *Id.*, pièce 9.
[1004] C.A.O.M, Fonds ministériels, Section Côte d'Ivoire, Dossier IV, p. 151.
[1005] C.A.O.M, Etablissement français de la Côte d'Or, p. 18.
[1006] *Id.*, p. 23.
[1007] En 1904, le réseau téléphonique de la Côte d'Ivoire atteint 150 kilomètres.
[1008] CLOZEL, *op. cit.*, p. 175.

Brylinski, réalisateur du projet, les fils de deux millimètres ou isolateurs à double cloche permettent de lutter contre l'humidité[1009]. Pour lui, le fil de cuivre de 15/10, utilisé au Sénégal et proposé par Binger, est trop peu résistant mécaniquement pour construire une ligne qui doit longer la mer et, par conséquent, être très exposée. Pour les poteaux, deux matériaux sont utilisés : les essences de bois locales et le fer. Les poteaux en fer ne sont utilisés que pour la traversée des cours d'eau. La portée normale est de 80 mètres. Ce qui équivaut à 12 poteaux pour un kilomètre[1010].

Les tarifs sont fixés en fonction de la destination. Ce qui permet d'avoir au moins deux types de tarifs. Le tarif d'une dépêche pour l'intérieur : est d'un à vingt mots, soit un coût de 3 francs. Au-delà de vingt mots, il y a un ajout de 20 centimes par mot. L'adresse et la signature sont comptées dans l'évaluation. Pour pour Grand-Bassam et ses environs, le télégramme, à destination ou en provenance de l'extérieur, coûte 50 centimes par mot. Pour le transit, le tarif est de 0,20 F par mot[1011].

Le service postal est assuré par les postes de douane. L'existence du réseau télégraphique a facilité la communication entre les différents services de douane et permis aux maisons de commerce d'être connectées avec l'extérieur. Grâce à ce réseau, les commandes sont faites à temps et acheminées en Côte d'Ivoire par les paquebots qui desservent le Golfe de Guinée. C'est le cas du paquebot « Hamboul » utilisé pour le transport du matériel qui a servi à la construction de la ligne télégraphique[1012]. L'existence du réseau télégraphique est bénéfique sur un autre plan aux maisons de commerce établies à Grand-Bassam. En effet, elles installent des succursales dans tous les centres commerciaux du littoral et de l'intérieur. Ce sont les cas de Dabou, Tukpa, Jacqueville et Grand-Lahou. En 1895, les recettes du télégraphe ont été estimées à 14 405 francs. En 1904, elles sont de 126 639 F[1013]. Cela indique une augmentation de près de 10 % et une utilisation remarquable du télégramme par les opérateurs économiques. L'extension du réseau facilite son usage par les factoreries établies à l'intérieur.

L'administration coloniale construit également des voies de communication sur les fronts d'eau. Son objectif est de désenclaver l'intérieur et de les relier aux zones maritimes et lagunaires.

1009 *Id*, p. 21.

1010 C.A.O.M., Etablissements français de la Côte d'Or, p. 22.

1011 Ibid.

1012 *Id.*, p. 23.

1013 CLOZEL, *op. cit.*, p. 76.

La création de wharfs et de ports lagunaires

La Côte d'Ivoire a, au moins, 600 kilomètres de littoral, ce qui lui a permis, depuis plusieurs siècles, d'être en relations commerciales avec les navires européens. Mais ce commerce est perturbé par la présence d'une barre qui empêche les bateaux de s'approcher de la côte. Les navires marchands sont obligés alors de mouiller au large[1014]. La liaison avec la côte maritime est assurée par des pirogues ou des baleinières pilotées par des Africains. Sur la Côte des Quaqua, les traitants ont recours au service des Kroumen venus de la région sud-ouest[1015] et employés depuis le début de la traite de l'huile de palme par les commerçants alladian pour le transport des barriques d'huile de palme de la plage aux navires[1016].

La multiplication des wharfs

Lors du transport des produits, les commerçants enregistraient des pertes énormes à cause du naufrage des embarcations. Ces pertes représentaient près du tiers du volume des échanges[1017]. Ainsi, la présence de la barre constituait pour les commerçants et pour l'administration coloniale un véritable obstacle au développement du commerce[1018]. Face à cette difficulté, l'administration coloniale décide de doter en wharfs les principaux centres commerciaux des côtes maritimes et des milieux lagunaires[1019].

Le premier wharf est alors construit à Grand-Bassam choisie par l'administration coloniale pour être la capitale politique et économique de la nouvelle colonie. Construit en bois, il est long de 200 mètres et de deux mètres et demi de large. Pour faciliter le transport des produits, deux voies de Decauville ont été construites reliant la mer à la lagune. Les écartements sont de 0,60 m avec rail d'acier de poids de 7 kg, le mètre à jonction hybridée avec éclisses renforcées et boulonnées. Les traverses, au nombre de six, par bout de 5 m, en acier de 0,105 m x 0,0020, débordantes avec 0,100 m, sont rivées ou boulonnées aux rails[1020]. Ainsi à Grand-Bassam, a été construit, en 1895, un phare de feu blanc élevé à dix mètres au-dessus de la mer. L'appareil utilisé est la catoptrique à réflecteur métallique. L'axe

---

1014 E. J.-M. LATTE, *op. cit.*, p. 379.

1015 FLEURIOT de Langle, *op. cit.*, p. 386.

1016 *Id.* p. 391.

1017 C.A.O.M., Fonds ministériels, Section Côte d'Ivoire, pièce 247.

1018 ANCI, 1EE122 (2), p. 22.

1019 *Id.* (1), p. 17.

1020 C.A.O.M., Fonds ministériels, Section Côte d'Ivoire, Dossier IV, p. 147.

du phare à une direction, perpendiculaire à l'orientation de 15° ouest. Sa portée est d'une dizaine de miles[1021].

L'exploitation du wharf de Grand-Bassam débute en 1891. Elle est confiée à une société concessionnaire. À l'importation, les commerçants payaient 6 F la tonne ou à l'encombrement au cube 1 min 3 s.[1022] À l'exportation, le tarif est de 4,50 F. À partir de 1893, le gouvernement de la colonie décide de construire un appointement métallique par un tablier reposant sur des pieds à vis, enfoncé profondément dans le fond de la mer[1023]. Son ossature est entièrement en acier, à l'exception des vis et des chapiteaux de pieux. Il est situé à quatre mètres au-dessus du niveau de la mer. Ce nouvel ouvrage, qui entre en service en 1899[1024], est doté d'un pylône supportant un feu de port. Le nouveau tarif est de 8 F par tonne à l'importation. À l'exportation, le tarif est de 6,50 F par tonne.

Le wharf de Grand-Bassam a vaincu la barre, car son extrémité se situe au-delà des barres brisantes. Il est muni à son extrémité de trois puissantes grues. De nombreuses baleinières pilotées par des équipes de Kroomen font la navette entre les navires sur rade et l'extrémité du wharf ; les navires peuvent débarquer jusqu'à 200 tonnes de marchandises par jour. Les passagers européens ont un droit à passage gratuit de 200 kilogrammes de bagage et les passagers africains de 100 kilogrammes de bagage[1025]. Une chaloupe à vapeur de 8 à 9 mètres de longueur pouvant remorquer deux surfbords avec une vitesse de 8 nœuds relie l'appointement aux navires en rade. Elle est aussi destinée à remorquer en mer un chaland de 30 tonnes[1026]. Le service des lagunes comprend quatre chalands et deux chaloupes à vapeur. De nombreux entrepôts et magasins ont été construits non loin de l'appointement, ce qui permet non seulement à la douane de contrôler les entrées et les sorties, mais aussi de préserver les marchandises des intempéries. Par ailleurs, le service des douanes s'est doté de son propre magasin[1027].

Un arrêté local réglemente le travail supplémentaire des dockers au wharf de Grand-Bassam. Cet arrêté indique les horaires des opérations de chargement et de déchargement (de 6 heures du matin à 6 heures du soir sans interruption) et fixe les

---

1021 *Id.*, p. 148.
1022 C.A.O.M., Fonds ministériels, Section Côte d'Ivoire, Dossier IV, p. 125.
1023 *Id.*, p. 126.
1024 Ibid.
1025 C.A.O.M., Etablissements français de la Côte d'Or, p. 18.
1026 *Id.*, p. 22.
1027 Ibid.

taux indemnitaires à verser à chaque manutentionnaire (2 F) ou pointeur commis africain (0,50 F)[1028].

Le volume des exportations du wharf de Grand-Bassam est estimé, en 1909, à 17 300 tonnes de marchandises pour une valeur de 3 927 732 F[1029]. Ce wharf offre de nombreux avantages aux opérateurs économiques. En effet, cet ouvrage prend les produits à quai lagunaire, moyennant 10 F, la tonne. Le temps mis pour les activités d'embarquement et de débarquement est réduit, ce qui permet aux entreprises de commerce d'enlever leurs produits et de les écouler sur les différents marchés. L'équipement moderne du wharf facilite le déchargement des navires en un temps record, le prix de revient des produits importés est réduit[1030].

L'hégémonie du wharf de Grand-Bassam est étendue au bassin occidental de la lagune Ébrié où voit le jour un autre wharf, celui de Dabou, qui a pendant longtemps été un avant-port pour ce dernier établissement. C'est en 1909 que l'administration coloniale construit le nouvel ouvrage. L'objectif de l'administration coloniale était de faciliter l'accostage des vapeurs, les chargements étant faits avec l'aide des pirogues qui servent de liaison entre la plage et les vapeurs. Grâce à la construction d'un appointement long de 50 mètres, large de 2, 50 mètres et demi et soutenu par des poutres en bois[1031], les tonneaux sont roulés sur la charpente jusqu'au bateau. Le wharf de Dabou, construit avec des matériaux moins résistants, a fait l'objet de réflexion, de remise en état et de redimensionnement. Ainsi, en 1913-1914, il est prolongé jusqu'au fond de deux mètres avec l'aménagement à son extrémité d'un débarcadère en charpente.

Le wharf de Dabou a facilité les échanges commerciaux entre les deux bassins de la lagune Ebrié ou entre Dabou et Grand-Bassam[1032]. Sa construction a relancé les activités commerciales entre les deux centres commerciaux[1033] et entre ces deux espaces lagunaires. Les exportations d'huile de palme en direction de Grand-Bassam passent de 1 558 628 kg en décembre 1909, à 2 701 385 kg[1034]. Dabou devient un centre de collecte et d'entrepôt des produits locaux d'import-export de l'Ébrié occidental, accueille de nombreuses factoreries européennes, appoloniennes et africaines, étend sa suprématie économique et politique sur tout le bassin de cette

---

[1028] *JOCI*, année 1919-1920, p. 285.
[1029] ANS, 2G09, Rapport d'ensemble pour l'année 1909, pièce 64.
[1030] C.A.O.M., Fonds ministériels, Section Côte d'Ivoire, Dossier IV, p. 147.
[1031] ANCI, 1EE122 (4), p. 17.
[1032] E. J.-M. LATTE, *op. cit.*, p. 379.
[1033] C.A.O.M., Fond ministériels, Section Côte d'Ivoire, Dossier IV, p. 146.
[1034] ANCI, 1EE122 (3), pièce 7.

région et l'hinterland composé de zones situées dans un rayon de 80 à 100 kilomètres[1035].

Le rapprochement commercial opéré entre Dabou et Grand-Bassam, au début du XXe siècle, entraîne le déclin commercial de Jacqueville. En effet, les opérateurs économiques ont préféré utiliser les wharfs modernes pour effectuer leurs opérations d'importation et d'exportation. Grand-Bassam est le principal bénéficiaire de ce changement de donne. Il devient, le principal centre commercial de la colonie[1036]. Ce qui fait suite au déclin du commerce alladian intervenu au lendemain de l'expédition punitive de septembre 1898 contre les Oboru[1037]. Cela a été profitable aux commerçants européens, qui eurent la latitude d'étendre leur monopole commercial dans le Haut-Ébrié[1038].

La création des ports lagunaires

Les tarifs du wharf de Grand-Bassam fixés par le concessionnaire étant jugés très élevés par les commerçants européens, l'administration coloniale s'est résolue à hâter la construction d'un vrai port en eau profonde, capable d'accueillir à quai tous les navires et en particulier les gros porteurs[1039]. Pour la réalisation de ce grand projet, l'étude est confiée à une équipe dirigée par le capitaine Houdaille, celle-ci est composée d'ingénieurs issus du bataillon du génie civil[1040]. En 1898, l'équipe de Houdaille, après une mission en Côte d'Ivoire, émet l'avis du percement d'un chenal à Petit-Bassam et la création d'un port dans la baie d'Abidjan sur la rive nord de la lagune Ébrié. En effet, une bande de sable existe entre la mer et la lagune, vers le point de Petit-Bassam situé à environ 15 kilomètres à l'ouest de Grand-Bassam. À cet endroit, la bande alluvionnaire n'a que 800 mètres de largeur. La barre y est relativement faible et le courant de la lagune presque nul[1041].

Les marins européens longeant la côte maritime ivoirienne ont remarqué, au niveau de Piquinny-Bassam, l'existence d'un trou sans fond, avec une profondeur de 200 à 300 mètres. En 1842, le trou sans fond fut découvert par le commandant Bouët-Willaumez, responsable des possessions françaises de la Côte d'Or[1042]. Par la percée du chenal, l'océan Atlantique entre en contact avec la lagune Ébrié, véritable *mer intérieure* aux baies multiples et profondes où ont été aménagés de nombreux

---

1035 ANS, 5G46, pièce 11.
1036 ANCI, 1EE122 (1), p. 12.
1037 ANS, 2G1 (28), pièce 9.
1038 ANS, 5G40, pièce 20.
1039 ANCI, 1EE122 (5), p. 12.
1040 L. HERISSE, *op. cit.*, p. 175.
1041 F. J. CLOZEL, *op. cit.*, p. 89.
1042 *Id.*, p. 121.

débarcadères, dont les plus importants sont Dabou, Tukpa, Cosr, Mopoyem et Abata[1043]. L'existence du trou sans fond de Piquinny-Bassam et la faiblesse de la barre ont conduit Houdaille et son équipe à porter leur choix sur la baie d'Abidjan.

Ainsi, le 2 janvier 1904 ont été donnés les premiers coups de pelle et de pioche dans le sable du cordon littoral[1044]. Le 16 juin 1904, pour rendre hommage à l'œuvre du commandant Bouët-Willaumez, le gouverneur général de l'AOF, sur proposition du Lieutenant-Gouverneur, par un arrêté, fixe que le nom de Port-Bouët serait donné au port de Piquinny-Bassam[1045].

Ce port s'est spécialisé dans l'importation des marchandises européennes[1046]. En effet, en décembre 1904, il a importé 3 377 121 kg de produits[1047]. Des navires français le fréquentent. Le contrôle des activités d'embarquement et de débarquement est assuré par le service des douanes de Grand-Bassam. Port-Bouët connaît un essor commercial avec la pression démographique d'Abidjan à la suite de l'arrivée de la main d'œuvre d'origine soudanaise [1048]. Devenu un point d'évacuation des produits des pays tchaman, abbè et akyé, il n'en demeure pas moins qu'il reste submergé au niveau des activités commerciales par Grand-Bassam, Grand-Lahou, Assinie et Jacqueville. Toutefois, Abidjan étant appelée à devenir la capitale économique de la Côte d'Ivoire[1049], ses « rivaux » sont condamnés à périr et son port à jouer sa vocation régionale. Ce qui va en faire la porte d'entrée et de sortie pour le Soudan français. La construction du port d'Abidjan est un projet qui s'inscrit dans le long terme.

Le creusement du canal d'Assagny

Le bassin occidental de la lagune Ébrié, poumon économique de la Côte d'Ivoire, étant confronté à un grand problème de desserte en raison de la luxuriance de sa forêt qui empêche toutes les initiatives[1050]., il a été décidé le creusement du canal d'Assigny. Il est aussi une réponse au problème de la barre qui empêche Jacqueville et Grand-Lahou d'être de véritables points d'embarquement et de débarquement de marchandises[1051]. Ainsi, par un arrêté du 10 juillet 1909, le lieutenant-

---

1043 ANCI, 1EE122 (3), p. 17.
1044 F. J. CLOZEL, *op. cit.*, p. 122.
1045 *Id.*, p. 123.
1046 ANS, 2G4, Côte d'Ivoire, Service des Douanes, Rapport annuel sur le commerce et la navigation pendant l'année 1904, p. 81.
1047 *Id.*, p. 84.
1048 E. MICHELLET ET JEAN-CLEMENT, *op. cit.*, p. 86.
1049 LE HERISSE, *op. cit.*, p. 177.
1050 ANCI, 1EE122 (6), p. 12.
1051 ANCI, 5KK26, p. 12.

gouverneur ordonne une étude de faisabilité. Le site choisi est l'espace séparant la lagune Ébrié et le Bandama. En 1912, elle est reprise par les services des voies des travaux publics. L'étude est clôturée le 23 février 1913[1052].

Mais, avant l'approbation du projet par le gouvernement général, déjà, le 15 mai 1912, ont débuté les travaux de la construction du canal d'Assagny. Le creusement du canal est assuré par des ouvriers venus d'autres territoires de l'AOF (Sénégal, Soudan français, Dahomey, Niger) et du Libéria. Le salaire est de 0,80 F par jour[1053]. Les ouvriers travaillaient 12 heures par jour[1054]. Les conditions de travail étaient pénibles dans une région forestière et marécageuse. Les outils utilisés étaient la pelle, la daba, la hache, le coupe-coupe, la pioche, le pic et le marteau. Désormais, par le canal d'Assagny, les vapeurs à faible tirant d'eau sont en mesure de faire la navette entre l'Ébrié et le Bandama. Tandis que les régions de Lahou, du Centre-Ouest et de l'Ouest sont reliées à Grand-Bassam qui étend sa domination économique sur toute la colonie.

La construction d'un réseau routier dès 1896

Pour la communication entre la côte et l'intérieur, les populations utilisaient les voies d'eau constituées par les fleuves et les sentiers. Les voies d'eau, à cause de l'encombrement des lits par des blocs de granite, n'étaient navigables qu'en quelques endroits[1055] (80 km pour le fleuve Bandama). En outre, les rivières et les marécages rendaient les déplacements difficiles. Les sentiers, très étroits à cause d'un manque d'entretien, ne sont utilisés qu'en saison sèche[1056]. Les voyages étaient alors périlleux. Le moyen de transport par excellence était le portage. De faibles quantités de produits étaient alors transportées. Bref, a été fort limitée la diffusion des produits entre les différentes régions.

Pour le développement du commerce, il faut désenclaver les régions de l'intérieur et les relier aux centres commerciaux de la région méridionale[1057]. Ces routes devraient être aussi utilisées pour le transport des troupes de l'armée coloniale pour la conquête de l'arrière-pays. C'est pour toutes ces raisons que le bassin occidental de la lagune Ébrié fut relié par deux routes aux fleuves Comoé et Bandama[1058].

[1052] *JOCI*, année 1915, p. 113.

[1053] ANCI, 5KK20, p. 18.

[1054] *Id.*, p. 19.

1055 E. J.-M. LATTE, *op. cit.*, p. 387.

[1056] Ibid.

[1057] ANCI, 1EE 122 (1/2), p. 12.

[1058] ANCI, 1EE 122 (4), p. 4.

L'axe Dabou-Alépé

L'on a d'abord l'axe Dabou-Alépé, construit en 1896-1897. Cette route est longue de 100 kilomètres. Elle relie l'Ébrié occidental au bassin central du fleuve Comoé, traverse le pays tchaman, l'Akyé sud et se termine à Alépé[1059]. La route lagunaire Ebrié-Comoé est appelée aussi la voie de l'Est. Sa construction, démarrée en 1896, s'achève en 1897. Le tracé de cette nouvelle voie a pour but d'éviter les détours aux caravanes akyé et abbè, en direction du centre commercial de Dabou. La liaison entre Dabou-Alépé vise à drainer tous les produits à Dabou et d'empêcher que les caravanes ne soient détournées en direction de la Gold Coast. En plus de la route de l'Est, la France construit en 1897, la route du Nord ou voie centrale.

La voie de desserte Dabou-Tyasalé

La route Dabou-Tyasalé construite en 1897-1898 est la seconde ligne de desserte. Elle a été réalisée par les Français pour désenclaver les régions forestières et faciliter la descente des produits de l'intérieur sur la côte. Débutée en 1897, sa construction fut achevée en 1898. Elle relie les pays odzukru, abidji et baoulé[1060]. Large de cinq mètres, sa réalisation a pris fin en mars 1898. Elle a été ouverte à la grande circulation en avril 1898[1061].

La main-d'œuvre, utilisée pour la construction de la route Dabou-Tyasalé, était composée de travailleurs du Haut-Ébrié et du Baoulé Sud. Les Abidji ont assuré le tronçon Bécédi-Sahué, long de 15 kilomètres. Les Baoulé Elomoin se sont occupés des 10 kilomètres restants. Le tronçon Dabou-Bécédi, long de 75 kilomètres a été tracé par les Odzukru. Seuls les Odzukru, des villages de Dibrim, Orgbaff, Yassakp, Lokp et Awia qui longent la voie ont participé aux travaux. Le ravitaillement en eau et en nourriture est coordonné par la classe d'âge des *mbormâ*[1062]. Chaque village, à tour de rôle, fournit dix à douze travailleurs[1063].

La durée du travail est d'une journée, mais la prestation pouvait s'étaler sur plus d'une semaine, voire deux à trois. Les travailleurs ne sont pas libérés tant que leur portion n'est pas terminée. Ils n'ont droit à aucune rémunération[1064]. Les déserteurs, note Samuel Sess d'Orgbaff, sont fouettés publiquement afin que cette punition serve d'exemple aux autres[1065]. Le travail a été fait avec les outils rudimen-

---

1059 *JOCI*, année 1898, p. 18.
1060 ANCI, 1EE122 (1), p. 17.
1061 *Id.*, p. 7.
1062 E. J.- M. LATTE, *op. cit.*, p. 390.
1063 ANCI, 1EE 122 (1/1), p. 5.
1064 Enquêtes orales réalisées le 22 août 1988 à Dibrim.
1065 Enquêtes orales réalisées le 27 août 1988 à Orgbaff.

taires (haches, scies, dabas, pioches, marteaux, pics et pelles). Les populations les utilisaient pour abattre et déraciner les arbres, concasser les blocs de granite, damer la voie et remblayer les ravins avec de la terre afin que pendant la nuit les commerçants européens et militaires français puissent circuler sans éprouver la moindre difficulté. La hache, la scie, les ciseaux et les pioches sont les derniers groupes de produits de quincailleries à être introduits dans le bassin occidental de la lagune Ébrié, au cours de la décennie 1890[1066]. Les outils de travail ont été offerts par l'administration coloniale. La sécurité des travailleurs est assurée par les gardes de cercle qui prenaient un plaisir à les fouetter, à les humilier. Les travailleurs, tous de sexe masculin, ont été sommés de porter sur leur tête des paniers ou des charges. Ce traitement n'est pas loin de celui réservé à l'esclave[1067]. La construction de cette route a été le prélude au travail forcé[1068]. Pour l'administration coloniale, un pareil chantier est un travail d'intérêt public. Bref, la voie Dabou-Tyasalé a été réalisée dans des conditions extrêmement inhumaines.

Le tracé de la route Dabou-Tyasalé répond aux préoccupations de l'administration coloniale : créer un trafic régulier entre les centres commerciaux de l'intérieur et de la côte, offrir aux caravanes une route praticable en toute saison et utilisable par des bêtes de somme et contribuer au développement de l'arrière-pays, en lui offrant des facilités nouvelles. L'existence de cette route facilite ainsi la diffusion des produits français qui sont inconnus au-delà de 50 kilomètres de distance de la côte. Route praticable en toute saison, elle facilite le transport des troupes de l'armée coloniale à l'intérieur du pays pour la conquête des régions encore insoumises.

La voie centrale a la vocation de détourner toutes les caravanes qui aboutissent à Tyasalé en direction de Dabou, d'améliorer le trafic entre la lagune Ébrié et le Bandama, de détourner par Dabou et au profit de Grand-Bassam les produits qui aboutissaient auparavant à Grand-Lahou. Par la construction de cette route, l'administration coloniale a fait le choix de sacrifier l'avenir de toutes les maisons de commerce établies à Jacqueville et à Grand-Lahou[1069], de rentabiliser le wharf de Grand-Bassam.

L'impact du réseau routier colonial

Le tracé de ces routes annonce le déclin des centres commerciaux de la Côte des Quaqua, permet aux Odzukru de s'émanciper de la domination financière des Alladian, entraîne de profonds bouleversements dans le développement de

[1066] ANCI, 1EE 122 (1/4), p. 17.

[1067] *Id.*, p. 12.

[1068] *Id.* (1/2), p. 13.

[1069] ANCI, 1BB6, p. 12.

l'économie de l'Ebrié occidental[1070]. Il provoque un abandon progressif des axes de communication terrestre Grand-Lahou-Tyasalé et Abrebi-Grand-Lahou.

La route du centre permet aux maisons de commerce de créer des factoreries à Tyasalé. Les commerçants européens ne sont pas les seuls bénéficiaires du tracé de la route Dabou-Tyasalé. Cette voie est aussi empruntée, utilisée par les Dyula et Sénoufo qui descendent à Dabou échanger les cotonnades contre le sel, la poudre à canon et le tabac[1071]. C'est ce que note le chef de poste de Dabou : « Les Sénoufo et les Dioula apportent par petites caravanes des pagnes tissés avec le coton indigène à échanger contre du sel, la poudre et du tabac »[1072].

Les traitants des côtes maritime et lagunaire en particulier, les Appolonien empruntent la route du centre pour se rendre à Toumodi afin d'échanger les marchandises européennes telles que les étoffes, le tabac et le poisson fumé contre la poudre d'or, les bijoux en or, les esclaves et la cotonnade[1073]. Les Appolonien, grâce à la route Dabou-Tyasalé, ont pris le contrôle des régions où il n'y avait pas de factorerie européenne. Ils les approvisionnaient alors en marchandises européennes, en poisson et en sel marin. Mais, la route qui a favorisé le commerce des Européens a finalement porté préjudice aux intermédiaires africains. Ruinés, ils furent contraints de s'adonner à l'agriculture et à la pêche.

Poursuivant sa politique de création d'infrastructures et dans le souci d'offrir aux administrateurs et commerçants européens un cadre de vie agréable, l'administration coloniale, en 1898, dote Grand-Bassam, Assinie et Grand-Lahou d'un réseau d'éclairage public. Le coût de l'opération est de 10 000 F pour 100 candélabres[1074]. Et pour mieux exploiter les richesses coloniales et maîtriser l'espace en désenclavant surtout les régions forestières et savanicoles, elle décide la construction d'un réseau ferroviaire[1075].

La ligne de chemin de fer Abidjan-Niger

Pour la construction d'une ligne de chemin de fer qui part des bords de la lagune, traverse les régions forestières et savanicoles et aboutit au Soudan, l'autorité coloniale choisit la baie d'Abidjan pour en faire le point de départ. Celle-ci veut faire d'Abidjan l'un des plus importants ports de l'Afrique de l'Ouest, une forte zone de concentration de maisons de commerce, le site idéal pour économiser du temps et

---

1070 *Id.*, p. 5.
1071 ANS, 2G1 (26), pièce 18.
1072 ANS, 2G1 (26), pièce 20.
1073 ANCI, 1EE 122 (1), p. 12.
1074 C.A.O.M., Etablissement français de la côte d'or, p. 19.
1075 ANCI, 1BB6, p. 9.

de l'argent, exporter des volumes considérables de marchandises et diffuser le plus loin possible les produits manufacturés des entreprises françaises. En définitive, le tracé de la ligne du chemin de fer obéit à la fois à des objectifs économiques et de communication[1076]. Mais, n'oublions pas d'y ajouter des objectifs militaires. Le rail sert aussi à transporter les troupes coloniales, à les projeter sur différents points d'intervention où l'ordre colonial est mis en cause.

L'étude de faisabilité

Le tracé de la ligne du chemin de fer Abidjan-Niger est précédé de deux études confiées à des ingénieurs du Bataillon de Génie. La première étude réalisée en 1898-1899 est l'œuvre du capitaine de génie Houdaille assisté des capitaines Crosson-Duplessis, Thomasset et du lieutenant Macaire[1077]. La mission Houdaille propose Abidjan comme tête de la ligne du chemin de fer qui traversera ensuite la forêt équatoriale, gagnera le Baoulé et assurera la jonction avec le Soudan. La deuxième mission, réalisée en 1903, a été confiée au capitaine de génie Crosson-Duplessis et à Lefort. Elle dessine un nouveau tracé qui part d'Abidjan et fait la liaison avec le N'zi et le Baoulé[1078]. L'itinéraire choisi est la combinaison des deux propositions.

Avant le tracé de la ligne Abidjan-Niger, un decauville d'une longueur de cinq kilomètres a été construit en 1895 dans le bassin occidental de la lagune Ébrié. L'écartement des rails du decauville est de 0,66 cm. Le financement a été assuré par l'administration locale[1079]. La main d'œuvre a été assurée par la population alladian. Ce decauville a pour vocation non seulement de relier la côte méridionale de cette lagune à la côte maritime alladian[1080], mais aussi de faciliter le transport des barriques d'huile de palme et de réduire les pertes d'huile. Nous savons que ces barriques étaient roulées dans des conditions difficiles, à la main, à travers la forêt par les ouvriers kroumen[1081]. De nombreuses barriques, avant d'atteindre leurs destinations, étaient brisées à cause des mauvaises conditions de transport.

La réalisation du chemin de fer Abidjan-Niger

La construction de la ligne du chemin de fer Abidjan-Niger a été ordonnée par l'arrêté du 16 novembre 1903. Ce chemin de fer consiste en une voie unique avec

---

1076 ANCI, 9KK20, p. 12.
1077 F. J. CLOZEL, *op. cit.*, p. 124.
1078 *Id.*, p. 126.
1079 JOCI, année 1898, p. 108.
1080 K. A. TANO, *op. cit.*, p. 13.
1081 ANS, 5G31, pièce 9.

un écartement d'un mètre de long[1082]. La pose des rails débute en 1903. Le chemin de fer atteint en 1907 Agboville, en 1910 Dimbokro et en 1912 Bouaké[1083]. La gare d'Agboville accueille tous les produits en provenance des pays abbè, akyé, anyi et du Baoulé sud. Les marchandises comme le caoutchouc, la cola et plus tard le cacao en provenance des régions susmentionnées sont acheminées d'Agboville vers Abidjan[1084]. Dimbokro met en relation le Baoulé central, la région anyi-morofwê et le pays kouéni avec la côte maritime. Bouaké, quant à elle, facilite la liaison entre le littoral maritime, le Baoulé nord et les zones de Séguéla et de Man[1085].

Mais, avec l'éclatement, en Europe de la Grande Guerre, les travaux prennent un coup d'arrêt à cause du manque de financement, toutes les ressources étant mobilisées pour l'effort de guerre. Pour le financement des travaux du tronçon Abidjan-Agboville, le gouvernement général de l'AOF a été autorisé à souscrire à un emprunt d'une valeur de 65.000.000 de francs. Cette somme devait être remboursable en cinquante ans, pour un taux d'intérêt de 3,5 %.

La réalisation du tronçon, qui part des rives de la lagune Ebrié à celles du fleuve Agnéby ou Agbo et long de 82 kilomètres, a mobilisé près de 2 500 travailleurs originaires de la Guinée française, du Libéria, du Dahomey et du nord de la Côte d'Ivoire[1086]. Les travailleurs africains qui sont pour la plupart des volontaires travaillaient 12 jours. Leur salaire journalier varie de 1 à 1,25 francs [1087]. L'alimentation était constituée de riz. À cause d'un manque de vitamine B1, de nombreux travailleurs sous-alimentés sont victimes d'une maladie comme le béribéri, ce qui a entraîné de nombreux décès dans leurs rangs. Les décès ont été aussi occasionnés par la fatigue liée aux longues heures et aux conditions de travaux jugés extrêmement difficiles. On a également constaté de nombreux accidents dans la construction du tronçon Abidjan-Agboville. Cela s'explique par l'hostilité de la nature constituée par une forêt de type ombrophile avec de gros arbres et un relief très accidenté, ce qui exige des travaux de terrassement avant la pose des rails. Ainsi, rien que pour le terrassement, les responsables du chantier ont eu recours en 1904 à 900 personnes[1088].

[1082] K. A. TANO, « La construction du chemin de fer Abidjan-Bouaké : 1903-1913 », Bouaké, université Alassane Ouattra, 2002, p. 13.
[1083] G. CANGAH, *op. cit.*, p. 120.
[1084] *Ibid.*
[1085] *Id.*, p. 130.
[1086] Les travailleurs venaient aussi d'autres territoires de l'A.O.F. Ainsi, on comptait parmi eux des Sénégalais et de Nigériens.
[1087] Le salaire est de 1 F pour les locaux et 1,25 F pour les migrants étrangers.
[1088] ANCI, 5KK20, p. 21.

Tarifs et impact d'un rail

Le tarif des billets par voyageur et par kilomètre est de 0,65 F en première classe et de 0,45 F en seconde[1089]. Les prix sont réduits de 25 % pour les billets aller et retour. Ainsi le prix du billet d'Abidjan à Bouaké est de 2,06 F en première classe et de 1,44 F en seconde. La franchise de bagages est de 30 kilogrammes par voyageur, les excédents sont taxés à raison de 3,64 francs par tonne ou par kilogramme[1090].

L'avènement de la voie ferrée a permis à l'Ébrié occidental de reprendre provisoirement son rôle leader de l'économie ivoirienne[1091]. En revanche, il annonce le déclin progressif et définitif de Grand-Bassam au profit d'Abidjan qui finit par effacer les centres commerciaux de l'Ébrié occidental[1092]. Sur le plan politique, les grandes victimes sont Dabou et Bingerville. En effet, dès le début de l'année 1910, Dabou perd son rôle de chef-lieu de cercle de Dabou au profit d'Abidjan. Bingerville cède, en 1934, son rôle de capitale politique de la Côte d'Ivoire à Abidjan. Cette ville, qui se dresse comme la nouvelle cité marchande de la colonie, étend alors ses tentacules sur toutes les régions de la Côte d'Ivoire. Point d'aboutissement des routes et de la voie ferrée, elle exerce un monopole incontesté[1093]. Toute cette histoire montre que la prospérité économique d'une région, qui était liée auparavant au savoir-faire et au dynamisme de sa population et plus particulièrement de ses commerçants, est désormais conditionnée par le choix de l'administration coloniale[1094].

Bref, la création des infrastructures économiques donne un souffle nouveau au commerce français en Côte d'Ivoire. Elles facilitent les échanges commerciaux entre les régions lagunaires et de l'intérieur et favorisent l'accroissement des volumes des échanges de nouvelles villes comme Abidjan, tête de pont de la ligne du chemin de fer et du port en eau profonde apparaissent pour jouer un rôle déterminant dans la vie économique et sociale de la colonie de Côte d'Ivoire.

[1089] Ibid.

[1090] Ibid

[1091] *JOCI*, année 1909, p. 78.

[1092] ANCI, 1EE122 (6), p. 8.

[1093] *Id.*, p. 20.

[1094] ANCI, 1BB3, p. 7.

CHAPITRE III

LES NOUVEAUX CHANTIERS DE LA DOMINATION COLONIALE

Pour un meilleur contrôle des activités commerciales de la colonie et surtout pour faire descendre les produits tropicaux des régions de l'intérieur sur la côte et assurer leurs meilleures exportations en direction de la métropole, la France dote la Côte d'Ivoire d'infrastructures économiques. Cependant, les transactions commerciales sont faites à base de monnaies locales ou régionales. Ainsi, du sud-est au sud-ouest, sont en circulation, l'acquêt, la manille et les fusils. Au centre et à l'est, la poudre d'or, au nord, les cauris. Sur la côte maritime existent aussi certaines monnaies européennes utilisées dans les transactions commerciales.

L'existence et l'intervention de ces monnaies dans les activités commerciales empêchent la France de réellement dominer et contrôler les activités économiques de la colonie. Face à cette situation, elle met en place une nouvelle politique monétaire par l'institution du franc et la création de la Banque de l'Afrique de l'Ouest et par la suppression des monnaies locales qui sont interdites de circulation. Ainsi, au début du XXe siècle, le franc et la BAO deviennent pour la France de véritables instruments de domination coloniale.

La création de la banque de l'Afrique occidentale et l'institution du franc

Des causes immédiates de la création d'une institution bancaire

La manille a été utilisée depuis 1854 comme principale monnaie des transactions commerciales en cours dans le bassin occidental de la lagune Ébrié[1095], connu comme une grande région exportatrice d'huile de palme, de palmiste et de grumes d'acajou. Cette monnaie était également en usage dans le Baoulé sud, les pays abbè et akyè ainsi que dans le Sud-Ouest, le Centre-Ouest et le Moronou[1096]. Un système paritaire fixe était établi entre l'or et elle. Ainsi, un gramme d'or équivaut à 30 manilles. Même si, depuis 1889, la France occupe politiquement la Côte d'Or et le bassin occidental de la lagune Ébrié, on note la circulation de plusieurs monnaies. Citons, parmi elles, l'écu de l'union latine[1097], la livre sterling anglaise, les pièces divisionnaires d'argent de Grèce. En d'autres termes a échoué la tentative française de faire du franc, à partir de 1843, la monnaie qui va supplanter la manille[1098]. Consciente que le contrôle économique de la Côte d'Ivoire passe par la suppression des monnaies étrangères et de la manille et par l'imposition du franc, la France décide de créer pour son empire colonial ouest-africain une institution bancaire.

Les raisons d'une mise en place

La décision de créer une banque pour l'Afrique de l'Ouest est matérialisée par le décret du 13 janvier 1906. Avec ce texte est instituée la Banque de l'Afrique Occidentale (BAO). Elle a des succursales au Sénégal, au Dahomey, en Guinée et un correspondant au Congo[1099]. La BAO est une société anonyme dont le siège est à Paris[1100]. Elle effectue plusieurs types d'opérations. Retenons une première série de tâches que l'on déclinera ainsi : émettre des billets remboursables à vue au lieu d'émission[1101], escompter des billets à ordre ou effets de place à 2 signatures au moins, garantir des avances en compte courant, sans que la durée de ces prêts puisse excéder six mois, créer négocier, escompter ou acheter des traites mandats

---

1095 ANS, 5G31, pièce 12.

1096 E. J- M. LATTE, *op. cit.*, p. 278.

1097 M. L. BLE, 2002, « La monnaie en Côte d'Ivoire, 1910-1920. Le cas du franc. », Bouaké, Université Alassane Ouattara ? mini mémoire de licence, p. 7.

1098 ANS, 5G29, pièce 21.

1099 Guide du commerce et de la colonisation à la Côte d'Ivoire. Paris, Office Colonial. Galerie d'Orléans, p. 79.

1100 *Ibid.*

1101 *Id.*, p. 77.

ou chèques directs et à ordre, escompter des obligations. Négociables ou non négociables, garanties, celles-ci nécessitent, outre des cessions de récoltes pendantes, des connaissements à l'ordre et régulièrement endossés et accompagnés des documents d'assurance d'usage[1102], des nantissements réguliers[1103], des dépôts de plusieurs choses (lingots, monnaies ou matières d'or, d'argent, de cuivre ou pierres précieuses), des hypothèques maritimes[1104].

Une seconde série d'opérations exécutées par la BAO se présente comme suit : acheter ou vendre des matières d'or, d'argent ou de cuivre, consentir des avances sur lingots, monnaies, matières d'or, d'argent ou de cuivre, revoir le dépôt volontaire de toute somme en compte courant avec ou sans intérêts, de tout titre, monnaie et matière d'or, d'argent ou de cuivre[1105]. Une troisième série de tâches réalisées aussi bien à Paris que dans les succursales et agences est déclinée en ces termes : se charger, pour le compte des particuliers ou pour celui des établissements publics de l'encaissement et du recouvrement des effets qui lui sont remis et à payer tous mandats et assignations, recevoir les produits des émissions et des souscriptions publiques ouvertes, émettre des billets à l'ordre, traite ou amende, délivrer des lettres de crédit.

Enfin, la BAO a aussi la mission de faire escompter, en France ou à l'étranger, des traites ou mandats et d'acheter des matières d'or, d'argent ou de cuivre ; elle participe aux emprunts d'État ainsi qu'à la création ou à la constitution d'entreprises financières, industrielles ou commerciales et peut traiter pour le compte des tiers et les représenter, comme il est indiqué par le décret du 4 juin 1904[1106]. Finalement, nous retiendrons que la BAO, qui émet plusieurs catégories de billets[1107] remboursables au porteur[1108], se présente à la fois comme une institution de banque d'émission[1109] et une banque commerciale.

1102 Ces deux tâches devaient se faire à l'arrivée du navire. Les connaissements pouvaient être convertis en warrant ou récépissés de tout ou partie des cargaisons sous le dépôt ci-dessous stipulé.

1103 Ils correspondent à des valeurs françaises sur lesquelles la Banque de France fait des avances ou edes valeurs créées ou garanties par le gouvernement ou les municipalités des pays dans lesquels les succursales ou les agences sont établies ou en actions de la banque.

1104 Elles concernent des navires français ou francisés dans les pays où sera mise en vigueur la législation française sur l'hypothèque maritime.

1105 Guide du commerce et de la colonisation à la Côte d'Ivoire, op. cit., p. 77.

1106 JOCI, année 1905, p. 124.

1107 Elle émet des billets de 1000 F, 500 F, 100 F, 50 F, 25 F et 5 F.

1108 *Guide du commerce et de la colonisation de la Côte d'Ivoire*, p.78.

1109 JOCI, année 1908, p. 112.

Imposer le franc comme monnaie coloniale

La France a compris qu'elle doit se débarrasser des monnaies étrangères qui n'ont cours que sur la côte maritime et de la manille utilisée depuis 1854 dans le bassin occidental de la lagune Ébrié. Pour ce faire, elle installe une succursale de la BAO à Grand-Bassam, capitale économique de la colonie[1110]. Avec elle, le franc, introduit dans la colonie à partir de 1906, se présente sous la forme de métal et ensuite sous celle du papier-monnaie[1111]. Un tel changement s'explique par le fait que les pièces de monnaie ont été jugées encombrantes pour le transport et par la nécessité de lutter contre la thésaurisation de la monnaie métallique, un système d'épargne fort répandu dans l'Ébrié occidental[1112]. Avec un pareil coup d'arrêt, les populations africaines n'ont pas manqué de manifester leur désapprobation et leur rejet de ce nouveau moyen de paiement. Ces postures sont renforcées par l'inquiétude nourrie par tout détenteur de papier-monnaie, car il est informé de la rapidité de sa détérioration, des risques encourus en matière de conservation (incendies, méfaits des rats et des cancrelats, fort taux d'humidité de l'air) et de l'escroquerie répétée des opérateurs économiques qui jouent sur l'illettrisme de clients incapables de distinguer les catégories de billets d'argent en circulation. L'usager africain du papier-monnaie est donc dans une situation inconfortable quand on sait qu'il a tendance à s'empresser de changer, à la première occasion, son papier-monnaie, dans une factorerie[1113]. Pour donner un coup de fouet aux transactions, les commerçants européens et africains ont décidé de payer les produits uniquement en monnaie fiduciaire[1114].

Bien avant l'introduction du franc par la BAO, l'arrêté du 11 septembre 1903, pris par le lieutenant-gouverneur Martin, devait donner un coup d'arrêt et mettre fin à l'importation et à la circulation de la monnaie anglaise, en Côte d'Ivoire. Ce texte accorde un délai de trois mois pour pouvoir obtenir le retrait effectif de la monnaie anglaise alors en circulation. Mais jugé très court, le délai est prorogé jusqu'au 1er juillet 1905 par la circulaire du 9 décembre 1903[1115]. En 1906, cette banque a émis sur le marché ivoirien deux millions de francs pour aider les populations à faire les échanges. En 1907, elle émet, pour le compte de la Côte d'Ivoire, 306 385 F[1116] et les met en circulation, ce qui permet d'habituer les populations ivoiriennes à

1110 *Id.*, p. 113.

1111 Au départ, c'étaient les coupures de cinq francs et de 25 francs et ensuite celles de 100 francs et de 500 francs. Voir JOCI, année 1915, p .128.

1112 E. J.-M. LATTE., *op. cit.*, p. 291.

1113 Enquêtes orales réalisées le 17 août 1987 à Orgbaff auprès de Latte Benoît ESSOH.

1114 Informateur déjà cité ci-dessus. Nous utiliserons ci-dessous les abréviations inf. cit pour dire informateur déjà cité.

1115 Inf. cit.

1116 Inf. cit.

l'usage de cette monnaie et d'unifier ainsi tous les moyens de change en vigueur dans la colonie. Mais, c'est véritablement avec l'arrêté local du 15 novembre 1909 que toutes les monnaies divisionnaires étrangères, en circulation en Côte d'Ivoire, surtout dans le bassin occidental de la lagune Ebrié, ont cessé d'avoir cours[1117]. Cependant, les monnaies, telles que la manille, dont l'importation a été interdite par l'arrêté du 23 août 1895[1118], la poudre d'or et le *sombé* continuaient d'avoir cours. Le pouvoir colonial n'est donc pas encore parvenu à les supprimer. Les fluctuations, aux dires des Français, continuaient de troubler profondément le commerce local[1119].

Dans le bassin occidental de la lagune Ébrié, les populations utilisent uniquement le franc pour s'acquitter du paiement de l'impôt de capitation. Étant donné leur forte influence économique dans presque toutes les autres régions de la colonie, cet usage sélectif empêche la réalisation de la politique monétaire française[1120]. Pour inverser une pareille tendance, l'administration coloniale recourt au décret du 13 juillet 1913 qui interdit la fabrication et la circulation des monnaies locales. Cependant, cette mesure prohibitive ne donne lieu à aucun résultat probant jusqu'en 1914. À cette date, cohabitent encore le franc et la manille, utilisés respectivement comme monnaie secondaire et principale[1121]. Par un arrêté du 5 octobre 1914, l'administration coloniale interdit la circulation de ce dernier instrument d'échange. Ce qui est censé mettre fin à une cohabitation désavantageuse. Pour réussir sa politique monétaire, la France ouvre un crédit de 450 000 francs en vue de racheter les stocks de manilles. Pouvait-elle en être autrement quand on sait que pour les populations de l'Ébrié occidental, l'introduction du papier-monnaie était une conspiration de l'administration coloniale et du commerce français dans le but de les exploiter et de les ruiner ? Cela a entraîné des perturbations dans l'économie de cette région où les commerçants africains ont choisi de stocker chez eux leurs avoirs financiers et non de les déposer ou de les faire fructifier dans une institution bancaire. Poursuivant l'application de leur politique monétaire, les autorités coloniales prennent un nouvel arrêté local, en l'occurrence celui du 1er mai 1915 qui interdit la circulation des *sombés* dans le cercle des Gouro. Elles parviennent à retirer cette monnaie de la circulation en 1916.

Vulgariser le franc colonial

Le succès du franc n'a pas été facile. Il n'a pas non plus été rapide. Plusieurs scénarios économiques ont été observés. C'est ainsi que l'utilisation de la manille au

---

1117 JOCI, année 1912, p. 89.
1118 JOCI, année 1913, p. 128.
1119 *Id.*, p. 86.
1120 ANCI, 1EE122 (4), p. 17.
1121 *Id.*, p. 115

marché noir a longtemps prévalu chez les Dyula, commerçants venus des régions du Soudan. Le blocage du commerce constitue une autre caractéristique de l'insuccès rencontré par la France coloniale dans l'application de sa politique monétaire. Vendre moins a ainsi été la forme de résistance commerciale adoptée dans l'Ébrié occidental. Mais, c'est vers la fin de la Grande Guerre que s'opère le tournant majeur avec l'acceptation du franc par les populations ivoiriennes.

Avec un tel retournement de situation, la France affirme son droit régalien de battre monnaie. Elle uniformise les économies de l'AOF. Désormais, elle sait la quantité de monnaies émises ; celles qui sont en circulation et celles qui sont thésaurisées. Cette situation a influencé l'élaboration des rôles et mis fin à l'existence du troc. Un seul système monétaire prévaut en Côte d'Ivoire : le système monétaire franc (SMF)[1122]. Toutes les économies de l'AOF sont dirigées par la BAO. En outre, il appartient à cette institution bancaire de définir les taux d'escompte[1123]. Un espace monétaire, appelé zone Franc, est alors créé. Va s'y dérouler la vulgarisation de cette monnaie qui signe le triomphe économique, financier, monétaire et politique de la France. À la faveur de ce triomphe presque total, les opérateurs économiques peuvent désormais se rendre dans n'importe quelle région pour exercer leurs activités, sans être confrontés aux problèmes de convertibilité et de parité des monnaies[1124]. La France profite de ce temps de succès pour conforter son imperium frappé aussi du sceau de l'imposition de la fiscalité directe.

Une redoutable arme de domination : l'impôt de capitation

Une imposition échelonnée

Par l'arrêté local du 14 mai 1901, est institué en Côte d'Ivoire l'impôt de capitation perçu uniquement sur les Africains. Il s'agit d'une taxe établie par tête d'habitant et due par tout habitant, homme, femme et enfant âgé au moins de 10 ans. Le montant est fixé par an à 2,50 francs, sauf dans le cercle de Kong où l'impôt varie de 0,50 F à 2,50 F[1125]. L'impôt était d'abord perçu dans les régions où l'autorité de la France n'était pas contestée. Il s'agit des cercles du Baoulé, de Kong, de Bondoukou, de l'Indénié et de Bassam. La taxe de capitation a été ensuite étendue aux autres cir-

---

[1122] Tout le commerce de la Côte d'Ivoire est régi par le Franc depuis la disparition des monnaies locales que sont la manille, l'*acquêt* et le *sombé*.

[1123] La BAO garantit désormais les transactions financières en Côte d'Ivoire en établissant les modalités de compassion entre les banques privées.

[1124] Tous ceux qui disposaient des monnaies locales ont un délai pour les échanger en franc.

[1125] MICHELLET et JEAN-CLEMENT, *op. cit.*, p. 123.

conscriptions par l'arrêté du 17 décembre 1903[1126]. C'est le cas du pays alladian[1127] et du bassin occidental de la lagune Ébrié.

L'institution de la taxe de capitation a été progressive dans l'Ébrié occidental. La France y agissait avec prudence parce que les populations, surtout les Odzukru, n'avaient pas encore accepté son autorité. Jusqu'à la fin du XXe siècle, les administrateurs français étaient interdits de séjour dans le Haut-Ébrié. En 1905, l'impôt colonial concerne les M'Gbatto, les Odzukru-Dibrim-ɛjn et quelques villages tchaman[1128]. Le montant de la perception de la taxe de capitation dans le bassin occidental de la lagune Ébrié, en 1905, a été de 43 500 F[1129]. En 1906, la taxe de capitation a été étendue aux Ahizi, à tous les villages tchaman et à quelques villages du groupe odzukru. Le montant de la taxe de capitation pour cette année a été de 80 000 F[1130]. En 1910, l'impôt de capitation a concerné le reste des villages odzukru y compris les Oboru et les Eusru. C'est à cette date que la domination de la France sur le Lodzukru occidental est devenue effective. Très méfiante à l'égard de ses populations dont elle reconnaît la valeur guerrière, qui a permis de rendre leur pays impénétrable pendant longtemps[1131], la France a donc saisi l'occasion constituée par la diffusion de l'impôt de capitation pour y asseoir sa domination. C'est à juste titre qu'Edmond Michelet et Jean-Clément déclarent que « L'impôt de capitation est l'affirmation de la suprématie des Français sur les peuples de la Côte d'Ivoire »[1132].

Les justifications d'une imposition

L'administration coloniale justifie le recours à l'impôt de capitation par le fait que la Côte d'Ivoire doit se prendre en charge financièrement. Elle doit s'appuyer sur les ressources locales pour pouvoir exécuter son budget et faire ainsi face aux dépenses publiques. La Côte d'Ivoire, nous l'avons déjà souligné dans les pages antérieures, n'est pas une colonie de peuplement, mais une colonie d'exploitation. La France n'a donc aucun investissement à y faire[1133]. Au contraire, ce qu'elle a à y faire, c'est de piller les ressources. Le pillage ne peut se faire que par le commerce, le drainage des ressources vers la côte puis leur acheminement dans les industries « métropolitaines ». Il faut donc trouver les moyens financiers pour mettre en place

---

1126 Gouvernement général de l'Afrique occidentale française, *Côte d'Ivoire, Notice publiée à l'exposition coloniale de Marseille*, Paris, Edition Crète, 1906, p. 320.

1127 *Id.*, p. 318.

1128 *Id.*

1129 *Id.*, p. 319.

1130 *Ibid.*

1131 *Id.*, p. 320.

1132 MICHELLET et JEAN-CLEMENT, *op. cit.*, p. 125.

1133 R. VILLAMUR, *op. cit.*, p. 122.

les infrastructures économiques (routes, ponts, ports, chemins de fer) qui assurent au commerce un bon développement[1134]. Les régions étant désenclavées par la construction de routes et par le tracé du chemin de fer, les produits peuvent descendre sans difficulté vers les *ports*.

Dénombrer les colonisés et collecter l'impôt

Les taxes de capitation sont imposées par village. Pour ce faire, l'administration coloniale procède à un recensement de la communauté. Elle évalue le nombre de cases du village, la richesse commerciale et agricole. Elle prend en compte la déclaration du chef de village qui indique le nombre de personnes sous sa responsabilité. Après le chef de village, chaque notable de quartier ou chaque chef de lignage fait sa déclaration.

L'administration coloniale procède, par la suite, à la comparaison des informations pour déterminer le montant des taxes à payer par la localité. Les rôles annuellement préparés sont transmis au chef-lieu, au plus tard, dans la première quinzaine de décembre qui précède l'année de l'exercice. Après avoir été approuvés par le gouverneur en conseil, ils sont renvoyés aux administrateurs qui les prennent en charge et assurent la rentrée. Bénéficiant d'une bonne marge d'autonomie, ces fonctionnaires sont tenus de rendre compte de leurs décisions jugées importantes à leur supérieur hiérarchique[1135].

Le recouvrement des taxes est confié aux chefs de canton agissant sous la surveillance des administrateurs. La circulaire du 17 décembre 1903 recommande de grouper, dans la mesure du possible, les villages composant la même confédération politique et de faire percevoir la capitation par les chefs[1136]. Ceux d'entre eux qui ne sont pas influents sont remplacés par des chefs de village appelés à exercer leur autorité sous la surveillance du commandant de la subdivision. Les villages recensés et insuffisamment taxés, après approbation des rôles, peuvent donner lieu en cours d'année à l'établissement de rôles supplémentaires.

Dans le bassin occidental de la lagune Ébrié, quatre personnalités étaient chargées du recouvrement des impôts. Ils ont pour noms : Kètèkrè II, chef de canton des Odzukru qui exerce son autorité sur les pays odzukru, abidji et ahizi, Adjé Bonny du pays alladian, Abrogoua qui est du groupe tchaman et Deani Ansua domicilié en pays avikam. Par l'arrêté du 14 décembre 1901, les collecteurs d'impôt recevaient 25 % des recettes après perception des rôles[1137]. Ce montant a été modifié par

1134 MICHELLET et JEAN-CLEMENT, *op. cit.*, p. 132.

1135 *Ibid.*

1136 *Ibid.*

1137 *Ibid.*

l'arrêté du 12 juillet 1904 qui leur accorde 10 % sur le produit collecté par leur soin[1138]. Cette ouverture financière a été faite aux chefs de canton et de village qui supportent les dépenses occasionnées par la visite des représentants de l'administration coloniale dans leurs localités. Les chefs de canton, auxiliaires de l'administration coloniale, recevaient par an un salaire de 12 000 F[1139].

Les abus des percepteurs

La perception de la taxe de capitation devient une source de revenus pour les chefs de canton et de village. Cela a alors donné lieu à des abus. De nombreuses plaintes ont été portées par les Africains à la connaissance de l'administration coloniale pour dénoncer et protester contre les mauvais traitements infligés aux retardataires[1140]. En effet, tous ceux qui ne payaient pas à temps leur impôt étaient molestés et enchaînés derrière les bicyclettes par les gardes de cercle pour être conduits au chef-lieu de canton où ils sont emprisonnés. Ils ne sont libérés qu'après le paiement de la taxe par leurs parents. Les abus ont conduit les Odzukru-Oboru à proférer, en 1912, des menaces contre Kètèkrè II et à demander la création d'un deuxième canton dans le Lodzukru[1141].

Les abus procédaient aussi de l'élaboration fantaisiste des rôles. Les chiffres de population indiqués étaient le plus souvent des cas supérieurs à la réalité. Les populations villageoises étaient contraintes de payer le surplus, une fois qu'il est déclaré. La période de perception de l'impôt était alors une période de tension pour les communautés villageoises[1142]. Ceux qui n'avaient pas d'argent étaient obligés de s'exiler dans la forêt pour se cacher. Dans le Haut-Ébrié, cela a donné lieu à l'avènement de nombreux campements qui servaient de refuges aux démunis.

L'impact économique

L'introduction de l'impôt de capitation a eu pour conséquence de stimuler la production et de favoriser la croissance des exportations. Les prix des produits d'exportation étaient constamment en baisse sur les marchés mondiaux[1143]. En pareille occasion, les populations réagissaient par une suspension des productions.

1138 MICHELLET et JEAN-CLEMENT, *op. cit.*, p. 132.
1139 ANCI, 1EE 122 (4), p. 25.
1140 *Id.* (6), p. 21.
1141 *Id.* (4), p. 12.
1142 *Id.*, p. 17.
1143 *Id.*, p. 12.

Aucun produit n'était livré aux maisons de commerce afin de les contraindre à relever les prix des produits exportés[1144].

Mais face à l'impôt de capitation, les Africains ont abandonné cette pratique. Ils sont désormais obligés de produire, quel que soit le montant du prix de vente fixé pour payer la taxe de capitation[1145]. Cela explique pourquoi, dans le bassin occidental de la lagune Ébrié, les exportations de l'huile et des amandes de palmistes ont été en hausse. En somme, par l'impôt de capitation, la France a trouvé les moyens de pousser les Africains à produire plus, ce qui a permis aux maisons de commerce de disposer suffisamment de marchandises à exporter[1146]. L'impôt de capitation a facilité le contrôle par l'administration coloniale du développement de l'agriculture commerciale et également l'irréversibilité du succès de la vulgarisation du franc.

L'introduction du christianisme

Le christianisme est désigné par les peuples de l'Ébrié occidental par la religion de l'au-delà des mers, c'est-à-dire la religion qui vient de loin, du pays des Blancs. Comme première religion révélée introduite dans cette région en 1896, il est appelé la religion des Blancs[1147]. En 1896, son acceptation par ces populations est le signe d'une ouverture d'esprit. Chose qui n'est pas surprenante, car l'on est en présence de groupes humains dont la pratique du commerce les prépare à accueillir tout ce qui est nouveau, contribue à améliorer leurs conditions de vie morale et matérielle. Est ainsi posée la question de l'identification des facteurs favorables à l'expansion d'une religion, d'une idéologie qui a participé à la construction et à la consolidation de l'ordre colonial. Le fusil et la croix ont été des outils de la pacification et de l'affirmation de l'imperium colonial.

La vivacité de l'esprit missionnaire

Conformément au message du Christ qui veut que les apôtres prêchent l'Évangile à leurs semblables et qui établit une coïncidence entre la mission sur terre de Jésus et celle de ses disciples, l'esprit missionnaire est au cœur de l'action cléricale. Le ton a été donné par les apôtres devenus missionnaires[1148] dans et hors du Proche-Orient. Leurs dires, les encycliques et les allocutions papales constituent d'autres opportunités où ont été rappelées, magnifiées, mais aussi ordonné les entreprises

---

1144 *Id.*, p. 14.

1145 E. J.-M. LATTE, *op. cit.*, p. 28.

1146 ANCI, 1EE 122 (4), p. 13.

1147 Enquêtes orales réalisées le 27 novembre 2005 à Dibrim.

1148 *Ibid.*

missionnaires. C'est dans cet esprit que le Pape Léon XIII (1878-1903) proclame, le 1er novembre 1883, dans l'encyclique *Immortale dei* :

> « Le fils unique de Dieu a établi sur la terre une société qu'on appelle l'Église et il l'a chargée de continuer, à travers tous les âges, la mission sublime et divine que lui-même avait reçue de son père..., de même... que Jésus-Christ est venu sur la terre afin que les hommes eussent la vie et l'eussent plus abondamment, ainsi, l'Église se propose comme fin le salut éternel de l'âme et, dans ce but, telle est sa constitution qu'elle embrasse dans son extension, l'humanité tout entière et n'est circonscrite par aucune limite ni de temps ni de lieu » [5771]. Les successeurs de Léon XIII, Pie XI et Pie XII dans les lettres et encycliques invitaient les missionnaires à imiter l'exemple du bon pasteur et à conduire les hommes au vrai bonheur, au royaume « de justice, d'amour et de paix » [5772].

Rappelons que, pour atteindre cet objectif, le pape Alexandre VI (1492-1503) avait confié à l'Église portugaise, depuis 1493, l'évangélisation des territoires situés hors du continent européen. Mais, les Portugais et les Espagnols n'ont pu réussir une pareille entreprise, car ils ont confondu leurs intérêts politiques et ceux de la religion catholique[5773]. Cela a conduit à la perte du monopole qui leur a été accordé en matière d'évangélisation. Celui-ci fut dévolu, en 1622, à la Sacrée Congrégation créée par le pape Grégoire XV. En 1623, le pape Urbain fixa le même objectif au Collège urbain qu'il a créé. Mais, c'est au XIXe siècle que naquirent véritablement les sociétés religieuses chargées de l'évangélisation des pays éloignés de l'Europe. Ainsi, nous avons, par exemple, la Congrégation du Saint-Esprit, les Missionnaires d'Afrique, les Oblats de Marie Immaculée, les Assomptionnistes, les Salésiens et les Missions africaines de Lyon et de nombreuses congrégations féminines. Les plus illustres, celles de Saint-Joseph de Cluny, de l'Immaculée Conception de Castres, de Notre-Dame d'Afrique[5775] ont été également fondées.

Il est bon de rappeler que les hommes d'Église et les femmes de Dieu ont tenté d'évangéliser l'Afrique à un moment où y sont diffusés timidement ou non l'islam et le protestantisme. Pendant de longs siècles, les efforts d'évangélisation de l'Église catholique ont été orientés vers les Indes, la Chine et le Japon[1149]. L'Afrique subsaharienne, pour des raisons de préjugés liés à la traite atlantique, a été négligée, abandonnée. L'on a même estimé que ses populations n'étaient pas alors dignes de recevoir la parole du Christ. Celles-ci passaient pour des cannibales. Mais, à partir de 1841, face au développement du protestantisme dans cer-

---

[5771] *Id.*, p. 54.
[5772] *Id.*, p. 55.
[5773] H. DIABATE, *op. cit.*, p. 54.
[5775] *Ibid.*
[1149] Ibid

taines zones de l'Afrique de l'Ouest, l'évangélisation du continent va être lancée. Une mission était conduite par deux prêtres et un laïc américain au Libéria[1150]. L'un des prêtres, le père Baron fut chargé par le Saint-Siège de fonder la préfecture apostolique de Guinée supérieure. En septembre 1842, la préfecture fut érigée en vicariat apostolique des deux Guinées et de Sierra-Léone. Mgr Marion-Bresilac qui avait manifesté le désir de se rendre en Afrique obtint du Vatican la direction de ce démembrement[1151]. À sa mort, le 25 juin 1859, son œuvre fut poursuivie par son successeur, Augustin Planque. C'est à ce dernier que s'est adressé le gouverneur Gustave Binger pour espérer réussir l'expansion de l'instruction publique en Côte d'Ivoire.

L'appel de l'administration coloniale

Pour réussir la pacification de la Côte d'Ivoire, Binger fit appel aux missionnaires catholiques[1152]. Ce faisant, il entendait mettre à contribution l'influence et le prestige de ces hommes de Dieu[1153]. Bien que protestant, il n'a pas hésité à s'adresser aux pères du Saint-Esprit qui le dirigèrent vers le supérieur général de la Société des Missions africaines de Lyon. Ainsi, le 11 janvier 1895[1154], Binger adressa au père Augustin Planque une correspondance dans laquelle il l'invitait à envoyer une mission en Côte d'Ivoire. Il lui assura le soutien financier de la colonie. Il précisa que certaines sommes destinées à l'instruction publique pourraient facilement être versées aux missions[1155].

La Côte d'Ivoire devient ainsi une destination importante pour les missionnaires catholiques. Même si son sud-est a connu plusieurs tentatives d'évangélisation. D'abord au XVIIe siècle, ensuite, en 1844 et enfin, en 1888. En effet, le 24 décembre 1687, le père Gonzalves, un Dominicain arriva à Assinie où il laissa le père Cérisier avant de poursuivre son voyage au Dahomey, précisément à Ouidah[1156]. Mais, la mission échoua à cause de la faim, des dangers et des menaces de mort. En 1844, Mgr Barron, vicaire apostolique des deux Guinées et de Sierra-Léone, et le père Kelly entreprirent une mission d'évangélisation à Grand-Bassam et à Assinie[1157]. Ce dernier fait montre que les missionnaires tenaient à s'appuyer sur les agents des comptoirs pour réussir leur œuvre d'évangélisation. Ce fut également un

---

[1150] *Id.*, p. 61.
[1151] Ibid.
[1152] H. DIABATE, *op. cit.*, p. 72.
[1153] *Id.*, p. 73.
[1154] *Ibid.*
[1155] *Id.*, p. 74.
[1156] H. DIABATE, *op. cit.*, p. 72.
[1157] P. ATGER, *op. cit.*, p. 471.

échec[1158]. En 1888, des pères capucins, en provenance de la Gold Coast, s'établirent de nouveau à Grand-Bassam. Mais, ils furent décimés par une épidémie de la fièvre jaune qui sévissait dans la région depuis la seconde moitié du XIXe siècle. Ainsi, on enregistre un échec supplémentaire.

Au regard de ces tentatives et des facilités offertes par l'administration coloniale, la réponse du père Planque à la requête des décideurs administratifs fut positive. Ainsi, le 28 octobre 1895, les pères Hamard et Bonhomme débarquèrent à Grand-Bassam et y fondèrent la première station[1159]. Au cours de la même année, l'administration coloniale confia aux missionnaires l'organisation de l'enseignement public. À partir de Grand-Bassam, les missionnaires protégés dans leurs actions par les autorités de la colonie créèrent de nombreuses stations et écoles. Parmi ces stations, nous avons celle ouverte, en décembre de la même année à Memni et, en septembre 1896, à Dabou[1160].

La lutte contre la sorcellerie

Les peuples du golfe de Guinée en général, et ceux du bassin occidental de la lagune Ebrié se sentaient souvent menacés au quotidien par les sorciers qui s'opposaient dans l'ombre à toute réussite sociale. Ces derniers étaient considérés comme responsables de tous les malheurs de la communauté. Tout échec, toute maladie et tout décès leur étaient imputés[1161].

Ainsi, pour échapper aux sorciers, les populations ont recours à la protection de nombreuses divinités. Un individu peut disposer d'une quantité considérable de divinités pour sa protection. Cependant, malgré cet arsenal métaphysique, il demeure confronté à la persécution et à la peur. Personne n'est sûr de l'efficacité absolue de la puissance de ses propres fétiches. C'est pour cette raison que les populations étaient obligées de renouveler constamment les stocks[1162].

Certains membres des sociétés du bassin occidental de la lagune Ébrié décidèrent de se convertir à la religion catholique. Leur conversion est à rapporter, en partie, à la croyance selon laquelle les intermédiaires entre Dieu, créateur du ciel et souverain de l'univers, et les hommes appartiennent à la race blanche[1163]. En conséquence, le prêtre blanc ne pouvait qu'incarner l'assurance, la sécurité. En d'autres termes, il véhiculait la sérénité et était détenteur d'un contre-pouvoir efficace

[1158] H. DIABATE, *op. cit.*, p. 72.
[1159] Ibid.
[1160] *Ibid.*
[1161] Enquêtes orales réalisées le 22 aout 2004 à Addah.
[1162] Dans l'Ebrié occidental, chaque individu adorait aux moins cinq à sept divinités.
[1163] Enquêtes orales réalisées le 22 août 2004 à Addah.

contre la malfaisance du pouvoir du sorcier. Pour ces groupes sociaux, le christianisme mettait à leur disposition des formules magiques pour lutter contre les sorciers[1164]. Le catholicisme est donc perçu comme un moyen de renforcement de l'arsenal métaphysique, un moyen de défense de protection contre la sorcellerie dont les méfaits la font apparaître sous les traits d'un drame social[1165].

Cependant, l'intérêt qu'offre la conversion au christianisme des peuples du Bassin occidental de la lagune Ébrié réside aussi dans la volonté manifestée par certains de leurs membres d'en finir avec les nombreux interdits et dans le fait que les missionnaires européens dispensent aux adhérents et surtout aux jeunes fidèles une nouvelle instruction, source de promotion sociale.

L'avènement de l'école française

Nous avons tantôt vu que c'est Binger, le 1er gouverneur de la colonie, qui fit appel aux missionnaires catholiques afin de développer l'instruction publique. Les missionnaires catholiques acceptèrent cette charge, car cela cadrait avec leur philosophie apostolique. En effet, leur but étant de convaincre, l'école se présenta comme le moyen par lequel ils pouvaient persuader les Africains à renoncer à leurs croyances[1166]. En septembre 1896, des missionnaires catholiques s'établirent à Dabou et ouvrirent une école qui accueillit une trentaine de jeunes gens[1167]. Ces derniers reçurent l'instruction publique et le catéchuménat.

Les Africains, qui avaient parié sur la possibilité de faire de l'école un moyen de libération et d'accès à la modernité et à l'épanouissement social, y inscrivirent leurs enfants[1168]. De nombreuses écoles catholiques s'ouvrirent alors dans l'Ébrié occidental. Citons les écoles de garçons et de jeunes filles de Dabou, celles de Jacqueville, d'Addah, d'Adjakoutié et de Bingerville. En 1898, le père Ranchin, responsable de la station de Jacqueville fondée le 1er mai 1898, créa dans ladite cité, une école qui accueillit, dès la première année, 32 élèves ; les enfants scolarisés venaient de toute la région[1169]. Dans les villages alladian où les missionnaires se rendaient, les chefs de village leur confiaient des élèves. Cela est attesté par Henriette Diabaté : « Les 25 et 26 février 1901, les pères Ranchin et Fer vont du côté d'Addah faire la tournée des villages, rendre visite aux chefs et réclamer des enfants pour l'école. Ils s'arrêtent à Grand-Jacques, à Adjacoutié, à Adjué et à Mbo-

---

1164 Enquêtes orales faites le 18 août 2003 à Avagou.

1165 Enquêtes orales exécutées le 18 août 2005 à Orgbaff.

1166 H. DIABATE, *op. cit.*, p. 72.

1167 GORJU, *op. cit.*, p. 80.

1168 E. J.-M. LATTE, *op. cit.*, p. 543.

1169 H. DIABATE, *op. cit.*, p. 81.

krou où les chefs leur confient des élèves »[1170]. Une autre école fut ouverte, en 1903, à Adjacoutié. À Addah, l'ouverture concerne un établissement de formation des catéchistes[1171]. Cette opération eut du succès dans l'Ébrié occidental parce que tous ceux qui savaient parler le français, l'écrire et calculer étaient embauchés par les maisons de commerce. Parlant de Jacqueville, Le Hérissé indique que les maisons de commerce recrutaient parmi les élèves des écoles catholiques un certain nombre d'employés pour leurs comptoirs[1172].

L'école a donc servi de moyen de propagande de la foi catholique. En effet, les missionnaires donnaient de l'instruction aux enfants âgés de dix à quinze ans. En retour, ils leur enseignaient le catholicisme. Cette méthode fut utilisée en 1897, par le père Hamard à Dabou et par le père Ranchin, en 1899 à Jacqueville. Tous les élèves des écoles furent baptisés. C'est ce que note Henriette Diabaté : « le 20 mai 1899, le père Ranchin peut moissonner les fruits des graines enfouies un an plus tôt : les premiers enfants de la mission de Jacqueville sont baptisés »[1173].

Par l'école, les Africains recevaient aussi des éléments de la culture européenne. Celle-là a permis aux missionnaires catholiques d'utiliser la couche la plus faible de la population africaine, c'est-à-dire les enfants, pour véhiculer leur religion. Mais, la suppression, le 1er janvier 1904, par l'État français des « allocations scolaires » distribuées aux pères entraîna, à partir de 1907, une rareté des conversions. Il va falloir attendre l'essor urbain pour assister à un nouveau dynamisme de la propagation de la foi et du culte porté par l'Évangile.

En somme, dans sa volonté de contrôler les activités économiques et financières de la Côte d'Ivoire, la France institue le franc pour servir de monnaies pour les transactions commerciales et pour le paiement de l'impôt de capitation. Elle crée également la Banque de l'Afrique occidentale pour l'émission de la nouvelle monnaie et pour soutenir les transactions financières et commerciales.

L'introduction du catholicisme et de l'école moderne, en Côte d'Ivoire, à la fin du XIXe siècle et au début XXe siècle, permet à la France d'étendre sa domination culturelle et sociale sur les sociétés ivoiriennes. Ainsi, la religion catholique et l'école moderne participent à façonner un nouveau type d'Ivoirien et à lui donner une culture, une culture hybride.

1170 *Ibid.*

1171 *Ibid.*

1172 LE HERISSE, *op. cit.*, p. 204.

1173 H. DIABATE, *op. cit.*, p. 82.

Conclusion

Les relations entre les Français et les peuples de l'Ébrié Ouest ont entraîné de profonds bouleversements dans la vie économique, surtout commerciale et dans la vie politique de ces sociétés. En s'appuyant sur les traités conclus avec les peuples de l'Ébrié occidental au cours des années 1850-1868, les Français décident d'étendre leur domination sur cette région par le contrôle exclusif des circuits commerciaux et par leur immixtion dans les affaires intérieures des populations. Or les peuples de l'Ébrié occidental sont jaloux de leur liberté et de leur indépendance. À aucun prix, ils ne peuvent les aliéner, les brader. Le commerce dans cette région est une activité libérale non dominée par une quelconque puissance.

La mauvaise interprétation des traités entraîne des conflits entre les Français et les peuples de l'Ébrié. Ainsi, de 1852 à 1898, les Français sont interdits de séjour dans la partie occidentale de Lodzukru dominée par les Oboru. Or le pays odzukru est l'épicentre de la production de l'huile de palme, principal produit d'exportation de la région. La politisation des activités commerciales de la région par les Français et la mauvaise qualité de leurs produits ont constitué des difficultés pour le commerce français. En effet, les Français vendaient des produits avariés, de qualité médiocre. Ils pensaient réaliser d'importants bénéfices avec de faibles investissements. Or les peuples de l'Ébrié Ouest, surtout les Alladian et Avikam de la côte des Quaqua, depuis le XVIIe siècle sont en relation avec les interlopes européens et sont rompus aux activités de négoce.

Au XVIIIe siècle, Grand-Lahou a été le principal « port » négrier de la Côte d'Ivoire. Au début du XIXe siècle, ces populations sont entrées en contact avec les commerçants anglais qui inaugurèrent la traite de l'huile de palme dans le golfe de Guinée.

Les Français n'avaient donc pas affaire à des « naturels », mais à des sociétés tres bien organisées. Elles avaient leur système politique, leurs référents culturels, leur mode de production et leurs façons d'orgnaiser et de gérer l'entre-soi, de conduire leur diplomatie du bon vosinage. Les nouveaux conquérants, venus de l'au-delà des mers, ont eu du mal à s'imposer dans l'Ébrié occidental. À la fin du XIXe siècle, pour asseoir leur autorité, les Français ont eu à recourir à la traîtrise de certaines populations locales : Dibrim-ɛjn et Alladian pour venir à bout de la résistance des Oboru. Ainsi, de 1852 à 1909, les Odzukru-Oboru ont infligé de cuisantes défaites aux troupes françaises. Cependant, les défaites des Odzukru-Oboru et des Tchaman-Akwè annoncent la véritable colonisation de l'Ébrié occidental. Les Français, nouveaux maîtres de cette région, s'emparent du commerce en le réorganisant. Ils instituent le Franc qui assure leur domination de même que l'impôt de capitation. La région de l'Ébrié est découpée en trois cantons confiés aux collaborateurs des Français. Le pouvoir colonial institue la chefferie dans cettezone où, depuis la deuxième moitié du XVIIIe siècle, prévaut le système des classes. Ainsi, depuis le XIXe siècle, règne dans l'Ébrié occidental, le bicéphalisme politique. Cependant, on note la primauté du pouvoir des classes d'âge qui est un pouvoir sacré, conféré par la communauté villageoise. Le chef du village, pour les peuples de l'Ébrié occidental, n'est qu'un représentant de la France dans les villages, hameaux et maisons isolées. Son pouvoir n'est pas légitime parce qu'il ne provient pas de la coutume.

Les Français, par leur présence, ont provoqué d'importantes mutations sociales, économiques, politiques et culturelles dans l'Ébrié occidental. Cependant, ils ont fait de cette région la principale zone économique de la nouvelle colonie de Côte d'Ivoire.

INSTRUMENTS DE RECHERCHE, SOURCES ET ETUDES

Instruments de recherche

CHARPY J., *Répertoire des archives de l'AOF*, Aix-en-Provence, CAOM., 1986. 295 p.

JANVIER G., « Bibliographie de la Côte d'Ivoire », Abidjan, université de Cocody. 1972. 357 p.

LOUCOU J.-N., « Bibliographie de la Côte d'Ivoire », Abidjan, université de Cocody, 1980, 135 p.

Sources écrites et orales

1- Sources d'archives

Archives nationales de Côte d'Ivoire (ANCI)

Série BB : Correspondances, rapports et télégrammes du Gouverneur de la Côte d'Ivoire au Gouverneur de l'AOF

1 BB 2 : Établissement français de la Côte d'Or : Correspondance adressée par le résident de France à Grand-Bassam (1880).

1 BB 3 : Registre de correspondance de départ du résident de France à Grand-Bassam. 22-05-1890 au 8-05-1891.

1 BB 5 : Etablissement français de la Côte d'Or : Correspondance adressée par le résident de France à Grand-Bassam au Gouverneur de la Guinée. 1892.

1 BB 6 : Etablissement français de la Côte d'Or : Correspondance adressée par le résident de France à Grand-Bassam au Gouverneur de la Guinée française et dépendances à Conakry du 13 janvier au 17 octobre.

1 BB 7 : Établissement français de la Côte d'Or, résident de Grand-Bassam. Registre de la correspondance adressée par le résident de France à Grand-Bassam au Gouverneur de la Guinée française et dépendances du 3/12/ au 15/10/1892.

1 BB 9 : Colonie de la Côte d'Ivoire. Cabinet du Gouverneur. Registre de correspondance départ.

1 BB 10 : Colonie de la Côte d'Ivoire. Registre de la correspondance générale : Départ du 31/12/1893 au 12/05/1894.

1 BB 11 : Colonie de la Côte d'Ivoire : Cabinet du Gouverneur. Registre de départ 3/9/1893 au 19/9/1855.

1 BB 12 : Colonie de la Côte d'Ivoire : Cabinet du Gouverneur. Registre de correspondances générales : départ du 17/05/1894 au 27/05/1895.

1 BB 13 : Colonie de la Côte d'Ivoire. Registre de correspondances adressées au Ministère des Colonies au 21/05/1894 au 24/02/1896.

1 BB 14 : Colonie de la Côte d'Ivoire. Registre de la correspondance adressée aux Commandants de cercle et Chefs de Poste du 15/05/1894 au 20/02/1896.

1 BB 15 : Colonie de la Côte d'Ivoire. Cabinet du Gouverneur. Fragments du registre des télégrammes départs du 28 août au 25 septembre 1895.

1 BB 16 : Colonie de la Côte d'Ivoire. Cabinet du Gouverneur. Registre de correspondance au départ du 29 septembre 1895 au 1er mars 1896.

1 BB 17 : Colonie de la Côte d'Ivoire. Cabinet du Gouverneur. Registre de câblogramme adressé au ministre des Colonies à Paris, au Gouverneur général à Saint Louis du 21/10/1885 au 03/03/1899.

1 BB 18 : Colonie de la Côte d'Ivoire. Registre pour l'enregistrement des lettres du cabinet aux divers chefs de service spéciaux du 29 mai 1895 au 11 mai 1899.

1 BB 20 : Colonie de la Côte d'Ivoire. Cabinet du Gouverneur. Registre des télégrammes adressés aux Commandants des cercles de Grand-Lahou et d'Assinie du 06/03/1896 au 19/03/1897.

1 BB 21 : Colonie de la Côte d'Ivoire. Cabinet du Gouverneur. Registre des correspondances adressées aux Commandants de cercle du 21/02/1896 au 08/08/1898.

1 BB 22 : Colonie de la Côte d'Ivoire. Cabinet du Gouverneur. Registre de correspondances adressées au ministre des Colonies à Paris du 23 février 1898.

1 BB 27 : Colonie de la Côte d'Ivoire. Cabinet du Gouverneur. Registre de correspondances au départ du 11 mai 1897 au 23 juin 1902.

1 BB 28 : Colonie de la Côte d'Ivoire. Registre de correspondances adressées au ministre des Colonies du 7/3/1898 au 25/11/1898.

Sous-série : 3 BB : Correspondances des cercles

3 BB 52 : Grand-Bassam, correspondance reçue du Gouverneur. 1904-1922.

3 BB 53 : Grand-Bassam. Registre pour l'enregistrement de la correspondance arrivée du 13 mars 1914 au 29 mai 1914.

3 BB 54 : Grand-Bassam. Correspondances diverses arrivées 1916-1925.

3 BB 95 : Cercle de Grand-Lahou. Registre de correspondances au départ 24 octobre 1903 au 31 août 1904.

3 BB 96 : Cercle de Grand-Lahou. Registre de correspondance au départ 20 février 1905 au 18 avril 1906.

3 BB 97 : Cercle de Grand-Lahou. Registre de correspondance au départ 13 au 18 avril 1906.

3 BB 98 : Cercle de Grand-Lahou. Registre de correspondance au départ septembre 1907 au 21 avril 1910.

3 BB 100 : Cercle de Grand-Lahou. Registre de correspondance au départ 3 août 1908 au 21 avril 1910.

3 BB 101 : Cercle de Grand-Lahou. Registre de correspondance au départ 7 juin 1892 au 19 décembre 1910.

3 BB 102 : Cercle de Grand-Lahou. Poste de Bondougou. Copie de la correspondance adressée à l'administrateur du cercle à Lahou du 21 janvier au 31 décembre 1911.

3 BB 111 : Tiassalé : Registre de correspondances départ du 3 avril 1900 au 14 avril 1902.

3 BB 112 : Tiassalé. Registre de correspondance départ du 17 avril 1902 au 21 décembre 1905.

3 BB 113 : Tiassalé-Ouasso : Registre de correspondance départ du 8 mai 1907 au 23 mars 1910.

3 BB 114 : Tiassalé : Registre de correspondance du 24 mai 1907 au 29 juillet 1918.

3 BB 115 : Tiassalé : Registre de correspondance départ du 24 avril 1910 au 31 juillet 1911.

3 BB 116 : Tiassalé : Registre pour l'enregistrement du 31 juillet 1915 au 20 novembre 1918.

Sous-série 1 DD

1 DD 6 : Approbation ministérielle des instructions données par le commandant de la division navale des côtes d'Afrique occidentale au Commandant de Grand-Bassam et de Dabou. 1854.

1 DD 7 : Dépêche ministérielle à la paralysie du commerce à Grand-Bassam. 1854.

1 DD 18 : Copies d'arrêtés et décisions concernant les employés communaux de la Commune mixte d'Abidjan. 1917-1925.

1 DD 21 : Copies d'arrêtés fixant les droits de place sur le marché et la part proportionnelle allouée aux Communes d'Abidjan et Grand-Bassam sur les produits de patentes, licences et impôt de certification. 1923.

1 DD 23 (1) : Circulaires à messieurs les administrateurs Commandants des cercles de l'Indénié, des Lagunes, d'Assinie, d'Agneby, de Grand-Bassam, de Bondoukou, des Gouros, du N'Zi-Comoé, de Grand-Lahou, du Bas-Sassandra et du Bas-Cavally au sujet de la brunissure des cabosses. 1924.

1 DD 23 (6) : Circulaire à messieurs les administrateurs des cercles de Bassam, d'Assinie, des Lagunes, de Sassandra, de Tabou et messieurs les Chefs de services des douanes de la direction du Wharf de Grand-Bassam au sujet de l'émigration des indigènes. 1924.

1 DD 23 (14) : Circulaire réglant les conditions d'entrepôts fictifs à Abidjan. 1924.

1 DD 23 (19) : Circulaire de l'administrateur général à messieurs les Commandants de cercle d'Agboville, Bouaké, Bouaflé, Dabakala, Daloa, Dimbokro, Grand-Lahou, Séguéla au sujet du ricin. 1924.

1 DD 23 (20) : Lettre du Lieutenant. Gouverneur de la Côte d'Ivoire à messieurs les chefs des TP de Bingerville et d'Abidjan (poste sous-intendant militaire et directeur du chemin de fer) au sujet du renouvellement de la convention pour les transports lagunaires. 1924.

1 DD 42 : Télégramme du Gouverneur pendant la tournée à Aboisso, Assinie et Grand-Lahou. 1908.

1 DD 35 : Notes mensuelles sur la situation politique et agricole de la Côte d'Ivoire pour le bulletin de l'agence économique.

1 DD 36 : Mission marchande, correspondances et rapport du Gouverneur de Côte d'Ivoire. 1893-1894.

1 DD 39 : Mission Hostain. 1896-1901.

1 DD 55 : Situation administrative de la Côte d'Ivoire en 1908.

Sous-série 2 DD

2 DD 45 : Cercles de Lagunes : Subdivision de Dabou. Arrivée de lettres reçues de l'administrateur de Dabou, relatives à l'envoi d'un agent des services civils. 1945.

2 DD 46 : Importance de la Lagune Ébrié. Remarque du ministre sur les rapports d'inspection du commandant de la décision navale des côtes Occidentales de l'Afrique (C.O.A) relatifs aux établissements français du Golfe de Guinée. 1851.

2 DD 48 : Observation du ministre sur les rapports d'inspection du comptoir de Grand-Bassam pour l'année 1852.

Rétablissement de la situation au comptoir de Grand-Bassam (1853)

2 DD 49 : Rapport du Capitaine de Génie Tourain sur son inspection des comptoirs français de la Côte d'Or. 1852.

2 DD 50 : Comptoirs fortifiés de la Côte d'Or : Observations générales du Commandant supérieur sur le rapport d'inspection et les projets du Capitaine du Génie Tourain. 1862.

2 DD 60 : Rapport d'inspection des divers services du cercle de Grand-Lahou et du pays dida.

Plainte de la population du cercle de Lahou contre l'administrateur du cercle au sujet du traitement austère des habitants 1909 ; 1915 ; 1918 et 1920-1921.

2 DD 70 (5) : Vérification des services des douanes de : Assinie, Grand-Bassam, Grand-Lahou par M. Fouqué. Inspecteur de 2e classe des colonies. 1912.

2 DD 70 (7) : Vérification du service de la sous-intendance militaire de Grand-Lahou. 1912.

Rapport de M. Fouqué, inspecteur de 2e classe des colonies (1912)

2 DD 71 : Rapport fait par M. Fouqué concernant la vérification du service du cercle de Grand-Lahou. 1911.

2 DD 72 : Mission d'Inspection ; rapport de vérification du service administratif du cercle (poste Abidjan) par M. Fouqué, inspecteur des colonies. 1911-1912.

2 DD 75 : Correspondances relatives aux diverses concessions : 1894 ; 1897 ; 1899 ; 1900 ; 1902 ; 1903 ; 1908 ; 1910 ; 1912.

2 DD 84 : Rapport de M. Bourgène, inspecteur des affaires administratives au sujet des propagandes religieuses dans la région d'Abidjan, Dabou. 1920.

2 DD 93 : Cercle de Grand-Lahou : rapport de M. Coste, inspecteur des colonies au sujet du cercle de Grand-Lahou : 1924-1925.

2 DD 105 : Subdivision de Dabou :

- Rapport sur l'alcoolisme dans la région
- Rapport sur l'exploitation des pêcheries entre Adioukrou, Alladian et Ébrié
- Rapport sur l'intervention étrangère dans les affaires administratives. 1925.

2 DD 115 : Dossier relatif à l'organisation administrative du cercle de Lahou. 1909-1925.

2 DD 117 : Rapports et correspondances sur l'organisation administrative du cercle des Lagunes. 1909-1937.

2 DD 217 : Commune mixte d'Abidjan : Origine, réorganisation administrative et travaux 1912-1925.

2 DD 219 : Correspondance échangée avec le Gouverneur général au sujet de la création, de la réorganisation de la commune mixte d'Abidjan 1915-1922.

2 DD 221 : Classement des Communes mixtes de Grand-Bassam et d'Abidjan et fixation des indemnités allouées aux fonctionnaires chargées d'un service municipal dans les communes mixtes 1918-1930.

2 DD 222 : Taxes diverses de la Commune mixte d'Abidjan. 1920.

2 DD 111 : Renseignement géographique et ethnique des cercles. Organisations et divisions administratives. 1900 ; 1909.

Sous-série 5 DD

5 DD 4 : Recensement nominatif de la population indigène. 1918-1919.

5 DD 5 : Statistiques démographiques. 1919-1920.

5 DD 7 : Dénombrement général de la population des principaux centres :

- 1921 : Recensement par cercle
- 1921 : Instruction et correspondance.

Sous-série 6 DD

6 DD 10 : Rôle de l'impôt de capitalisation dans le cercle de Grand-Lahou. 1914-1916.

6 DD 18 : Rendement des impôts dans le cercle de Grand-Lahou. 1916.

Série EE : Affaires politiques et indigènes

Sous-série 1 EE

1 EE 1 (4) : Division navale des côtes occidentales d'Afrique. Correspondances relatives aux affaires politiques d'Assinie. 1849.

1 EE 1 (5) : Compte-rendu du combat de Yahou (Gd) Bassam entre les indigènes de la province d'Aka et les marins de la station navale de la côte occidentale d'Afrique. 1849.

1 EE 1 (6) : Division navale des côtes occidentales d'Afrique. Règlement définitif des différents avec Amatifou, roi d'Assinie et Aby-Nouvel essor du commerce de Grand-Bassam par suite de l'affluent de l'Ébrié, 1849.

1 EE 1 (7) : Division navale des côtes occidentales d'Afrique. Franchissement de la barre d'Assinie par le Capitaine de vaisseau Bouët-Willaumez et découverte du Tanoé, affluent d'Assinie. 1850.

1 EE 1 (9) : Division navale des côtes occidentales d'Afrique. Situation politique et commerciale du comptoir de Grand-Bassam. 1850.

1 EE 1 (11) : Division navale des côtes occidentales d'Afrique. Opinion du Commandant de la Division navale sur le comptoir du golfe de Guinée. 1851.

1 EE 1 (12) : Correspondance adressée au ministre des colonies par le commandant en chef de la division navale des côtes occidentales de l'Afrique au sujet de l'incendie de la factorerie Renard à Grand-Bassam. 1854.

1 EE 1 (13) : Station des côtes occidentales d'Afrique. Situation des postes de Grand-Bassam, Dabou et Assinie.1856

1 EE 25 : Correspondances relatives aux incidents d'Akapless.1849-1856

1 EE 28 (1) : Cercle du Baoulé. Mission du Baoulé. Notes sur le Baoulé. 1896.

1 EE 28 (2) : Cercle du Baoulé. Renseignements sur le cercle du Baoulé. 1903.

1 EE 29 (1) : Cercle du Baoulé. Rapport d'ensemble 1893, 1902, 1905

Notes sur la politique suivie dans le Baoulé de 1918 à 1920

1 EE 32 : Cercle du Baoulé. Correspondances relatives à l'envoi des cartes du Baoulé 1893-1897.

Rapport annexé à la carte de la rivière Bandama, depuis Lahou jusqu'au Baoulé en 1893

1 EE 36 : Cercle du Baoulé

- Monographie historique du secteur de Bouaké 1904
- Rapports trimestriels : 1916 ; 1922 ; 1920
- Rapports mensuels : 1900-1917.

1 EE 116 : Cercle des Lagunes

1 EE 116 (1) : Rapports sur la situation politique générale du cercle. 1906-1911 (1909-1910) correspondances diverses sur la situation politique dans les postes du cercle des Lagunes. 1914.

1 EE 116 (2) : Rapports trimestriels 1912-1917-1922-1925.

1 EE 116 (3) : Rapports mensuels 1910.

1 EE 116 (4) : Télégrammes hebdomadaires sur la situation politique. 1914.

1 EE 117 : Cercle des Lagunes

1 EE 117 (1) : Correspondance relative aux opérations militaires. Abouadio. 1905.

1 EE 117 (2) : Rapport de fin de campagne relatif aux opérations militaires en pays Aquié. 1905.

1 EE 117 (3) : Rapport sur la situation en pays Aquié. 1905.

1 EE 117 (4) : Correspondances relatives au désarmement des Abidji et Adioukrou. 1910.

1 EE 117 (5) : Instructions relatives à l'emploi de la 3e brigade des gardes indigènes. 1910.

1 EE 119 : Poste d'Abidjan

1 EE 119 (1) : Rapports trimestriels. 1918.

1 EE 119 (2) : Rapports politiques mensuels. 1909-1915.

1 EE 121 : Poste de Bingerville

1 EE 121 (1) : Rapports mensuels. 1903-1913.

1 EE 121 (2) : Rapports de tournées 1904.

1 EE 122 : Cercle de Dabou

1 EE 122 (1) : Dossier relatif à l'affaire de Bouboury. 1896-1897.

1 EE 122 (2) : Notes sur les Bouboury. 1903-1905.

1 EE 122 (3) : Rapports trimestriels. 1916-1618.

1 EE 122 (4) : Rapports mensuels. 11898-1915.

1 EE 122 (5) : Dossier relatif aux incidents d'Orbaff : rébellion des indigènes contre leur chef et administration. Envoi d'un détachement de gardes et de tirailleurs.

1 EE 122 (6) : Toupa. Rapports politiques et mensuels et rapports de tournée 1904-1909.

1 EE 122 (7) : Ossrou : Rapport sur la situation politique à Ossrou, compte-rendu de la prise d'Ossrou, ses conséquences immédiates. 1909.

1 EE 123 : Grand-Bassam

1 EE 123 (1) : Rapport annuel 1909.

1 EE 123 (2) : Rapport sur l'état d'esprit des populations. 1911.

1 EE 123 (3) : Rapports trimestriels 1921-1924.

1 EE 123 (4) : Rapports 1908-1912.

1 EE 123 (5) : Rapports d'inspection. 1911-1923.

1 EE 124 : Grand-Lahou

1 EE 124 (1) : Instructions générales. 1907.

1 EE 124 (2) : Instructions, circulaires, notes diverses.

1 EE 124 (3) : Instructions au chef de poste de Bondougou 1908.

1 EE 124 (4) : Instructions relatives au pays dida. 1915.

1 EE 125 : Grand-Lahou

1 EE 125 (1) : Rapports trimestriels : 1912-1923. Correspondances relatives aux rapports politiques trimestriels.

1 EE 125 (2) : Rapports mensuels : 1908-1915.

1 EE 125 (3) : Rapports de fin de gestion de l'administrateur Cortière. 1914-1918.

1 EE 127 : Grand-Lahou

1 EE 127 (1) : Rapports de tournées. 1911-1914.

1 EE 127 (2) : Rapports d'inspection dans les districts de Lakota et de Divo. 1916.

Sous-série 2 EE : Affaires indigènes

2 EE 1 : Politique indigène

2 EE 1 (1) : Dossier relatif à la politique indigène en général. 1902-1923.

2 EE 1 (2) : Rapport sur le régime de l'indigénat en A.O.F (sans date).

2 EE 1 (7) : Grand-Lahou : Correspondance relative aux affaires indigènes : 1919 ; 1920 ; 1923.

2 EE 2 : Justice indigène : Organisation et fonctionnement

2 EE 2 (2) : Grand-Lahou : relevé de punitions disciplinaires. 1914.

2 EE 2 (4) : Statistiques judiciaires annuelles des cercles. 1918.

2 EE 3 : Affaires judiciaires relevant des tribunaux indigènes

2 EE 3 (1) : Affaires judiciaires relevant des tribunaux indigènes.

2 EE 4 : Dossier relatif à l'internement et à la déportation des détenus politiques

2 EE 4 (1) : Correspondance relative à la déportation au Congo français de Niagne, chef Bouboury (1899).

2 EE 4 (2) : Côte d'Ivoire : Liste chronologique des arrêtés relatifs aux internés politiques 1901-1913.

2 EE 4 (6) : Dossier relatif aux indigènes de la Côte d'Ivoire astreints à la résidence obligatoire. 1910-1912.

2 EE 7 : Dossier relatif aux rapports avec les indigènes et leurs chefs : traités et conventions. Rapports entre indigènes

2 EE 7 (1) : Grand-Bassam : Enquêtes sur les pressions exercées par le capitaine Schiffer sur les indigènes pour les amener à lui vendre la totalité de leurs palmeraies.

2 EE 7 (2) : Listes nominatives de représentants des cercles. 1903-1929.

2 EE 7 (4) : Procès-verbal, enquête administrative correspondance à propos des agissements du nommé Azémian, ancien chef d'Adjamé.

2 EE 7 (5) : Grand-Lahou. Correspondance relative aux agissements du notable appolonien Attobiah Alluah pendant le recrutement 1918.

2 EE 9 : Dossier relatif à l'examen des plaintes et réclamations diverses

2 EE 9 (1) : Lagunes : réclamations diverses. 1917.

2 EE 9 (2) : Plaintes des indigènes du village de Locodjro et des indigènes du groupe Acquêh à propos des prestations 1917-1918.

2 EE 14 : Dossier relatif à l'esclavage

2 EE 14 (1) : Dossiers relatifs à l'esclavage et à la traite des Noirs. 1904-1914.

2 EE 14 (2) : Cercle des Lagunes

2 EE 14 (2/2) : Rapport sur l'esclavage domestique dans les cercles, mesures proposées pour sa suppression 1908.

2 EE 14 (2/3) : Rôle de la pacification du point de vue anti-esclavagiste : circulaires, rapports, et notes reçues des cercles. 1913.

2 EE 14 (2/4) : Arrêtés circulaires, notes du ministre des colonies à propos de la traite des femmes, enfants. 1920.

2 EE 14 (2/5) : Rapports annuels sur la traite des femmes et des enfants. 1920-1922-1925- sans/série.

Sous-série 3 EE : Affaires musulmanes et cultes

3 EE 1 (1) : Renseignements sur l'Organisation du personnel administratif indigène à la Côte d'Ivoire et de dépendance. 1902.

3 EE 2 : Côte d'Ivoire : Rapports, circulaires reçus au cabinet du Gouverneur au sujet de la situation de l'Islam dans la colonie 1906-1912.

3 EE 4 (1) : Côte d'Ivoire : Correspondance relative à la construction d'une mosquée à Grand-Bassam. 1913-1916.

3 EE 4 (2) : Arrêtés, décisions, circulaires et correspondances au sujet relatif à la circulation et à la vente des documents en langue arabe dans le cercle. 1921-1925.

3 EE 4 (3) : Correspondances adressées à l'administrateur et au Gouverneur, relatives à la demande d'autorisation de construire, de subvention (mission catholique) 1899 ; 1902 ; 1903 ; 1914-1915.

3 EE 4 (4) : Note relative à la séparation de l'Église et de l'État. 1906.

3 EE 4 (5) : Correspondance relative à l'interdiction de délivrer des réquisitions de passages gratuits aux religieux sur les paquebots des messageries maritimes. 1911.

3 EE 4 (6) : Correspondance relative à des incidents entre catholiques et protestants à Grand-Bassam. 1915.

3 EE 4 (7) : Correspondance échangée avec les missions catholiques relatives à l'établissement des chapelles et catéchistes dans les cercles. 1916 ; 1921 ; 1925.

3 EE 7 : Cabinet du Gouverneur

3 EE 7 (1) : Correspondances diverses adressées au Gouverneur de la colonie et à l'administrateur de Grand-Bassam par la mission Wesleyenne méthodiste de Grand-Bassam et d'Aboisso. 1912-1915.

3 EE 7 (2) : Correspondance relative aux activités des pasteurs de l'Église Baptiste, mission de l'armée chrétienne de la Côte d'Or. 1919-1921.

3 EE 7 (3) : Lettre adressée par le Lieutenant-Gouverneur de la Côte d'Ivoire au Gouverneur général de l'AOF à propos de l'ouverture de chapelles et écoles dans les colonies 1920.

3 EE 7 (3) : Rapport sur la propagande religieuse dans la région d'Abidjan, Dabou. 1920.

3 EE 7 (4) : Rapports, correspondances relatives à la propagande religieuse dans le cercle des Lagunes. 1920.

3 EE 7 (5) : Grand-Bassam : Correspondance échangée avec la mission protestante relative aux demandes d'autorisation de construction de temples, d'exercer le culte, de se réunir 1894, 1907, 1912, 1915, 1916.

3 EE 7 (6) : Correspondance relative à une demande de la mission protestante de Grand-Bassam tendant à exercer le culte en langue indigène fanté. 1921-1924.

3 EE 7 (7) : Cercle des Lagunes : Dossier relatif aux cartes d'identités des indigènes membres de la mission protestante 1922-1924.

Série KK : Travaux publics et transports

Sous-série 2 KK : Urbanisme et assainissement

2 KK 1 : Répartition par cercle des crédits à l'assainissement des centres urbains. 1908-1909.

2 KK 2 : La relative aux plans d'extension et d'aménagement des villes. 1909.

2 KK 3 : Analyse des eaux de la Côte d'Ivoire. 1925.

2 KK 6 : Abidjan, correspondance relative à la concession d'eau et d'électricité à Abidjan et à Bouaké. 1922-1923.

2 KK 9 : Bingerville. Correspondance relative à la concession d'éclairage électrique. Contrôle des logements. 1920.

2 KK 33 : Grand-Lahou : Rapport estimatif des opérations à effectuer dans les bâtiments du service local et ceux du service colonial. 1914.

Sous-série 3 KK : Ponts et chaussées

3 KK 1 : Circulaires, notes, correspondances au sujet des travaux routiers. 1909.

3 KK 2 : Rapports sur l'état des voies de communication 1909-1920.

3 KK 3 : Correspondance du Commandant militaire avec les administrateurs au sujet des routes ouvertes.

3 KK 8 : Côte d'Ivoire : Correspondance a/s de la route Abidjan-Bassam. 1914.

3 KK 18 : Côte d'Ivoire : Correspondance de l'administrateur du cercle des Lagunes à M. le Lieutenant – Gouverneur de la Côte d'Ivoire a/s du classement des routes 1915.

3 KK 11 : Notes et circulaires à propos de la construction du réseau routier à souder aux voies ferrées de la Côte d'Ivoire.

3 KK 12 : Circulaire à messieurs les administrateurs, Commandants de cercle à propos de la construction des routes 1914.

3 KK 39 : Circulaire à messieurs les administrateurs, Commandants de cercle à propos du droit de péage. 1909.

3 KK 40 : Arrêté portant classements des bacs.

Sous-série 4 KK : Ports et côtes

4 KK 1 : Rapport sur les conditions d'établissement d'un port en Côte d'Ivoire par M. J. Renaud, ingénieur hydrographe en chef de la marine. 1912.

4 KK 2 : Arrêtés, correspondance et comptes-rendus relatifs au canal de jonction des lagunes. 1923-1924.

4 KK 4 : Grand-Bassam, wharf, scieries, magasins.

4 KK 42 : Port-Bouët : Inspection des travaux du port de Port-Bouët. Notes de l'inspecteur des travaux publics et correspondances relatives à la continuation des travaux 1906-1909.

4 KK 42 : Dabou, Toupah, correspondances, rapports, 1919-1921.

Sous-série 5 KK : Chemins de fer et voies decauville

5 KK 22 : Notes sur le trafic des petites gares entre Abidjan et Dimbokro 1913.

5 KK 29 : Correspondance à propos de l'influence du chemin de fer sur le développement économique de la Côte d'Ivoire. 1918.

5 KK 61 : Rapport du capitaine de génie Thomasset, transmission d'un plan de bouage des terrains du chemin de fer dans la presqu'île Abidjan – ville, de l'origine au km 6. 1916.

5 KK 71 : Demande d'établissement d'une voie ferrée entre Grand-Lahou, Tiassalé et Kokoumbo. 1904-1905.

5 KK 90 : Côte d'Ivoire. Correspondance relative à la construction et à l'utilisation d'une voie ferrée en bordure de la lagune Ébrié à Abidjan. 1925.

5 KK 91 : Correspondance et d'arrêté accordant l'autorisation d'établir des voies Decauville à Grand-Lahou-Dabou. 1906-1907.

5 KK 92 : Côte d'Ivoire : Correspondances, rapports et circulaires relatifs à l'ouverture des voies Decauville à Blimaloublérou, Agboville et Jacqueville. 1920-1923.

Sous-série PP : Douanes

PP 4 : Réglementation de la vente et de la circulation du caoutchouc en AOF 1913. 3 pages.

PP 12 : Projets d'arrêtés et de divers actes complétant le décret du 27 novembre 1915, réglementant le fonctionnement du service des douanes en AOF 1916-1918.

PP 15 : Dérogation au décret du 14 octobre 1919, en ce qui concerne l'exportation et la réexportation des palmistes et des huiles de palme. 1910. 3 pages.

PP 23 : Rapports de la chambre de commerce au Gouverneur au sujet de la révision par le parlement de la loi douanière ; rapport économique d'ensemble sur le commerce de la Côte d'Ivoire. 1925. 32 pages.

PP 24 : Extension des limites douanières du port de Grand-Lahou.

PP 25 : Admission en franchise d'objets destinés au culte. 1925-1928. 16 pages.

PP 130 : Correspondance relative aux statistiques des bois de la Côte d'Ivoire. 1928. 8 pages.

PP 220 : Correspondance relative aux transactions douanières. 1917. 3 pages.

PP 280 : Mouvement commercial de la Côte d'Ivoire. 1918. 31 pages.

PP 290 : Statistiques générales de la navigation réalisée par les services de douane de Grand-Bassam.

PP 291 : Télégramme officiel concernant l'autorisation accordée à la maison King de Grand-Lahou d'exporter sur l'Angleterre de l'huile et des palmistes.

PP 292 : Rapport commercial du service des douanes de Grand-Bassam 1920. 20 pages.

PP 298 : Mouvement de la navigation dans les ports de la colonie de Côte d'Ivoire : statistiques commerciales 1921. 21 pages.

PP 306 : Inventaire des produits agricoles exportés de la Côte d'Ivoire. 1921-1922. 5 pages.

PP 307 : Etat des produits du cru exportés de la colonie. 1921-1923. 5 pages.

PP 316 : États des produits du cru de la colonie exportée par les différents ports et frontières terrestres. 1924-1925. 7 pages.

PP 320 : Circulaire du Gouvernement au Commandant de cercle et du Chef du service des douanes relative à l'arrêté n° 353 du 13 mars 1926, interdisant la sortie par les frontières maritimes et terrestres du poisson séché ou fumé de provenance locale. 1926, 2 pages.

PP 329 : Statistiques douanières annuelles. 1918-1928. 12 pages.

PP 330 : Etats des produits du cru et de billes exportées. 1929-1930. 9 pages.

PP 334 : État en quantité des bois. 1931. 14 pages.

PP 540 : Institution d'une taxe supplémentaire sur les marchandises transitant par le Wharf de Bassam. 1915. 35 pages.

PP 542 : Taxes indirectes perçues sur les marchandises au profit des budgets locaux ou des municipalités. 1918. 7 pages.

PP 559 : Taxes et droits de consommation perçus sur les sols et oléagineux. 1923. 9 pages.

PP 564 : Correspondances relatives aux droits de douane pour les machines agricoles. 1929-1930. 28 pages.

PP 573 : État des sommes revenant mensuellement au budget local au titre de la taxe de circulation sur les oléagineux.

Sous-série 1 QQ : Affaires économiques et financières

1 QQ 4 : Copie de rapports et procès-verbaux de la commission des mercuriales fixant les valeurs du caoutchouc. 1910-1919.

1 QQ 9 : Correspondance échangée entre le Gouverneur général et le Gouverneur de la Côte d'Ivoire au sujet du commerce des peaux de chèvre.

Dossiers relatifs à la liste et adressés à des maisons de commerce en Côte d'Ivoire. 1912-1913

1 QQ 18 : Bulletins mensuels de renseignements économiques et politiques. 1920-1923.

1 QQ 23 : Correspondance relative à l'exploitation et à la vente du caoutchouc.

1 QQ 33 : Correspondance relative au placement des jeunes gens dans les maisons de commerce installées en Côte d'Ivoire. 1911-1912-1936.

1 QQ 41 : Circulation monétaire. 1907-1914.

1 QQ 42 : Interdiction de la circulation des monnaies indigènes (manille – sombé) 1915. 15 pages.

1 QQ 43 : Correspondance relative aux monnaies. 1915 ; 1920 ; 1925 ; 1928.

1 QQ 50 : Commerce général : mouvement des importations et des exportations 1899-1913.

1 QQ 51 : Colonie de la Côte d'Ivoire. Services des douanes. Tableau des exportations et des importations des principaux produits.

1 QQ 48 : Colonie de la Côte d'Ivoire. Cabinet du Gouverneur. Rapport et Procès-verbaux de vérification des caisses et des écritures de la B.A.O (succursale de Grand-Bassam). Circulation monétaire 1907-1914.

1 QQ 53 : Colonie de la Côte d'Ivoire. Service des douanes. Renseignement sur le mouvement économique et commercial. État comparatif du commerce extérieur. 1911-1912.

1 QQ 56 : Colonie de la Côte d'Ivoire. Cabinet du Gouverneur. Correspondances relatives au mouvement commercial en Côte d'Ivoire. 1911-1916.

1 QQ 56 : Participation de la Côte d'Ivoire aux concours, foires et expositions de Bordeaux, Bruxelles, Londres, Lyon, Marseille, Paris. 1919-1921 ; 1925-1926.

1 QQ 56 : Participation de la Côte d'Ivoire aux concours, foires et expositions de Bordeaux, Bruxelles, Londres, Lyon, Marseille, Paris. 1919-1921 ; 1925-1926.

1 QQ 75 : Réglementation des marchés : 1913-1921.

1 QQ 77 : Rapport sur la circulation administrative et commerciale de la Côte d'Ivoire. 1892.

1 QQ 90 : Cercle de Grand-Lahou : rapports économiques et commerciaux sur le cercle et les postes de Lakota, Divo, Fresco, Zikisso. 1915-1920 ; 1922-1923.

1 QQ 96 : Cercle des Lagunes : rapports économiques et commerciaux sur le commerce des Lagunes et des postes de Dabou, Abidjan, Alépé et Agboville. 1915 ; 1921-1923.

1 QQ 100 : Correspondance du Gouverneur sur l'essor économique de la Côte d'Ivoire 1916.

1 QQ 101 : Rapports sur la situation économique et commerciale des cercles. 1916-1918.

Sous-série 1 RR : Agriculture

1 RR 4 : État de la colonisation européenne adressée au Gouverneur par les administrateurs et commandant des cercles 1908-1909.

1 RR 11 : Rapport général de la section des oléagineux. Congrès de l'agriculture coloniale. 1917.

1 RR 12 : Colonie de la Côte d'Ivoire. Service de l'agriculture : Arrêtés, décisions et statut du Gouvernement au sujet de l'agriculture en Côte d'Ivoire. 1908 ; 1912 ; 1913 ; 1918.

Organisation du service de l'agriculture (1908)

1 RR 14 : Correspondance relative à l'intensification de la production agricole pour ravitailler la métropole. 1916-1918.

1 RR 15 : Rapport sur la situation agricole indigène.

1 RR 17 : Correspondance relative à la société des huileries.

1 RR 18 : Rapport d'ensemble sur la situation agricole économique et politique de la Côte d'Ivoire. 1918.

1 RR 21 : Rapport d'ensemble sur la situation agricole en Côte d'Ivoire. 1918-1919.

1 RR 23 : Correspondance relative à l'envoi des denrées alimentaires pour la nourriture des employés des cercles de Grand-Lahou, Abidjan, Grand-Bassam. 1919-1920.

1 RR 29 : Rapport d'ensemble sur la situation agricole de la Côte d'Ivoire. 1923.

1 RR 36 : Rapports et correspondances relatifs à la situation agricole, économique zootechnique. 1896-1933.

1 RR 37 : Rapport sur la situation agricole, zootechnique et commerciale du cercle de Grand-Lahou. 1898 ; 1913, 1919-1922-1933.

1 RR 43 : Grand-Lahou : Rapports sur la situation économique, agricole et zootechnique ; bulletins agricoles et commerciaux. 1908-1912.

1 RR 48 : Résultats de la crise commerciale. 1930-1931.

1 RR 68 : Rapport du commis des affaires indigènes à monsieur l'Administrateur du cercle de Dabou à propos de la culture du café, du cacao et les prairies naturelles dans le cercle 1908.

1 RR 71 : Rapport de monsieur le Sous-inspecteur Bervas à propos de la culture du cacaoyer par les indigènes dans le cercle des Lagunes. 1908.

1 RR 71 : Culture du cacaoyer : introduction de cabosses du Gabon, distribution de graines, intensification et tournée d'inspection et de contrôle 1909.

1 RR 80 : Correspondance relative à la culture de l'hévéa en Côte d'Ivoire.

1 RR 84 : Instructions, correspondances, rapports relatifs à la culture du coton, du maïs, du manioc, du caoutchouc, de l'igname. 1911-1914.

1 RR 87 : Service de l'agriculture. Circulaire portant sur la fourniture des graines de palme et l'affermage des palmeraies à des entreprises industrielles dans les cercles d'Assinie, de Bassam, des Lagunes, de Lahou, du Bas-Cavally, de l'Indénié, du N'Zi-Comoé et du Baoulé-Sud.

1 RR 92 : Circulaire, rapports, correspondance relative à la culture du cocotier : récolte ; traitements ; extension ; exportation du coprah : 1904, 1909 ; 1915.

1 RR 93 : Colonie de la Côte d'Ivoire. Service agricole. Rapports et correspondances sur l'amande et l'huile de palme.

1 RR 94 : Colonie de la Côte d'Ivoire. Cabinet du Gouverneur. Correspondances adressées par les administrateurs des cercles au sujet des demandes de renseignements sur les produits naturels : palmier à huile, caoutchouc, karité, cola, rônier. 1916.

1 RR 99 : Cahier des charges de la colonie de la Côte d'Ivoire pour les palmistes, l'huile de palme, le maïs. Dossier relatif à la culture du cacao, du palmier à huile et de la cola.

1 RR 101 : Correspondance adressée au Gouverneur en vue de l'alimentation des usines, de l'exploitation des palmiers à huile dans la colonie et de l'exportation de la pomme de terre. 1912, 1913, 1918.

1 RR 108 : Rapports annuels portant sur les cultures : café, cacao, palmiers à huile, coton, cocotier, caoutchouc et sur le commerce du bétail dans les cercles des lagunes et Baoulé. 1921.

1 RR 110 : Correspondance échangée entre le service de l'agriculture, les sociétés, le Gouverneur et les Administrateurs des cercles de Bouaké, Grand-Bassam et des Lagunes à propos de la culture du palmier à huile, de la commercialisation de ses produits et leur carbonisation. 1910, 1912-1913, 1923, 1930, 1933.

1 RR 114 : Correspondances relatives aux produits extraits du palmier à huile. 1907 ; 1915-1918-1921.

1 RR 116 : Colonie de la Côte d'Ivoire. Service de l'agriculture. Correspondance adressée au Gouverneur portant sur la récolte et l'extraction des graines de palme.

1 RR 126 : Correspondance relative à la culture du caoutchouc en Côte d'Ivoire. 1906, 1909-1914 ; 1918, 1930, 1938, 1939.

Sous-série 3 RR : Concessions forestières

3 RR 159 : Correspondance au sujet des concessions forestières. 1907-1909.

3 RR 160 : Télégramme et lettres adressées au Gouverneur par les administrateurs des cercles du Lahou, de Haut-Cavally de l'exploitation du bois par les autochtones.

3 RR 161 : Avant-projet de décret sur le régime forestier de la Côte d'Ivoire.

3 RR 162 : Correspondance relative aux autorisations d'exploitation forestière. 1916-1917 ; 1918-1919.

3 RR 163 : Autorisation d'exploitation forestière 1919-1920.

3 RR 164 : Correspondance relative à l'exploitation forestière et au rendement de la taxe d'abattage. 1916-1921.

3 RR 165 : Permis d'exploitation forestière. 1919-1922.

3 RR 166 : Autorisation d'exploitation forestière dans les cercles. 1921-1923.

3 RR 169 : Correspondance et rapports sur l'exploitation et le commerce du bois en Côte d'Ivoire. 1925.

3 RR 170 : Arrêté portant sur les permis d'exploitation forestière dans les cercles de Grand-Lahou, Gouro, Agneby. 1908-1910 ; 1923-1926.

3 RR 171 : Correspondance du Gouverneur général de l'AOF au Lieutenant – Gouverneur de Côte d'Ivoire relative à la demande de concession agricole et permis forestier. 1927.

3 RR 173 : Registres de concessions domaniales forestières et procès-verbal de contravention dans les chantiers forestiers 1907-1919 ; 1923.

3 RR 175 : Permis d'exploitation forestière. 1919-1920 ; 1928-1929.

3 RR 177 : Correspondance, rapports et arrêtés relatifs à l'exploitation forestière en Côte d'Ivoire. 1929-1932.

JOCI : *Journal officiel de Côte d'Ivoire*. Années : 1895 à 1934 : sauf les années 1896 et 1898.

2- Les registres paroissiaux

Les registres de baptême de la paroisse Immaculée Conception de Dabou et des congrégations protestantes méthodistes de Dabou, d'Orgbaff, de Tukpa et de Bobor.

Les registres de baptême de la paroisse Saint-Pierre de Jacqueville et Saint-Augustin de Bingerville.

3-Archives nationales du Sénégal (ANS). Fonds AOF

Sous-série 2 G : section Côte d'Ivoire

Sous/sous-série 2 G 1

2 G 1 (24) : Côte d'Ivoire sur la situation politique et militaire. 1895. 6 pièces.

2 G 1 (25) : Côte d'Ivoire, rapports politiques mensuels – juillet – septembre à décembre 1896 : 20 pièces.

2 G 1 (26) : Côte d'Ivoire, rapports politiques mensuels : janvier, février, avril, mai, septembre à novembre 1898 : 4 pièces.

2 G 1 (28) : Côte d'Ivoire, rapports politiques mensuels : janvier, février, mars, avril, mai, septembre à novembre 1899 : 17 pièces.

Dossiers 2 G3-55

2 G 3 : Rapport d'ensemble sur la situation générale de la Côte d'Ivoire en 1903. 120 pages.

2 G 4 : Colonie de Côte d'Ivoire. Services des Douanes : Rapport annuel sur le commerce et la navigation pendant l'année 1904. 100 pages.

2 G 5 : Rapport d'ensemble sur la situation générale de la Côte d'Ivoire en 1905. 205 pages.

2 G 9 : Côte d'Ivoire : Rapport d'ensemble pour l'année 1909. 174 feuillets.

2 G 10 : Côte d'Ivoire : Rapport sur les exportations pour l'année 1910. 90 feuillets.

2 G 7 : Côte d'Ivoire : Rapport d'ensemble sur la situation générale. 1906/1907. 28 feuillets.

2 G 17 : Côte d'Ivoire : Rapport d'ensemble annuel pour l'année 1917. 101 feuillets.

2 G 20 : Côte d'Ivoire : Affaires économiques. Bulletins mensuels de renseignements économiques juillet, novembre, décembre. 25 feuillets.

2 G 23 : Côte d'Ivoire : Rapport d'ensemble annuel 1923. 202 feuillets.

2 G 23 : Côte d'Ivoire : Bulletins mensuels de renseignements économiques juillet à décembre. 1923. 25 feuillets.

2 G 24 : Côte d'Ivoire : Rapport d'ensemble annuel pour l'année 1924. 294 feuillets.

2 G 30 : Côte d'Ivoire : Rapport économique annuel. 1930. 19 feuillets.

2 G 31 : Côte d'Ivoire : Service de l'agriculture. Rapport annuel. 1931. 170 feuillets.

2 G 31 : Côte d'Ivoire : Service forestier. Rapport annuel. 1931. 11 feuillets.

2 G 32 : Côte d'Ivoire : Rapport économique annuel. 1932. 50 feuillets.

2 G 33 : Côte d'Ivoire : Rapports économiques trimestriels et annuels. 1933. 29 feuillets.

2 G 34 : Colonie de la Côte d'Ivoire : Rapport économique. Année 1934. 102 feuillets.

2 G 35 : Côte d'Ivoire : Notices économiques trimestrielles. (1er, 2e et 3e). Rapport économique annuel. 1935. 58 feuillets.

2 G 37 : Côte d'Ivoire : Notice et Rapport économiques : trimestriel, annuel. 1936. 100 feuillets.

2 G 36 : Côte d'Ivoire : Rapport politique annuel. 1936. 108 feuillets.

2 G 38 : Côte d'Ivoire : Rapport économique. Année 1938. 100 feuillets.

2 G 40 : Colonie Côte d'Ivoire : Rapport économique 1940. 75 feuillets.

2 G 48 : Colonie de la Côte d'Ivoire : Rapport économique. Année 1948. 72 feuillets.

2 G 49 : Colonie de la Côte d'Ivoire : Rapport économique. Année 1949. 68 feuillets.

2 G 50 : Territoire de la Côte d'Ivoire : Rapport économique. Année 1950. 102 feuillets.

2 G 51 : Territoire de la Côte d'Ivoire : Rapport économique. Année 1951. 110 feuillets.

2 G 52 : Territoire de la Côte d'Ivoire : Rapport économique. Année 1952. 1920 feuillets.

2 G 53 : Territoire de la Côte d'Ivoire. Affaires économiques. Rapport économique. Année 1953. 58 feuillets.

2 G 55 : Territoire de la Côte d'Ivoire. Rapport présenté à la session budgétaire 1955 de l'Assemblée territoriale de la Côte d'Ivoire par M. le Gouverneur Messmer. 1955. 190 pages.

Sous-série 5 G :

5 G 22 : Grand-Bassam. Correspondance du Commandant de poste au Commandant de Gorée et au Gouverneur. État des archives. 1849. 38 pièces.

1 : Instruction pour le Commandant de poste de Dabou

2 à 29 : Correspondance de Bouët-Willaumez au Gouverneur notamment sur le combat d'Ayaou.

30-33 : Recensement de la population.

34-38 : Plan de l'hôpital du poste.

5 G 23 : Grand-Bassam. Correspondance du Commandant de poste au Commandant de Gorée et au Gouverneur. État du personnel, des vivres, des archives. 1850. 36 pièces.

5 G 24 : Grand-Bassam. Correspondance du Commandant de poste au Commandant de Gorée et au Gouverneur. État du personnel, du matériel, de recette et dépenses. 1951. 43 pièces.

5 G 25 : Grand-Bassam. Correspondance du Commandant de poste au Commandant de Gorée et au Gouverneur. 1852. 17 pièces. État du personnel, produits des rives de l'Akba et de l'Ébrié, affluent du Grand-Bassam.

5 G 26 : Grand-Bassam. Correspondance du Commandant de poste au Commandant de Gorée et au Gouverneur. 1853. 17 pièces. État du personnel et des vivres.

5 G 27 : Grand-Bassam. Correspondance du Commandant de poste au Commandant de Gorée. 1854. 23 pièces. Instruction pour le Commandant de poste.

5 G 28 : Grand-Bassam. Correspondance du Commandant de poste au Commandant de Gorée et au Gouverneur. 1855. 23 pièces. Instruction pour le Commandant de poste.

5 G 29 : Grand-Bassam. Correspondance du Commandant de poste au Commandant de Gorée et au Gouverneur. 1856. 19 pièces.

1 – 18 : - Dépenses pour coutumes et cadeaux.

19 : - Mouvement de l'aviso l'Akba.

5 G 30 : Grand-Bassam. Correspondance du Commandant de Gorée au Gouverneur. 1857. 29 pièces.

5 G 31 : Côte d'Or : Rapports et correspondances concernant comptoirs fortifiés de la Côte occidentale d'Afrique notamment Assinie, Grand-Bassam accessoirement le Gabon et Dabou. 1844-1866. 56 pièces.

5 G 32 : Côte d'Or : Traités originaux, copies manuscrites et imprimées des traités passés dans les établissements français de la côte. 53 pièces. 1835-1887.

5 G 33 : Correspondances de résident et des Commandants de navire. 1878-1884. 18 pièces.

5 G 34 : Côte d'Or : Correspondances du Commandant particulier des établissements français de la Côte d'Or, et du Commandant supérieur des établissements français du Golfe de Guinée. 1885. 48 pièces.

5 G 35 : Côte d'Or : Correspondances du Commandant particulier des établissements français de la Côte d'Or au Commandant supérieur des établissements français du Golfe de Guinée, l'agent des douanes à Assinie, des agents de la maison Verdier, du résident Treich-Laplène du lieutenant de vaisseau Le Comte, commandant le « Gesland ». 170 pièces.

5 G 36 : Côte d'Or : Rapports et correspondances 1887-1890. 25 pièces.

- 2 lettres de Verdier au sous-secrétaire d'État sur les explorations de Treich-Laplène. 1887.

7- 23 : Affaire de Grand-Bassam, établissement des taxes douanières aux Jacks-Jacks. Correspondance du Commandant de l'aviso « Brandon » de Treich-Laplène.

5 G 37 : Côte d'Or : Correspondance départ Treich-Laplène. 1889-1890. 1 copie lettre.

5 G 38 : Côte d'Or : Correspondance du résident de France dans les établissements français de la Côte d'Or (Treich-Laplène) reçue par le Lieutenant – Gouverneur de Rivières du Sud et copie de la Correspondance échangée avec le ministre concernant la création de la future Côte d'Ivoire. Nombreuses lettres de Treich-Laplène concernant ses projets et mort de Treich-Laplène. 1884-1890. 48 pièces.

5 G 38 : Côte d'Or : Correspondance de la Côte d'Ivoire au Gouverneur du Sénégal puis au Gouverneur général. 4 chemises.

Sous-série Micro-film : Fonds d'archives ex-A.O.F.

5 G 16 : Document portant fondation du comptoir de Grand-Bassam ou Fort Nemours.

5 G 29 : Document portant fondation du comptoir de Grand-Bassam.

Mi 2 : - Dépêche ministérielle du 5 août 1867 au sujet du projet d'échange des établissements français de Grand-Bassam, de Dabou et d'Assinie contre la Gambie.

Projet d'échange de Cotonou, Grand-Bassam, d'Assinie, Dabou, contre la Gambie en 1875.

2 Mi 4 : - Fonds de Gorée et dépendances.

Centre des archives d'outre-mer (CAOM) d'Aix-en-Provence (France)

Série G

5 G 16 : Grand-Bassam. Fondation du comptoir de Grand-Bassam ou fort Nemours. 1843.

5 G 17 : Grand-Bassam. Correspondance du Commandant de Poste au Commandant de Gorée et au Gouverneur. 14 pièces.

5 G 17 : Grand-Bassam. Correspondance du Commandant de Poste au Commandant de Gorée et au Gouverneur. 1845. 36 pièces.

5 G 19 : Grand-Bassam. Correspondance du Commandant de Poste au Commandant de Gorée et au Gouverneur. État du personnel, du matériel, des vivres. 10 pièces. 1846.

5 G 20 : Grand-Bassam. Correspondance du Commandant de Poste au Commandant de Gorée et au Gouverneur. État du personnel, du matériel, des vivres. 43 pièces. 1847.

5 G 21 : Grand-Bassam. Correspondance du Commandant de Poste au Commandant de Gorée et au Gouverneur. État du personnel, du matériel, des vivres. 1848.

Série : Fonds ministériels. Section Côte d'Ivoire (F)

Fonds ministériels. Section Côte d'Ivoire. Dossier IV

Fonds ministériels. Section Côte d'Ivoire. Dossier XVIII

Série : Établissement Français de la Côte d'Or (EFCI)

Arrêté relatif à l'organisation du service postal dans les établissements français de la Côte d'Or.

Sources imprimées officielles : Journal officiel de la Côte d'Ivoire (JOCI)

JOCI : 1890-1893

JOCI : 1895-1896

JOCI : 1919-1920

JOCI : 1921-1922

Autres sources imprimées

ANGOULVANT G., « Le problème des voies de Communication et des débouchés maritimes de l'Afrique Occidentale Françaises », *Colonies Marine*, 1920, pp.115-118.

BINGER G., 1891. *Esclavage Islamisme et Christianisme*, Paris, Société des Éditions scientifiques, 112 p.

BARBOT J., 1732, *A description of the Coast of the North and South Guinea*, London, Henry Lurtot and John Osborn, 1ère édition, 668 p.

BARRET J., 1888, *L'Afrique occidentale : La nature et l'homme noir*, Paris, Challand, 130 pages.

BOUËT-WILLAUMEZ E., *Le commerce et la traite des Noirs à la côte occidentale d'Afrique*, Paris, Slaktine Sprint, 1848, 227 p.

BOUNASIEUX P., *Les grandes compagnies de commerce. Étude pour servir à l'histoire de la colonisation*, Paris, Plon, 1892, 562 p.

CLOZEL F., J., VILLAMUR R., *Les coutumes indigènes de la Côte d'Ivoire*, Paris, Augustin Challamel, 1902, 539 p.

DAPPER O., *Description des côtes de Guinée*, Amsterdam, 1686, 104 p.

DELAFOSSE M., *Essai de manuel de la langue Agni parlée dans la moitié orientale de la Côte d'Ivoire*, Paris, Librairie africaine et coloniale, 1901, 236 p.

------------------------, *Les Libériens et les Baoulés : nègres dits civilisés et nègres dits sauvages*, Paris, Librairie africaine et coloniale, 1901, 37 p.

------------------------, *Vocabulaire comparatif de plus de soixante langues ou dialectes parlés à la Côte d'Ivoire et dans les régions limitrophes,* Paris, Ernest Leroux éditeur, 1904, 284 p.

DUCHENE A., *La politique coloniale de la France. Le Ministère des colonies depuis Richelieu*, Paris, Payot, 1928, 349 p.

ASTON J., *La Côte d'Ivoire : le pays les habitants*, Paris, Larose, 1917, 222 p.

GUILCHER R. F., 1928, *Un ami des Noirs Augustin Planque*, Lyon, S.N.A, 294 p.

Gouvernement général, *Exposition coloniale de Marseille. La Côte d'Ivoire*, Créteil C.R.E.T.E, 1906, pp. 31-51.

HARDY G., *Une conquête morale : l'enseignement en A.O.F*, Paris, A. Colin, 1917, 354 p.

HECQUART H., *Voyage sur la côte et dans l'intérieur de l'Afrique occidentale*, Paris, Hachette, 1853, 158 p.

HENRIQUE L.. *Les colonies françaises* Tome V, Paris, Larose, 1890, 338 p.

LE HÉRISSÉ R., *Voyage au Dahomey et à la Côte d'Ivoire*, Paris, Charles Lavanzelle, 1903, 268 p.

LEROUX H., *Côte d'Ivoire*, Paris, Jean Cussas, 1918, 74 p.

MICHELLET - JEAN C. E., *La Côte d'Ivoire*, Paris, Auguste Challamel, 1906, 236 p.

MOLY R. P, L., *Petit catéchisme de la doctrine catholique traduit en Alladian*, Lyon, Missions africaines de Lyon, 1923, 129 p.

VILLAMUR R., *Notre colonie la Côte d'Ivoire*, Paris, Auguste Challamel, 1903, 389 p.

WESTPHAL G., « La Côte d'Ivoire son avenir industriel et commercial », *in Bulletin de société languedocienne de géographie*, Tome XXI, 22e année, premier trimestre, 1898, pp.11-29, 60-66 et 218-226.

Etudes scientifiques

ABLE A. A., *Histoire et tradition politique du pays Abouré*, Abidjan, Imprimerie Nationale d'Abidjan, 1978, 439 p.

ABY (AMON D'), *La Côte d'Ivoire dans la Cité africaine*, Paris, Larose, 1951, 206 p.

ADJEBOU J.-B., « La vie économique traditionnelle en pays Akyé de 1875 à 1915 », Abidjan, Université de Cocody, 1988, 218 p. [Mémoire de maîtrise, Histoire].

AFFRIFAH K., *The Akyen Factor in Ghana's History 1700-1875*, Accra, Ghana University Press, 2000, 259 p.

AHUI P. W., *Le prophète William Wade Harris son message d'humilité et de progrès*, Abidjan, N.E.A, 1988, 349 p.

AKA E., « L'intensification des échanges commerciaux en Afrique de l'Ouest : les motivations et les supports socio-économiques », *Annales de l'Université d'Abidjan*, série K (Sciences économiques), tome III, 1980, pp. 242-267.

ALLOU K. R., « Histoire des peuples de civilisation akan des origines à 1874 », Abidjan, université de Cocody, 2002, 1515 p. [Thèse de doctorat d'État, Histoire].

AMANI N. F., « La région de Sikensi au XVIIIe siècle, sources orales et histoire », Abidjan, université de Cocody, 1989, 217 p. [Mémoire de maîtrise, Histoire] ;

------------------, « Les Abidji : un peuple de la Côte d'Ivoire XVIIIe siècle-1ère moitié du XXe siècle (Sources orales et histoire) », Abidjan, université de Cocody, 1995, 257 p. [Thèse de doctorat de 3e cycle, Histoire].

ASSOUKOU A., « La vie matérielle des habitants de la côte des Quaqua et de la Côte d'Or aux XVIIe-XVIIIe siècle », Abidjan, université de Cocody, 1989, 180 p. [Mémoire de Maîtrise].

------------------, « La vie matérielle des habitants de la côte des Quaqua et de la Côte d'Or aux XVIIe-XVIIIe siècle : les Eotilé et Abiati « Koko Adow » », Abidjan, université de Cocody, 1990, 63 p. [Rapport de DEA].

ATGER P., « Les comptoirs fortifiés de la Côte d'Ivoire 1843 – 1871 », *Revue française d'Histoire d'outre-mer*, 1960, pp. 427-471.

AUGE M., Temps et société : « Le cas de la société alladian de basse Côte d'Ivoire », *Cahiers d'ORSTOM,* Série Sciences humaines, Paris, vol 5, n° 3, 1968, pp. 65-76.

-------------, *Le rivage alladian : organisation et évolution des villages alladian*, Paris, ORSTOM, 1969, 264 p.

-------------, « Statut-pouvoir-richesse-relations lignagères, relations de dépendances et rapport de production dans la société alladian », *Cahiers d'Études africaines*, XI, 3 n° 35, 1969, pp. 142-158.

----------------, *Organisation du commerce précolonial en Basse-Côte d'Ivoire et ses effets sur l'organisation sociale des populations alladian*, Paris, ORSTOM, 1969, pp. 143-152.

----------------, « Traite précoloniale politique matrimoniale et stratégie sociale dans les sociétés lagunaires de basse Côte d'Ivoire », *Cahiers ORSTOM*, Paris, vol 8, n° 2, 1971, pp. 143-152.

-----------------, *Théories des pouvoirs et idéologies : étude de cas en Côte d'Ivoire*, Paris, Hermann, 1975, 439 p.

BAMBA S., « Tyasalé et le commerce précolonial sur le bas Bandama », Paris, université Paris I, 1975, 153 p. [Mémoire de maîtrise, Histoire]

---------------, « Bas-Bandama précolonial. Une contribution à l'étude historique des populations d'après les sources orales », 2 tomes, Paris, université Paris I, 1978, 567 p. [thèse de doctorat de 3e cycle, Histoire]

BENOT Y., *La Révolution française et la fin des colonies*, Paris, La Découverte, 1988, 273 p., BENOT Y., *La démence coloniale sous Napoléon*, Paris, La Découverte, 1988, 407 p.

BENOIST (J.-R.), « Les relations entre l'administration coloniale et les missions catholiques au Soudan français et en Haute-Volta de 1885 à 1945 », Paris, université Paris VII, 1985 [Thèse de doctorat d'État, Histoire].

BOKO A, E., « Les missions chrétiennes en pays adioukrou de 1896 à 1939 », Abidjan université de Cocody, 1983, 175 p. [Mémoire de maîtrise, Histoire].

BOTTI-BI T. C., *Logiques et stratégies d'intégration des villages de la Commune de Cocody*, Abidjan, IGT, 1998, 183 p.

BOTTI-BI-K. T., DIBY M., « Logique et stratégie d'intégration des villages Ébrié à la métropole d'Abidjan » *in Cahiers Nantis* (France) n° 51, 1999, pp. 19 – 23.

BOUCHAUD R. P. J., *L'Église en Afrique noire*, Paris/Genève, La Platine, 1958, 192 p.

BOUS-CAGRO R., « Notes sur le peuple Ébrié », *Bulletin de l'IFAN*, Série B, TXI, n° 3-4, juillet-octobre 1949, pp. 382-408.

BOUTILLIER J. L, - DUPIRE M., *Le pays Adioukrou et sa palmeraie. Étude socio-économique*, Paris, ORSTOM, 1958, 100 p.

BREDIGNERE M. A., *Aux temps héroïques de la Côte d'Ivoire : Des lagunes au pays de l'Or et aux forêts vierges*, Paris, Édition Pierre Roger, 251 p.

BRIET R., *La pêche en mer à Grand-Lahou*, Abidjan, 1973,34 p.

BUTEL P., *Les négociants bordelais, l'Europe et les îles au XVIIIe siècle*, Paris, Aubier/Montaigne, 1974, 431 p.

CHADEAU R., « Le grand commerce de l'Afrique occidentale », *Bulletin de la société de Géographie commerciale*. XXXII, 1910, pp. 398-412.

COHEN W. B., *Français et Africains-Les Noirs dans le regard des blancs, 1530-1880*, Paris, Gallimard, 1981, 409 p.

COLLECTIF, « Les Abolitions de l'esclavage de L.F. Sonthomax à V. Schœlcher (1793/4-1848) », *Actes du colloque international*, Univ. Paris VII, février, Presses Universitaires. De Vincennes, 1994-1994, 415 p.

COQUERY-VIDROVITCH C., *L'impact des intérêts coloniaux SCOA et CFAO dans l'Ouest-africain 1910-1965*, *Journal of African History* XVII, 1975, pp. 595-601.

CURTIN P. D., *The Atlantic Slave Trade. A Census*, Madison, The University of Wisconsin press, 1969, 338 p.

DAGET S., RENAULT F., *La traite négrière en Afrique*, Paris, Karthala, 1985, 237 p.

DANTZIG A. V., *Les Hollandais sur la côte de Guinée à l'époque de l'essor de l'Ashanti et du Dahomey. 1680-1740*, Paris, Société française d'Histoire d'outre-mer, 1980, 327 p.

DELAVIGNETTE R., *Christianisme et colonisation*, Paris, Fayard, 1968, 267 p.

DEMONGEOT A., « Histoire du Nunez », *Bulletin du Comité d'études historiques et scientifiques de l'AOF*, 1938, pp. 177-289.

DESALMAND P., *Histoire de l'éducation en Côte d'Ivoire*, Abidjan, CEDA, 1983, 461 p.

DIABATE H., *Le Sannvin. Sources orales et histoires, Essai de Méthodologie*, Abidjan, N.E.A, 1986, 189 p.

-----------------, *Église et société africaine. Paroisse Saint-Pierre de Jacqueville. Un siècle d'apostolat*, Abidjan, 1988, 204 p.

DUCASSE A., *Les négriers ou le trafic des esclaves*, Paris, Hachette, 1948, 253 p.

DUPIRE M., *Études sur la société adioukrou et sur la région de Dabou*, Paris, ORSTOM, 1955, 48 p.

DUPONCHEL L., « L'alladian (Côte d'Ivoire) : phonologie et enquête lexicale », Abidjan, Institut de linguistique appliquée, 1974, 661 p.

DUPONCHEL L., DUMESTRE G., « Proverbes de Côte d'Ivoire : proverbes abé et avikam », Abidjan, ILA, 1972, 122 p.

DUPONCHEL L., MEL G. B., « L'alladjan », *Atlas des langues kwa de Côte d'Ivoire*, Abidjan, ILA, 1983, pp. 81-225.

EKANZA S.-P., « Colonisation et sociétés traditionnelles. Un quart de siècle de dégradation du monde traditionnel ivoirien. (1893 – 1920) », Tome I, Aix-en-Provence, université Aix-Marseille I, 1972, 630 p. [Thèse de doctorat de 3e cycle, Histoire].

---------------------, « Zone côtière et échanges commerciaux dans la Côte d'Ivoire précoloniale XVIe-XIXe siècle », *La dernière traite. Fragment d'histoire en hommage à Serge Daget*, Paris, SFHOM, 1994, pp. 59-73.

--------------------, *L'Afrique au temps des Blancs. 1880-1935*, Abidjan, les Éditions CERAP, 2005, 188 p.

---------------------, *Côte d'Ivoire : de l'ethnie à la nation. Une histoire à bâtir*, Abidjan, Les Éditions CERAP, 2007, 88 p.

GALL M., *Les clés de l'histoire contemporaine*, Paris, Fayard, 2006, 957 p.

GAYIBOR N. L., « Africains et Européens dans le golfe de Guinée. Du XVIe au XIXe siècle », Lomé, université de Lomé, 2001, 113 p.

GIRARDET R., *Le Cercle de Grand-Lahou*, Paris, Larose, 1948, 154 p

GOYAU G., *La France missionnaire dans les cinq parties du monde*, Paris, Plon, 1942, 557 p.

GUILCHER R. F., *La Société des missions africaines de Lyon. Ses origines, sa nature, sa vie, ses œuvres*, Lyon, S.M.A, 1956,78 p.

HAERINGER P., « Occupation de l'espace urbain et périurbain », Abidjan, 1976, 58 p.

HALIBURTON M. G., *Le prophète Harris*, Abidjan, N.E.A, 1984, 144 p.

HERAULT G., « Étude phonétique et phonologique de l'adioukrou », Abidjan, ILA, 1971, 239 p.

--------------------, « L'Aïzi : esquisse phonologique et enquête lexicale », Abidjan, ILA, 1971, 126 p.

----------------------, « L'Adioukrou », *Atlas des langues Kwa de Côte d'Ivoire*, Abidjan, ILA, 1983, pp. 129-153.

HILI P., « Notes on Traditional Market Authority and Market Periodicity in West Africa », *Journal of African History*, n° 7, 1966, pp. 295-311.

HOLAS B., *Le séparatisme religieux en Afrique Noire*, Paris, P.U.F, 1965, 411 p.

KEMANAU.T., « Administrateur civil, Grand-Lahou », Abidjan, 1966, 34 p.

KIPRE P., « Les villes coloniales de la Côte d'Ivoire : économie et société. 1893-1940 » 3 vols, Paris, université Paris VII, 1981, 1100 p ; [Thèse de doctorat d'État, Histoire].

KIPRE (P.), et HARDING (G.) (sous la direction de), 1981, *Commerce et commerçants en Afrique de l'Ouest : la Côte d'Ivoire*, Paris, L'Harmattan, 328 p.

KOBY A., « Système géographique et problèmes des espaces ethno-culturels ivoiriens. Exemple du pays Adioukrou en Côte d'Ivoire », Abidjan, IGT, 1977, 38 p.

LAFARGUE F., « Les représentations traditionnelles de la maladie et la guérison chez les Abidji et ensemble des pays, peuples Akan de Côte d'Ivoire », Abidjan, IES, 1972, 18 p.

----------------------, *Religion, magie, sorcellerie chez des Abidji en Côte d'Ivoire*, Paris, Nouvelles Éditions latines, 1976, 302 p.

LASSM L., « Croyances et coutumes adioukrou », *Bulletin de Liaison du Centre universitaire de Recherche de Développement linguistique et ethnosociologie*, Abidjan, n° 1971/1, 2e trimestre, 1972, pp. 43-53.

LATTE E. J.-M., « L'huile de palme et le développement d'une économie de traite en pays odzukru. 1850-1914, » Abidjan, université de Cocody, 1984, 146 p. [Mémoire de maîtrise, Histoire].

-----------------, « Les échanges commerciaux dans le pays odzukru. 1830 – 1898 », Abidjan, université de Cocody, 1999, 635 p. [Thèse de doctorat d'État, Histoire].

-----------------, « L'introduction de l'économie cacaoyère en pays odzukru. 1897 – 1927 », *Repères. Revue de l'Université de Bouaké*, 1999, pp. 23-38.

LATTE E. P., « Le « Dediakpe » initiation des jeunes filles en pays odzukru », Abidjan, université d'Abidjan, mémoire de Maîtrise I.E.S, 1974, 28 p.

LAVIGERIE S, E., *Le cardinal, instructions aux missionnaires*, Namur, édition des Grands Lacs, 1950, 415 p.

LECOLLE J., *L'embouchure du Bandama à Grand-Lahou*, Abidjan, ORSTOM, 1970, 22 p.

LEMESLE R, M., *Le commerce colonial triangulaire. XVIIIe-XIXe siècles*, Paris, P.U.F, 1998, 127 p.

LIEPO O., « Les Ébrié et la pénétration européenne du milieu du XIXe siècle à la fin de la conquête française », Abidjan UNACI, mémoire de Maîtrise, 1983, 176 p.

LOHOU A. A., *Légende et histoire du peuple Avikam ou Brignan*, Abidjan, INA, 1985, 87 p.

LOUCOU J.-N., « D'où viennent les peuples lagunaires de Côte d'Ivoire », *in Afrique Histoire*, n° 9, 1983, pp. 39-43.

MARTY P., *Études sur l'Islam en Côte d'Ivoire*, Paris, Ernest Leroux, 1922, 96 p.

MAUNY R., 1961, « Anciers ateliers monétaires ouest-africains », *Notes africaines,* n° 78, 958, pp. 34-35.

MEIGNAN G. R., « L'attiéké en pays Ébrié, impact socio-économique des débuts jusqu'en 1996 d'après les écrits et la tradition orale », Abidjan, université de Cocody, 1996, 84 p. [Mémoire de maîtrise, Histoire].

MEILLASSOUX C., *Anthropologie économique des Gouro de Côte d'Ivoire*. Paris, Mouton La Haye, 1964, 384 p.

MEMEL H. F., « Diversité et unité dans l'histoire précoloniale », *Godo-Godo*, n° 4, 1975, pp. 176-177.

------------------, « Enquête sur la sorcellerie chez les Adioukrou. Question de méthodes », *Kasa Bya Kasa*, n° 9, décembre 1976, pp. 43-58

------------------, « L'ethnie et l'histoire à propos de l'histoire culturelle des Adjoukrou » *Annales de l'Université d'Abidjan*, série F, tome VII, ethno-sociologie, 1978, pp. 5-19.

------------------, *Le système politique de Lodjoukrou : une société lignagère à classe d'âge (Côte d'Ivoire)*, Abidjan, NEA, 1980, 470 p.

-------------------, *Esclavage, traite et droit de l'homme en Côte d'Ivoire. De l'époque précoloniale à nos jours*, Abidjan, Les éditions du CERAP, 2006, 270 p.

MOUEZZY R. P. H., *Histoire et coutumes du pays d'Assinie et de Krinjabo. (Fondation de la Côte d'Ivoire)*, Paris, Édition Larose, 1942, 227 p.

------------------, *Assinie et le royaume de Krinjabo*, Paris, Larose, 1953, 287 p.

MIEGE J., 1973, *L'expansion européenne et décolonisation de 1870 à nos jours*, Paris, 414 p.

NIANGORAN-BOUAH G., *Les produits principaux des territoires d'outre-mer. Les oléagineux*, Paris, O.E.C.E., 1957, 350 p.

---------------------------- *La division du temps et le calendrier rituel des peuples lagunaires de Côte d'Ivoire*, Paris, Institut d'Ethnologie, 1964, 173 p.

----------------------------, « Les Ébrié et leur organisation politique traditionnelle », *in Annales de l'Université d'Abidjan*. Série 7. Tome 1, fascicule I, 1969, pp. 50-89.

NIANGORAN-BOUAH G., PERROT Cl. H., *Les Anyi N'Dényè et le pouvoir politique aux XVIIIe et XIXe siècles*, Abidjan, CEDA, Publication de la Sorbonne, Paris, 1982, 333 p.

PERROT Cl. H., « Les Anyi N'Dényè et le pouvoir politique aux XVIIIe et XIXe siècles » Tome I, Paris, université Paris V, 1978, 478 p. [Thèse de doctorat d'État].

SCHWARTZ A. M. P., *Capitalisme d'État et le développement rural en Côte d'Ivoire : la société pour le développement et l'exploitation du palmier à huile en pays Ébrié*, Paris, CNRSP, 1973, 407 p.

--------------------------, *Aghien : Un territoire ébrié quinze ans de « technostructure » en Côte d'Ivoire*, Paris, ORSTOM, 1982, 161 p.

PONY L., « Le problème foncier ébrié face au peuplement d'Abidjan en Côte d'Ivoire », Paris, université Paris I, mémoire de DEA, 1992, 78 p.

PORTERES R., « La monnaie de fer dans l'Ouest africain au XXe siècle », *Recherches africaines*, n° 41, Oxford, 1971, pp. 3-13.

ROUSSIER P., *L'établissement d'Issiny 1687-1702*, Paris, Larose, 1935, 245 p.

SCHNAPPER B., *La politique et le commerce français dans le Golfe de Guinée 1838- 1871*, La Haye, Le Mouton, 1961, 287 p.

TIONA O. F., « Les missionnaires catholiques en pays Sénoufo de Côte d'Ivoire 1902-1960 », Bordeaux, université Bordeaux III, 1973, 230 p. [Thèse de doctorat de 3e cycle, Histoire].

TIREFORT A., « Le bon temps », approche de la société coloniale, communauté française en Basse-Côte d'Ivoire pendant l'entre-deux-guerres (1920-1940) », Paris, Ecole pratique des Hautes Études en Sciences sociales, 1979, 525 p. [Thèse de doctorat de 3e cycle, Histoire]. p.

TRESBARATS C., « L'Abidji », *Atlas des langues kwa de Côte d'Ivoire*, ILA, 1983, pp. 41-65.

TRICHET R. P. P., *Côte d'Ivoire : les premiers pas d'une Église.* Tome 2, 1914-1940, Abidjan, C.D.M, 1995, 304 p.

VERDEAUX F., « Appartenance et dépendance » : l'exemple du système des classes d'âge des Aïzi (basse Côte d'Ivoire), *Cahiers d'études africaines*, vol XVII, 1977, pp. 435-461.

---------------------, *L'Aïzi pluriel : chronique d'une ethnie lagunaire de Côte d'Ivoire*, Abidjan, ORSTOM, 1981, 308 p.

---------------------, « Au cœur de l'ethnie : Anthropolo ma non topo », *Politique africaine*, n° 26, 1987, pp. 115-121.

VERDEAUX F., VERDIER A., 35 *Années de lutte aux colonies : Côtes occidentales d'Afrique*, Paris, Léon Chaillet éditeur, 360 p.

VISOUA M. B., *Art and Authority among the Akyé of the Ivory Coast, California*, University of California Santa Barbara, 258 p.

WONDJI C., « Commerce de la Cola et marchés précoloniaux dans la région de Dabou », *Annales de l'Université d'Abidjan. Série I.* Histoire Tome I, 1972, pp. 33 – 61.

-----------------, *La côte Ouest-africaine. Du Sénégal à la Côte d'Ivoire. Géographie-Société-Histoire. 1500-1800*, Paris, L'Harmattan, 1985, 163 p.

Liste des cartes, images photographiques et tableaux

Cartes

Images photographiques

Tableaux

Tables des matières

Structures éditoriales du groupe L'Harmattan

L'Harmattan Italie
Via degli Artisti, 15
10124 Torino
harmattan.italia@gmail.com

L'Harmattan Hongrie
Kossuth l. u. 14-16.
1053 Budapest
harmattan@harmattan.hu

L'Harmattan Sénégal
10 VDN en face Mermoz
BP 45034 Dakar-Fann
senharmattan@gmail.com

L'Harmattan Cameroun
TSINGA/FECAFOOT
BP 11486 Yaoundé
inkoukam@gmail.com

L'Harmattan Burkina Faso
Achille Somé – tengnule@hotmail.fr

L'Harmattan Guinée
Almamya, rue KA 028 OKB Agency
BP 3470 Conakry
harmattanguinee@yahoo.fr

L'Harmattan RDC
185, avenue Nyangwe
Commune de Lingwala – Kinshasa
matangilamusadila@yahoo.fr

L'Harmattan Congo
67, boulevard Denis-Sassou-N'Guesso
BP 2874 Brazzaville
harmattan.congo@yahoo.fr

L'Harmattan Mali
Sirakoro-Meguetana V31
Bamako
syllaka@yahoo.fr

L'Harmattan Togo
Djidjole – Lomé
Maison Amela
face EPP BATOME
ddamela@aol.com

L'Harmattan Côte d'Ivoire
Résidence Karl – Cité des Arts
Abidjan-Cocody
03 BP 1588 Abidjan
espace_harmattan.ci@hotmail.fr

L'Harmattan Algérie
22, rue Moulay-Mohamed
31000 Oran
info2@harmattan-algerie.com

L'Harmattan Maroc
5, rue Ferrane-Kouicha, Talaâ-Elkbira
Chrableyine, Fès-Médine
30000 Fès
harmattan.maroc@gmail.com

Nos librairies en France

Librairie internationale
16, rue des Écoles – 75005 Paris
librairie.internationale@harmattan.fr
01 40 46 79 11
www.librairieharmattan.com

Lib. sciences humaines & histoire
21, rue des Écoles – 75005 Paris
librairie.sh@harmattan.fr
01 46 34 13 71
www.librairieharmattansh.com

Librairie l'Espace Harmattan
21 bis, rue des Écoles – 75005 Paris
librairie.espace@harmattan.fr
01 43 29 49 42

Lib. Méditerranée & Moyen-Orient
7, rue des Carmes – 75005 Paris
librairie.mediterranee@harmattan.fr
01 43 29 71 15

Librairie Le Lucernaire
53, rue Notre-Dame-des-Champs – 75006 Paris
librairie@lucernaire.fr
01 42 22 67 13

www.ingramcontent.com/pod-product-compliance
Lightning Source LLC
LaVergne TN
LVHW011307061026
849535LV00005B/1448